SUSANNA HAST (*1981) ist Autorin, Künstlerin und Musikerin. Sie hat an der Universität Lappland über Internationale Beziehungen promoviert, forscht über Krieg und Gewalt und unterrichtet an der Kunsthochschule Uniarts Helsinki Tanz, Theaterpädagogik und Kreatives Schreiben. *Beweiskörper* wurde 2022 mit dem Literaturpreis der Tageszeitung Helsingin Sanomat für den besten Debütroman des Jahres ausgezeichnet. 2023 war sie zu Gast beim Europäischen Festival des Debütromans in Kiel.

TANJA KÜDDELSMANN (*1968) wuchs zweisprachig (deutsch-finnisch) auf und studierte englische und deutsche Literaturwissenschaft. Seit 2013 ist sie als Übersetzerin aus dem Finnischen tätig. Sie lebt in Oldenburg.

SUSANNA HAST

BEWEIS KÖRPER

ROMAN

AUS DEM FINNISCHEN
VON TANJA KÜDDELSMANN

EDITION NAUTILUS

Die Originalausgabe des vorliegenden Buches erschien unter dem Titel *Ruumis/huoneet* bei S&S, Helsinki 2022

Veröffentlicht gemäß Abkommen mit der Helsinki Literary Agency

FILI FINNISH LITERATURE EXCHANGE

Der Verlag dankt FILI – Finnish Literature Exchange für die Förderung der Übersetzung.

Edition Nautilus GmbH
Schützenstraße 49 a
22761 Hamburg
www.edition-nautilus.de
info@edition-nautilus.de

Deutsche Erstausgabe September 2025
Umschlaggestaltung: Maja Bechert
www.majabechert.de
Satz: Corinna Theis-Hammad
www.cth-buchdesign.de
Porträt der Autorin auf S. 2: © Miikka Pirinen

FSC www.fsc.org MIX Papier | Fördert gute Waldnutzung FSC® C083411

Druck und Bindung:
CPI – Clausen & Bosse, Leck
1. Auflage
ISBN 978-3-96054-468-5

All those moments will be lost
in time, like tears in rain.

BLADE RUNNER, 1982

Für meine Söhne.

DER ORT

11. April 2018

Als Kind schrieb ich ein Buch. Ich band die Seiten mit einem Faden zusammen. Das Buch handelte von einem Hund, der sich verlaufen hatte und unterwegs auf eine blutrünstige Bestie traf. Der Hund kämpfte, konnte fliehen und fand nach Hause. Damals glaubte ich nicht an meine Fähigkeiten oder meine Erzählung und warf das Manuskript bald in den Müll.

Ich blicke auf den weißen Computerbildschirm. Jetzt werde ich es tun. Ich werde aus meinem Körpergedächtnis jedes noch so winzige Detail hervorholen. Ich kleide alles in Worte, was ich noch weiß. Die Zimmer, dann die Körper.

Ich will nicht mehr vergessen. Ich habe lange so getan, als sei ich frei von meiner Vergangenheit, aber jetzt fürchte ich, dass ich auch den Rest vergesse, wenn es so weitergeht. Mein Herz schlägt laut, als ich eine Taste nach der anderen drücke.

1

Am liebsten möchte ich in der Zeit zurückgehen. Ich würde mit den Finnischen Laufhunden zusammen im Garten meiner Oma sitzen. Ich würde meinen Plüschhund Pepi in den Arm nehmen, der nach Omas freundlichster Hündin benannt ist. Ich würde mit den älteren Kindern zu den Gewächshäusern gehen und mir eine saftige rote Tomate in den Mund stecken. Den Duft der Tomatenblätter an den Fingern, gekleidet in die schönen Sachen, die meine Mutter selbst genäht hat. Ich würde diese Erinnerungen wieder und wieder durchleben.

Aber ich kann niemals in diese Zeit zurückkehren. Es ist mir unmöglich, mich an den Körper oder etwas anderes von diesem Mädchen zu erinnern, denn mein Leben beginnt eigentlich erst in dem Moment, in dem ich vernichtet werde. Mir ist eine zerstörerische Plastizität widerfahren, wie Catherine Malabou in *Ontologie des Akzidentiellen* schreibt, und in der Folge entleert sich meine Identität. Mein eigentliches Leben beginnt mit einem grauenhaften Eindringen, und ich werde unmittelbar in den Körper eines 12-jährigen Mädchens hineingeboren. Alles, was vor der Kette dieser Katastrophen geschah, fühlt sich an wie die Kindheit von jemand anderem.

Ich bin nun auf einer erzwungenen Zeitreise, denn es gibt Dinge, an die ich mich erinnern muss. Und es gibt Dinge, an die ich mich nicht erinnern sollte. Ich habe dennoch beschlossen, ins Zentrum meines Gedächtnisverlustes vorzustoßen. Ich habe beschlossen, die Dinge zu archivieren.

Trotz allem sitze ich nicht mit dem Gesicht zur Kamera vor einem trostlosen Hintergrund. Ich spreche nicht in ein Mikrofon an meinem Kragen und gerate dabei ins Stocken. Ich erstarre nicht vor den Blicken, ich lache nicht nervös auf, weil ich mich schäme.

Es braucht viel Zeit, um das Unmögliche in eine Ordnung zu bringen. Jeder Satz, den ich schreibe, verbirgt unter sich etwas, das ungeschrieben bleibt. Keine Geschichte ist zu grauenerregend, um sie zu erzählen, aber nicht alle Geschichten kann man erzählen. Manche Dinge werden erst sichtbar, wenn einem ihr Fehlen auffällt.

Ich blättere die Seiten in meinem Körper um. Das Buch ist ein Ort, eine Seite ein Zimmer. Hier bin ich in Sicherheit. Hier bin ich unberührbar.

2

Alles beginnt mit dem Dorf. Zuerst sind da die Geografie und die Menschen, die gekommen und geblieben sind.

Ich bin in Kolbäck geboren. Ich trage das als Geburtsort in alle Dokumente ein, obwohl ich den Ort auf Landkarten gar nicht wiederfinde. Meine Eltern sind in den 1970er Jahren wegen der Arbeit nach Schweden gezogen, wie so viele Finnen.

Es ist das Jahr 1981, und meine Eltern bekommen ein zweites Kind, ein Mädchen, das sie Susanna nennen, weil das ein seltener Name ist. Vielleicht ist der Name ein Omen, und mir werden deshalb abseitige Dinge widerfahren, oder Dinge, die man für abseitig hält, obwohl sie es nicht sind.

Meine Mutter, mein großer Bruder und ich kehren nach Finnland zurück, als ich noch Windeln trage. Vater bleibt in Schweden. Wir lassen uns schließlich in dem Dorf nieder, in dem meine Erinnerung sich abspielt.

Ich wohne in diesem Dorf, weil es hier eine hellgrüne psychiatrische Klinik gibt, in der meine Mutter arbeitet. Wenn ich an das Dorf denke, kann ich nicht umhin, auch das andere bedeutende Monument des Ortes vor meinem geistigen Auge zu sehen. Es ist das wiederholt eingegangene und reanimierte, eindeutig überdimensionierte Hotel-Restaurant auf unserer Seite der Bahnlinie. Im Innern dieses weißen Gebäudes wohnt ein Gedächtnis, das durch die Tür gekrochen kommt und sich um meinen Knöchel schlingt.

Auf der Suche nach Bildern des Hotels finde ich ein Diskussionsforum, in dem eine frühere Mitarbeiterin des Hotels schreibt, dass es in dem Haus spuke. Aktiv seien mindestens die Zimmer Nummer sieben und eins, aber auch im Kaminzimmer gebe es Aktivität. Die Hotelmitarbeiterin und ich kommunizieren vermutlich auf derselben Wellenlänge. Wir spüren merkwürdige Dinge. Wir glauben an Dinge, die andere nicht sehen.

Sie schreibt, sie würde nicht dorthin zurückkehren. Auch ich will es nicht.

3

In den 1950er Jahren wird ein Wasserkraftwerk gebaut, und darum herum entsteht das Dorf. Die Straße dorthin führt auf einer Brücke über die Stromschnelle, und das ist in meinen Augen magisch. Hier wohnt Oma, direkt am Kraftwerk. Sie brät uns Arme Ritter und gibt mir öfter Taschengeld. Ich bekomme von ihr auch Fotos von ihren Hunden und deren Welpen. Auf jedes Bild hat sie an den Rand ein weißes Etikett geklebt und dort den Namen und das Alter des Hundes notiert. Ich bewahre die Bilder auf, sie begleiten mich von einer Wohnung zur anderen, von einem Land ins andere, immerhin hat sich auch Oma die

Mühe gemacht, etwas für mich aufzuzeichnen, was ihr wichtig war.

Auch wenn mir Oma überhaupt nicht älter zu werden scheint, ist das Dorf nicht mehr wie früher. Es sind so viele Bäume gefällt worden, dass die Landschaft kaum wiederzuerkennen ist. Statt Wald erstrecken sich dort Stromleitungen, die schon immer da, aber verborgen waren. Wo die Hundezwinger standen, wächst jetzt Unkraut. Es gibt keinen Laden und keine Schule mehr, nirgends sind Kinder zu sehen. Oma sitzt immer auf demselben Platz, ich ihr gegenüber. Aus alter Gewohnheit wende ich den Kopf, um durch das Fenster nach den Hunden zu sehen, aber sie sind nicht mehr da. Oma spricht so viel, dass ihr immer wieder mitten in der Geschichte die Zigarette ausgeht. Ich würde gern mehr hören, aber es ist allmählich zu spät.

Sind wir zufällig in dieser Gegend gelandet, genau hier, im Nest der Gewalt? Fünfzehn Kilometer weiter südlich, und alles könnte anders sein.

Meine Oma ist noch ein kleines Mädchen, als sie mit ihrer Familie ohne Hab und Gut vom Nordufer des Ladogasees fliehen muss. Die Familie bekommt ein Haus in Südkarelien zugewiesen, und Oma trifft dort einen jungen Mann, mit dem sie in den Norden gehen möchte. *Vater drohte mir Prügel an, falls ich das tun würde*, sagt Oma lachend.

Doch sie geht, gegen den Willen ihres Vaters. Der Mann ist allerdings dem Alkohol zugeneigt, und einmal hat Oma von alldem genug. Sie macht sich auf, an der Bahnlinie entlang, will zu ihren Eltern zurückgehen. Aber sie geht nirgendwohin, sondern zurück nach Hause. Sie ist noch immer nicht weggegangen.

Einmal suche ich nach den Fotos von Omas Hunden. Ich habe die alten Bilder in weiße Briefumschläge sortiert und öffne einen davon. Mein Blick fällt auf ein Foto, auf dem ich kerzengerade in Omas Garten stehe. Ich trage weiße Shorts und ein gelbes T-Shirt. Um meinen Hals hängt ein kleiner goldener Anhänger. Meine lockigen blonden Haare reichen mir bis zu den noch nicht vorhandenen Brüsten. Ich war mit Oma, meiner Patentante und ihrem Mann zusammen unterwegs, um meinen Urgroßvater und andere Verwandte zu besuchen. Wir fuhren in einem roten Auto quer durchs Land, und wenn ich nicht schlief, betrachtete ich die Landschaft.

Jetzt sehe ich mir das Bild an. Ich versuche, darauf Anzeichen von Gewalt zu erkennen, doch ich sehe nur ein lächelndes Mädchen. Ich wirke nicht so, als sei etwas nicht in Ordnung. Ich stelle das Bild auf das Regal über meinem Schreibtisch, damit ich es später noch einmal versuchen kann.

Das Foto bleibt wochenlang an seinem Platz, bis ich es eines Tages wieder zur Hand nehme. Ich berühre das Mädchen auf dem Bild mit den Fingerspitzen, bevor ich das Foto umdrehe und mir die Jahreszahl auf der Rückseite ansehe. Mir wird klar, dass hier etwas nicht stimmt. Das Jahr kann nicht richtig sein. Ich rechne noch einmal nach, denn das hier kann nicht derselbe Sommer sein. Ich dachte, alles begann 1993, aber ich habe die Jahre verwechselt.

4

1993 markiert den Beginn einer besseren Zeit. Der Ministerpräsident verkündet dem Volk, dass auf die Nacht der Tag folgen wird. Hinter den Kulissen nimmt ein Kameramann für die Abendnachrichten auf, wie sich der Ministerpräsident nach dem Interview am Hintern kratzt. Das Exportgeschäft ist zusammengebrochen, viele Unternehmen sind ruiniert, und die Arbeitslosigkeit ist erdrückend. Die

Jugend wird als verlorene Generation bezeichnet, aber wo ist sie hin?

Überall verlieren Menschen ihr Eigentum. Jugendliche hängen mit selbstgebrauten Getränken auf der Straße herum, die Hefe lässt es in ihrem Bauch gären. Die Familien sind auf sich gestellt, die Lehrkräfte erschöpft, niemand kümmert sich mehr um Zahnpflege, und ich fange an, mich schmutzig zu fühlen.

Meine Eltern sind geschieden, was zu dieser Zeit nicht unbedingt üblich ist. Ich sehe meinen Vater am Wochenende, aber immer seltener, weil es bei ihm nicht gut läuft. Er hat für einen Kredit gebürgt, und als die Firma Konkurs anmeldet, muss er die Schulden abzahlen. Er darf nichts mehr besitzen. Und er arbeitet auch nicht. Wegen eines Autounfalls ist er in Frührente, er nimmt ständig Schmerzmittel und trinkt.

Die Versicherung hat zwar fürstlich gezahlt, und vor dem endgültigen Ruin geht es meinem Vater auch eine Zeitlang gut. In seiner Stadtwohnung zeigen Frauen auf dem Musikvideokanal ihre perfekten Körper, während ich Süßigkeiten in mich hineinstopfe, bis ich fast platze. Die Jungen, die ich bald kennenlernen werde, schauen kein Musikfernsehen, aber auch sie wollen Frauen ohne Kleider sehen.

Es gibt eine Zeit davor und eine Zeit danach, auch wenn ich oft daran zweifle, ob die Grenze so klar zu ziehen ist.

In der Zeit *davor* bin ich ein Mädchen in der Welt von My Little Pony. Ich sammle Glanzbilder, die offenbar durchweg Engel darstellen – durchscheinende Frauen in dünnen, hellen Kleidern, die auf einer Wolke sitzen.

Mama schafft Wellensittiche, Kaninchen, Hamster und Katzen für uns an. Der plötzliche Tod der Tiere macht mich jedes Mal traurig.

Ich schneide mir die Haare wie mein Bruder, weil ich seinen Stil toll finde. Mama korrigiert die schlimmsten Schnitzer, und die Haare stehen jetzt hoch wie bei meinem Bruder. Immer wenn er Freunde zu Besuch hat, gehe ich in sein Zimmer, in der Hoffnung, dass sie mich bemerken.

Ich habe viele Barbies, und ihr Leben verändert sich mit meinem. Ich reibe die nackten Puppen auf dem Fußboden meines Zimmers aneinander und hoffe, dass niemand hereingestürmt kommt. Wenn das Licht aus ist, berühre ich meinen Körper und denke lüsterne Gedanken.

Ich nehme Radiohits auf Kassette auf, mit eigenen Moderationen dazwischen, Monologen, an die ich mich nicht erinnere. Mama kauft mir eine Platte von New Kids on the Block. Außerdem höre ich die LP von Sabrina, unter anderem mit den Songs *Boys*, *Hot Girl* und *Sexy Girl*.

Ich tanze in einem rosa Ballettkostüm, dann in einem blauen Gymnastikanzug. Im Fernsehen zeigen sie *Dirty Dancing*, und bald tanze ich mit meiner besten Freundin die Choreografien aus dem Film nach. Ich will unbedingt Baby sein, und deswegen muss meine Freundin sich mit der Rolle des Tanzlehrers Johnny begnügen.

Ich bleibe stehen und betrachte die Trollblumen, die auf der Wiese blühen. Ihr gelbes Meer sieht aus wie ein großes Versprechen.

In der Zeit *danach* färbe ich mir die Haare gelb – eine hässliche, aber seltene Haarfarbe. Die nächste ist blau. Ich umrande meine Augen und versuche, mir Augenbrauen ins Gesicht zu färben. Aber das Wichtigste ist die Mascara. Ich besitze keine Wimpernbürste, und die billige Mascara klumpt beim Auftragen. Ich gewöhne mir etwas Gefährliches an: Ich löse die Klümpchen an den Wimpern mit einer Stecknadel. Das funktioniert gut, bis ich einmal abrutsche und mir in die Hornhaut ritze.

Mama geht mit mir zum Arzt. Ich muss ein paar Tage

eine Augenklappe tragen und allen erklären, was mit meinem Auge passiert ist. Da ich nicht lügen kann, sage ich die Wahrheit. Meine Freundinnen können nicht verstehen, warum ich eine Stecknadel als Wimpernbürste benutzt habe, und lachen mich aus. Ich lache mit, weil ich lächerliche Risiken eingehe. Ich stehe im Zentrum von Ereignissen, die nach außen nicht sichtbar sind. Ich bin dabei, mich zu lösen und davonzugleiten, von einem Kind zu einem Objekt zu werden. Meine Haut verwandelt sich in ein Gewebe, mein Fleisch in Knetmasse. Was ich mit meinem einen Auge sehe, ist nicht schön.

5

Es ist 1994, das Jahr der Katastrophen. Kurt Cobain bringt sich um. Die *Estonia* sinkt in der Ostsee. Boris Jelzin schickt Truppen nach Tschetschenien.

Ich bin genauso alt wie Regan, das besessene Mädchen aus dem Film *Der Exorzist*. Ich bin zwölf, fast dreizehn. Ich befinde mich im Stadium zwischen Kind und Frau, ich bin auf dem Weg, grauenvoll zu werden.

Es vergeht lediglich ein Augenblick, bevor ich nur noch Körper bin.

Verbrechen geschehen, aber sie werden nicht bei der Polizei angezeigt. Es kommt kein Ermittler an den Tatort. Der Tatort wird nicht abgesperrt und in Augenschein genommen. Niemand stellt Beweismittel sicher oder analysiert sie im Labor. Es wird nicht gewährleistet, dass die Beweise nicht verunreinigt werden. Der Tatort wird nicht bewacht oder fotografiert. Niemand dokumentiert den Gang der Ermittlungen. Verdächtige werden weder benannt noch festgenommen. Die körperlichen Verletzungen werden nicht untersucht. Die Schäden nicht kartiert. Niemand fragt nach der psychischen Verfassung. Der Tatort wird nicht rekonstruiert. Es gibt keine Täterprofile. Man holt keine Aussagen von Augenzeugen ein. Vernimmt keine Familienangehörigen. Man hört das Opfer nicht an und hilft ihm auch nicht. Die Ereignisse werden nicht beurkundet.

Carmen Maria Machado, die mit einer gewalttätigen Partnerin in einem Traumhaus lebte, wusste später, dass *die Zeugnisse manchmal gar nicht erst ins Archiv aufgenommen werden – sie werden nicht als wichtig genug angesehen, um sie zu erfassen, oder falls doch, nicht wichtig genug, um sie aufzubewahren.* Die Verbrechen sind nicht bedeutungsvoll genug, oder im Klartext sind es eigentlich gar keine Verbrechen. So habe ich lange gedacht. Als ich meine Meinung endlich änderte, konnte ich an nichts anderes mehr denken als daran, das verschwundene Archiv zu finden.

Meine Aufgabe ist fast unmöglich zu bewältigen, aber nicht ganz. Ich lebe noch. Mein Körper birgt Beweise oder wenigstens Reste davon. An den Rändern meines Gedächtnisses sind Spuren, denen ich folgen werde. Es kann sein, dass man die Beweise für verunreinigt und die Zeugin für unglaubwürdig hält – und die Verbrechen sind selbstverständlich längst verjährt –, aber ich muss das hier trotzdem klären. Vor allem muss ich klären, wie ich das Vergangene so schreiben kann, dass ich mir meine Menschlichkeit zurückhole.

6

Es gibt Dinge, die man nicht ohne Hilfe archivieren kann. Ich installiere in meinem Innern eine Kriminalermittlerin, eine Verbündete, die durch mich spricht, aber in einer anderen Sprache. Subjekt und Objekt in ein und demselben Körper. Die Aufgabe der Ermittlerin wäre es, nach dem zu suchen, was ich verborgen habe. Sie würde in die Zimmer gehen und sagen: *Warte vor der Tür.*

Ich habe versucht, das alles hier auf andere Art und Weise zu schreiben. Ich habe alles und jedes aufgeschrieben. Ich habe mich in keiner Weise geschützt. Ich habe dieselbe Wunde Tag für Tag neu aufgerissen. Ich habe die eitrigen Abszesse auf meiner Haut gesehen, sie schienen immer nur noch größer zu werden. Dann führte die Grausamkeit meines körperlichen Verfalls dazu, dass sich in mir etwas abspaltete.

Die Abspaltung war einfach, denn mein Ich war im Alter von zwölf Jahren zerbrochen. Mein Inneres bestand schon von vornherein aus abgetrennten, einander fremden Elementen.

Es war nicht schwer, Vorbilder dafür zu finden. Auch in Krimiserien ist der Ermittler oder die Ermittlerin fast immer traumatisiert, unsozial oder auf andere Weise ungewöhnlich. Das Publikum liebt Leidensgeschichten so sehr, dass die Ermittlerin selbst entweder Opfer oder ein schlechter Mensch sein muss. Sie verlässt ihr Kind oder kümmert sich nicht um sich selbst. Sie ist unhöflich oder hat keine Freunde. Weil die Ermittlerin den Täter verstehen muss, um die Wahrheit herauszufinden, hat auch sie einen Körper der Gewalt.

Die Ermittlerin, die durch die Abspaltung zum rationalen Teil meiner Psyche wird, verspricht mir, mich mit anderen zusammen vor mir selbst zu schützen und die Drecksarbeit zu machen. Dennoch ist es eine schwierige Aufgabe, eine unvollständige Geschichte zusammenzustückeln. Zumal wenn die Grundlage ein Archiv ist, das nicht existiert, und mein Gedächtnis angeknackst ist. Ich weiß nicht, ob eine so schwierige Ermittlung jemals zu Ende gebracht werden kann. Ich befürchte, dass ich mit der Ermittlungsakte unter dem Arm sterben könnte oder dass man mein Skelett im Archiv findet, wo ich mich unter tausenden unaufgeklärten Fällen zusammengerollt habe.

Dennoch habe ich mich dazu entschlossen, dieses Risiko einzugehen. Nur ich allein kann diese Ermittlung führen, die endlich einmal zum Vorteil des Opfers stattfindet.

Aber wo könnte ich anfangen, am verschwundenen Gedächtnis zu stricken? Was ist es, das ein Kind dem Schoß der Gewalt überantwortet? Gewalt kann doch wohl kein Zufall sein? Familien sind immer verdächtig, aber ich möchte hier keine Menschen mit hineinziehen, die auch vorher nicht hineingezogen werden wollten. Ich will aufklären, was passiert ist, auf wessen Veranlassung, warum und zu welchem Preis. Die Tatorte, den Gang der Ereignisse, die Art der Verbrechen. Vergesse ich etwas, mich selbst?

Ich bin keineswegs sicher, wie erfolgreich ich als Ermittlerin bin, die ihre Ermittlungsmethoden auf Serien wie *Mindhunter* und *The Fall – Tod in Belfast* stützt. Auf der anderen Seite habe ich den Vorteil, dass ich Gewalt gegenüber unempfindlich bin. Wenn ich an den Tatort komme, bringe ich mein Gesicht nah an die Leiche, die gerade aus dem Wasser gezogen wurde. Ich rieche ihre nassen Haare, ich habe sie schon oft tot und entkleidet gesehen.

Dennoch sind diese Sendungen keine ganz schlechte Quelle. In der Serie *Mindhunter*, die auf dem Buch eines früheren FBI-Agenten basiert, offenbart die Auseinandersetzung mit den Neigungen und Lebensgeschichten von Serienmördern eine vielfältige Welt der Gewalt, in der ein brutaler Mord nur die Kulmination einer Entwicklung ist. Mein Körper hat ein Vielfaches an Verbrechen erfahren, aber nicht die Kulmination, wenn man von einem symbolischen Mord absieht. Weil meine Ermittlung in jedem Fall spekulativ ist, spielt der Ursprung meiner Ermittlungsmethoden keine so große Rolle. Wichtig ist einzig und allein, dass ich die Sache von Grund auf aufkläre.

Ich habe mich auch vorher schon mit Gewalt beschäftigt, aber die Verbrechen, die sich gegen meinen eigenen

Körper gerichtet haben, wollte ich nicht aufstören. Ich leugnete, wollte mich erinnern, wollte vergessen, wollte einen Zeugen, wollte erzählen, wollte schweigen, aber hier sind wir nun.

Ich könnte damit anfangen, wo ich jetzt bin, aber dieser Moment ist schon vorüber. Ich habe mich beim Schreiben schon so oft im Kreis gedreht, dass ich nicht mehr weiß, wer ich war, als ich anfing. Ich bin in einem Loch verschwunden, ich bin in den Räumen verschwunden, mit gefesselten Händen oder im Begriff, eine Dummheit zu begehen. Ich bin im Keller verschwunden, begraben unter Gerüchen.

7

Wenn die Hauptfigur im Film in den Keller gehen will, wiederholt der Zuschauer im Geiste: *Geh da nicht runter, geh da nicht runter.* Im Keller kann man gefangengenommen werden. Im Keller kann man sterben. Aber wenn es denkbar ist, dass im Keller jemand gefangengehalten wird, muss man unbedingt hinuntergehen. Durch die Tür, die Stufen hinab, eine nach der anderen.

Das hier ist allerdings nur ein Fahrradkeller, und hier wird niemand gefangengehalten. Ich hocke an der Wand, wahrscheinlich weil ich dort irgendwo Froschlaich gebunkert habe. Ich erinnere mich nicht daran, wie alt ich bin, ich erinnere mich nicht an meinen Körper, und kein Ereignis setzt sich im Zeitkontinuum davor oder dahinter. Wenn ich versuche, mich an die Situation zu erinnern, sinkt mein Blick zu Boden, in meinen Ohren pfeift es, und meine Gesichtsmuskeln sind angespannt. Der Geruch des Kellers dringt in mich ein. Ich bin im Fahrradkeller gelandet, der ganz normal ist, aber ich rieche etwas Stechendes. Ich rieche es durch drei Jahrzehnte hindurch, und mir fällt kein Geschehen dazu ein.

8

Ich komme nicht auf den Namen des Würzkrauts, das bei mir in der Küche wächst. Ich überlege lange, aber das Wort will mir einfach nicht einfallen. Ich nehme die nadelartigen Blätter der Pflanze zwischen die Finger und reibe sie kurz. Dann schnuppere ich, und es fällt mir ein. Rosmarin, *rosmarinus*, Tau des Meeres.

Es heißt immer, der menschliche Geruchssinn sei nicht besonders gut. Doch Forschende haben inzwischen ihre Zweifel, ob er nicht doch genauer ist als gedacht. Der Mensch hat nur keine Sprache für all die unzähligen Gerüche, die wir wahrnehmen können. Von Hunden aufgespürte Gerüche werden in der Kriminaltechnik als Beweise herangezogen, aber könnte auch der menschliche Geruchssinn ein verlässlicher Zeuge sein?

In einer Studie untersuchte man die Verlässlichkeit des menschlichen Geruchssinns bei der Wiedererkennung eines Kriminellen. Freiwillige männliche Probanden gaben auf Stilleinlagen eine Probe ihres Körpergeruchs ab, die in Schraubgläsern verwahrt wurde. Danach sahen die Versuchspersonen ein authentisches Video entweder von einem Sexualverbrechen oder einem Raub mit anschließender Geiselnahme, bei denen jeweils das Opfer eine Frau war und der Täter ein Mann. Während sie das Video sahen, sollten die Studienteilnehmer an der Geruchsprobe des »Täters« riechen.

Wenn es sich um eine Gruppe von drei Verdächtigen handelte, erkannten vierundzwanzig von fünfundzwanzig Versuchspersonen den »Täter« am Geruch. Wenn es fünf Verdächtige waren, betrug die Erfolgsquote 56 Prozent, und bei acht Verdächtigen erkannten noch 46 Prozent den »Täter«. Eine größere Gruppe von Verdächtigen schwächte also das Ergebnis. Die Forschenden fanden auch heraus, dass eine lange Zeitspanne zwischen dem Wahrnehmen des

Geruchs und der Erinnerung an den Geruch wesentlich zum Vergessen beitrug.

Das Geruchsgedächtnis könnte ein Weg zu den Beweisen meines Körpers sein.

Ich weiß nicht genug, als dass ich berichten könnte, was 1994 geschah. Doch ich habe auch nicht die Gnade des Gedächtnisverlustes erfahren. Ich spüre, wie zweimal so große Hände meine Handgelenke umklammern. Ich bin im Innern meines Mundes viele Tode gestorben. Mein Körper ist von Verlust durchlöchert. Mein Gedächtnis ist im Körper, aber ich kann keine Proben nehmen oder Abschürfungen bescheinigen. Eine Freundin fragt, ob ich mich unbedingt erinnern muss, und ich traue mich nicht, ehrlich zu sein. Wenn ich mich nicht erinnere, bin ich verrückt. Was, wenn gar nichts passiert ist?

Dieser Verdacht ist tatsächlich typisch, wie Catherine Malabou schreibt: *Wenn man die Szene des Traumas zurückkehren lässt, lässt man im selben Zug ihre Verneinung zurückkehren, sprich die Möglichkeit, dass nichts passiert ist.* Das Fehlen von Zeugen bestärkt mich in meinem Zweifel. Wenn niemand etwas gesehen hat, ist dann etwas passiert? Wenn ich die einzige Zeugin bin, noch dazu unfähig, mich zu erinnern, woher soll man wissen, dass überhaupt Verbrechen geschehen sind?

Das Abstreiten wird immer Teil dessen sein, was mir widerfahren ist, aber ebenso die Unmöglichkeit des Abstreitens, denn der Schmerz in meinen Handgelenken ist so real. Ich kann den Schmerz nicht beiseitewischen. Er pulsiert lebendig in mir weiter.

Mein Problem ist widersinnig: Ich will mich an genau das erinnern, wovor mich meine Gedächtnislücken schützen.

1994 – das Jahr scheint mir kein Zufall zu sein – untersuchte Bessel van der Kolk mit einer Forschungsgruppe die traumatischen Erinnerungen von siebenundsechzig Freiwilligen. Um sie mit anderen Erinnerungen zu vergleichen, berichteten die Studienteilnehmer zuerst von guten Erinnerungen. Es stellte sich heraus, dass die glücklichen Erinnerungen nicht mit besonderen sinnlichen Wahrnehmungen verbunden waren. Die Personen erinnerten sich an das Geschehen in allen Details, aber ohne damit verbundene starke Sinneswahrnehmungen. Die traumatischen Erinnerungen hingegen waren unzusammenhängend. Die Versuchspersonen erinnerten sich übermäßig plastisch an bestimmte Details, aber nicht mehr an den Verlauf oder das Ereignis im Ganzen. Die chaotischsten Erinnerungen von allen hatten diejenigen, die als Kinder missbraucht worden waren.

Meine Augenlider haben ein Gedächtnis, wenn ich die Augen fest zusammenkneife. Ich sehe die weiße Kaffeetasse in der Hand meines Vaters. Er versucht sie zu verstecken, aber ich rieche den durchdringenden Geruch von Schnaps.

Dass die Erinnerungen unzusammenhängend sind, heißt jedoch nicht, dass sie nicht präzise sein können. Van der Kolk schreibt, dass für eine Studie amerikanische Weltkriegsveteranen befragt wurden, zuerst in den Jahren 1945–1946 und dann noch einmal 1989–1990. Die Erinnerungen der Soldaten an erschütternde Ereignisse waren in vier Jahrzehnten verblasst und hatten sich verändert. Anders jedoch bei Veteranen, die eine posttraumatische Belastungsstörung entwickelt hatten. Ihre Erinnerungen waren unverändert. Das, was ihnen im Gedächtnis geblieben war, stand ihnen immer noch klar vor Augen.

Ob und wie präzise die Erinnerung sich festsetzt, hängt davon ab, wie intensiv die Gefühle im Moment des Geschehens sind und wie schwerwiegend es für die beteiligten Personen ist. Auf das, was man im Gedächtnis behält, wirken sich auch die physiologische und psychologische Reaktionsfähigkeit und die Genauigkeit der Wahrnehmung aus. Aufgrund des vom Körper ausgeschütteten Adrenalins brennen sich gefährliche Situationen am stärksten ins Gedächtnis ein, und auch wenn das Geschehen selbst in Vergessenheit gerät, bleiben die damit verbundenen Gefühle erhalten.

Eine traumatische Erfahrung wirkt sich entscheidend auf die Funktionen des Gehirns aus und damit auch auf das Abspeichern von Erinnerungen. Der Frontallappen schaltet ab, und es übernehmen die Areale des Gehirns, die für die Verarbeitung von Gefühlen zuständig sind, die nicht bewusst gesteuert werden können und für Sprache nicht erreichbar sind. Die verschiedenen Teilbereiche des Gehirns hören auf, miteinander zu kommunizieren, Wahrnehmung und Sprache stimmen nicht überein, und so werden die Spuren einer traumatischen Erinnerung jenseits der Sprache abgespeichert, als konfuse Gefühls- und Sinneserfahrungen.

Die wichtigste Erkenntnis von van der Kolk und seinem Team war jedoch, dass das Wiederaufrufen einer traumatischen Erinnerung nicht dazu führte, dass das Trauma geheilt wurde. Obwohl ich das glaube, muss ich mich erinnern. Ich muss mich an wenigstens ein bedeutsames Detail erinnern. Wie könnte ich sonst die Imagination von der Realität unterscheiden? Was, wenn meine Fantasie eine Geschichte hervorbringt, die so unglaublich und so verrückt ist, dass sie auf keinen Fall wahr sein kann? Wenn ich nicht weiß, was mir widerfahren ist, verzerrt sich die Welt um mich her, oder noch schlimmer: Ich habe Angst, dass ich nicht mehr in derselben Realität lebe wie alle anderen.

Ich weiß nicht, was im Keller passiert ist oder ob dort etwas passiert ist, aber ich werde den Geruch nicht los. Ist das Froschlaich oder etwas anderes? Habe ich im Keller etwas

Lebendiges versteckt, das nun stirbt? Bin ich schuld an dem Geruch? Ich verbinde mit dem Keller irgendeine Art von Verzweiflung. Doch es wird keine Geschichte daraus. Dennoch ist der Fahrradkeller wahr, dessen bin ich mir ziemlich sicher.

9

Ich höre eine Stimme, die fragt: *Wo hat dein Leiden begonnen, was ist deine erste Erinnerung? Was hat zur Zerstörung deiner Darmbakterien geführt, was zum Schweigen?* Der Verwesungsgeruch im Fahrradkeller bringt mich zu der Frage, die mich Jahr um Jahr quält: Hat mit mir von Anfang an etwas nicht gestimmt?

Ich habe von jeher das Gefühl, dass irgendetwas in mir schlechte Menschen angezogen hat. Vielleicht war es ein bestimmter Gesichtsausdruck, eine Einladung meines Körpers, irgendein Geruch, vielleicht hatte ich Dreck an der Kleidung oder bewegte mich schlurfend, und ganz bestimmt hatte ich die angeborene Neigung, mich in Schwierigkeiten zu bringen.

Daher sehe ich im Keller mich selbst, einen kleinen Tunichtgut. Aber die Erinnerungen trügen. Oder? Das sind Träume, oder? Vielleicht ist das im Keller nur eine böse Ahnung.

Ich spüre eine Hand, die mich nach unten zieht. Es ist die Hand des Mädchens, das ich unter vielen Schichten versteckt habe. Ich habe die Bosheit aus gutem Grund verborgen, und ich halte ihre Bewegung in meinem Körper nicht aus.

10

Niemand kann den Anfang oder das Ende der Menschheitsgeschichte rekonstruieren. Ich erinnere mich nicht an Gutenachtgeschichten, nicht an eine erste Wunde. Ich habe mich angestrengt, um auch noch die kleinsten Erinnerungskörnchen zu finden. Was, wenn in der Zeit vor dem Jahr der Katastrophe etwas Bedeutsames passiert ist, an das ich mich erinnern müsste? Aber in meiner Kindheit gab es anscheinend nur normale Sorgen, nichts Weltbewegendes. Im Garten meiner Oma esse ich giftige Beeren, mehr, als ich mich zuzugeben traue. Ich kotze im Kindergarten das Mittagessen ins Klo. Ich nehme einen Schein aus Mamas Portemonnaie und sage, ich hätte ihn im Treppenhaus am Heizkörper gefunden. Mama sagt, ich lüge furchtbar schlecht, und ist mir nicht einmal besonders böse. Ich werde auf dem Weg zur Schule mit Schneebällen beworfen. Danach will ich nicht mehr in die Schule und tue so, als hätte ich Bauchschmerzen. Papa kann mich nicht abholen. Aus jedem zweiten Wochenende werden sporadische Besuche, weil er immer längere Trinkepisoden hat.

Es muss noch etwas anderes geben.

Mama versteckt die Schmerztabletten, weil ich sie wie Papa täglich einwerfe. Mein Bruder stößt mich aus der Haustür in den Regen und schließt hinter mir ab, und wir werden keine Freunde. Ich halte mir im Schwimmbad die Hände vor den Bauch, und Mama erinnert mich daran, dass meine Knie, meine Nase und mein Bauch ererbte Makel sind. In der Sportstunde werde ich gezwungen, über das Reck zu springen, und ich renne weinend nach Hause, weil ich mich nicht weigern darf. Aus der Schule kommt ein Anruf, dass ich mich männlichen Lehrern gegenüber unpassend verhalten habe. Sie sagen, das müsse mit der Abwesenheit meines Vaters zusammenhängen.

Von der Episode mit dem Reck bleibt eine Angst zurück,

und ich will nie wieder mit gespreizten Beinen über einen Gegenstand oder einen Menschen springen, aber das ist alles an Dramatik, und sehr dramatisch ist das nicht. Wenn ich versuche, mich an etwas Positives zu erinnern, fällt mir nichts ein. Ich sehe nur die gelben Trollblumen, aber ich stehe allein am Straßenrand, und die Erinnerung fühlt sich nicht glücklich an. Dieses Fehlen von Erinnerungen erscheint mir wie eine Lüge. Als würde ich mich selbst betrügen.

Van der Kolk hat recht. Die menschliche Psyche ist so beschaffen, dass man sich an gute Dinge nicht so intensiv erinnert. Man bleibt nicht an ihnen kleben.

11

Ich erwache auf einer altmodischen Luftmatratze, die auf einer Seite rot und auf der anderen blau ist. Die Oberfläche ist aus Stoff, und solche Matratzen werden heute nicht mehr hergestellt. Kurz vorher habe ich die Matratze auf einem Steg arrangiert und mich darauf gelegt. Die Herbstsonne wärmt genau richtig. Das strömende Geräusch des Flusses klingt wie ein murmelndes Summen. Niemand kommt, um mich zu stören, und ich schließe die Augen. Ich nicke kurz ein, bis ich aufschrecke, weil mir klar wird, dass ich in jeglichem Sinn des Wortes aufwachen muss. Ich reise weit fort von den Orten des Geschehens an die Bay of Islands nach Aotearoa, auf die neuseeländische Nordinsel, die vor tausend Jahren von dem polynesischen Seefahrer Kupe entdeckt wurde. Er kam von Hawaiki, der mystischen Insel, die nicht auf Karten verzeichnet ist, und aus der Unterwelt, dem Ort von Geburt und Tod. Danach kamen die Polynesier mit ihren Kanus in das Land der langen Wolke. Im 17. Jahrhundert kamen die Europäer, die Walfänger und Missionare.

Einen Moment lang denke ich darüber nach, was die Maoris vergessen und woran sie sich erinnern mussten, um ihre Verluste zu verkraften, aber dann sehe ich in den Himmel, der bis auf wenige tiefhängende Wolken blau ist. Über mir spannt sich der zweitblauste Himmel der Welt. Der blauste ist in Rio de Janeiro.

Eine warme Brise streicht mir übers Gesicht, und die Sonne kribbelt auf der Haut. Die hölzerne Bugplattform ist warm unter den Fußsohlen. Ich spanne die Zehen an, um einen besseren Stand zu haben, und halte mich am Metallgeländer fest, obwohl ich nirgendwohin fallen kann. Ich versuche, Delfine zu entdecken, aber unser Reiseveranstalter darf und will ihnen nicht nachjagen. Ein Kanadier ist ganz benommen vor Glück, als endlich zwei Delfine nicht weit von unserem Boot auftauchen. Er jubelt und hüpft vor Freude. Mich interessiert eher die Unendlichkeit des Meeres, die dazu führt, dass man nicht bis zum Ziel sehen oder wissen kann, wie weit man auf dem Meer kommt. Am Horizont sind Berge auf einer Insel zu sehen. Von hier aus wirken sie wie ein lockiger Haarschopf oder ein Brokkoli.

Auf dem Segelboot ist alles perfekt. Mein Körper ist leicht und sauber. Wir paddeln mit Kanus zu einer Insel und laufen barfuß auf die andere Seite der Insel zu einem verlassenen Sandstrand. Als wir zurück zum Boot kommen, erklärt der Reiseveranstalter, dass wir vom Boot aus ins Meer springen können, und ruft aus: *What could go wrong?* Ich traue mich nicht zu springen, aber ich lasse mich im salzigen Wasser treiben, denn es erfordert kaum Kraft, sich an der Oberfläche zu halten.

Ab und zu muss ich mir einen Zufluchtsort suchen, an den ich im Geiste fliehen kann, und dann denke ich vielleicht an dieses Segelboot, die Insel und den zweitblausten Himmel der Welt. Meistens denke ich allerdings an den Steg, der eine Schwelle ist, und an den Fluss, der eine Grenze ist. Der Steg befindet sich auf der anderen Seite des Flusses, so weit vom dorfseitigen Ufer entfernt, dass das Auge dort nicht hinreicht.

12

Die Landschaft meiner Kindheit wird von einem majestätischen Fluss rhythmisiert. Das Wasser ist meine Zuflucht. Der Fluss ist immer da, weiß immer Bescheid. Dann erzähle ich der Ermittlerin, dass es in der Beziehung zwischen mir und dem Wasser nicht nur warme Strömungen gibt. Ich habe eine brüchige Erinnerung an eine Bootsfahrt zu einer kleinen Insel, so klein wie der Planet beim Kleinen Prinzen. Die Insel ist so winzig, dass man zwischen den Bäumen die gesamte Uferlinie erkennen kann. Ich weiß nicht, warum ich mich zu dem hier bereiterklärt habe. Ich dürfte nicht hier sein, denn ich weiß, was mir in Gesellschaft dieses Jungen geschieht.

In meinem Geist blitzt eine parallele Realität auf, eine Paradiesinsel. Als würde sich meine Erinnerung daran, wie ich begrapscht und unter Druck gesetzt werde, wie ich es erdulde, mit einem Traum oder Film vermischen, in dem ein verliebtes Paar sich unter einer Palme an einem türkisen Meer liebkost. Aber ich bin nicht auf einer Paradiesinsel. Ich liege im Sand, und von Zärtlichkeit keine Spur. Gleichzeitig zweifle ich an meiner Erinnerung. Wieder keine Zeugen. War ich überhaupt auf einer Insel, und wenn ja, was ist dort wirklich passiert?

Ich schließe die Augen, und meine Wirbelsäule knackt beim Strecken. Ich kämpfe mit meinem ganzen Körper gegen das Vergessen. Ich spüre, dass jemand meine Haut berührt. Meine Schultern kribbeln, mein Atem wird dünner, mein Körper kommt mir übertrieben vor, und ich quelle aus mir selbst heraus. Meine Sehnen zittern, aber ich lasse die Tränen nicht kommen. Ich schließe die Augen erneut und versuche es noch einmal. Es stellt sich keine Erinnerung ein. Sie nähert sich, direkt hinter mir, die Verzweiflung, die diesen Zeitraum ganz verdrängt. Ich kann ihr nicht begegnen und höre auf, es zu probieren.

Was, wenn ich mich gar nicht erinnern kann? Was, wenn mein zwanghaftes Bedürfnis eine erlogene Erinnerung kreiert? Was, wenn ich anfange, mir Sachen auszudenken, um meine schwache Theorie zu stützen? Was bin ich dann? Ich bin die Insel, Sand, Wasser und das Ruderboot, mit dem wir übersetzen. Hände, mein Körper, Sommer, Wimmern. Ich versuche mich zu wehren, ich will das nicht, ich bitte ihn aufzuhören. Hände wie kleine Schlangen heften sich auf mich, und meine Bewegungen sind verlangsamt. Mein leises Flehen bringt kein Ergebnis. Ich vergeude keine Kraft für einen Kampf, den ich nicht gewinnen kann.

Die Ermittlerin befragt mich: *Wenn wir nun doch nochmal in der Zeit zurückgehen. Wo legte das Boot zur Insel ab? Wem gehörte es? Bist du aus eigener Kraft gelaufen?*

Ich weiß nicht. Ich wurde nicht mit einer Waffe bedroht, als ich ins Boot stieg, erwidere ich. Die offizielle Version könnte so lauten: Das Opfer wurde nicht gezwungen mitzukommen. Das Opfer hat niemandem von dem Geschehen erzählt. Ist es dann überhaupt ein Opfer?

Sand, unter meinem Hintern ist Sand, ich sitze im Sand, die Hände sind stärker als ich, mehr weiß ich nicht.

Das hilft nicht weiter. Was geschah zuerst, was geschah dann, was hat er gemacht, was hast du gemacht, was hat er dann gesagt, was hast du gesagt?

Wie und wann hört das auf?

Ich gehe mit meinen Hunden durch den Wald und höre ein Hörbuch. *Traumatisierte erinnern sich gleichzeitig an zu viel und an zu wenig*, tönen van der Kolks Worte in meinen Kopfhörern. Das normale Gedächtnis sorgt dafür, dass ich überlebe, und speichert meine Lebensgeschichte, mein Ich.

Das traumatische Gedächtnis ist nicht auf diese Weise nützlich und brauchbar. Es ist eine hinterhältige Qual, die in einem Zwischenreich vor sich hindämmert, bis irgendein Reiz, der mich an früher erinnert, sie weckt und mich durcheinanderbringt, eine in der Zeit feststeckende Erniedrigung auslöst.

Das Gedächtnis hängt mit meiner Formwandlung zusammen, mit der Zerstörung meiner Identität, meiner Geburt als 12-Jährige, denn Gedächtnis und Ich sind ein und dasselbe. Ohne Erinnerung weiß ich nicht, wer ich bin. Sich seiner selbst bewusst zu sein, bedarf der Kontinuität, nachvollziehbarer Auslöser und Folgen. Eine traumatische Erinnerung ist eine Unterbrechung dieser zeitlichen Kontinuität des normalen Gedächtnisses. Wenn etwas geschieht, was ein Mensch nicht als Teil seiner eigenen Geschichte begreifen kann, etwas, mit dem die Psyche einfach nicht umzugehen weiß, bleibt die Erinnerung an das Ereignis als abgetrenntes Element zurück, und wenn man zu diesem Element zurückkehren will, hat das eine Ablösung vom Ich und dem ihm zugrundeliegenden Gedächtnis zur Folge.

Es entsteht eine biografische Störung. Während die anderen Lebensereignisse sich ins Gedächtnis einfügen, irrt die traumatische Erinnerung haltlos im Kellergeschoss des Ichs umher. Das Traumagedächtnis wird zu einem Ort, an dem eine fremde, beängstigende Person wohnt.

Die Rückkehr zur Insel ist keine Erinnerung an die Vergangenheit. Es bedeutet, das Ereignis noch einmal zu durchleben, den beängstigenden Körper zum Leben zu erwecken – nicht den Körper des Gewalttäters, sondern meinen Körper, der zu einem anderen geworden ist. Das Verrückteste dabei ist, dass der Flashback das Ereignis wieder heraufbeschwört, obwohl meine Erinnerung daran sich in fünf Worten zusammenfassen lässt: Hände an den falschen Stellen.

Der Regen hat eben aufgehört, und die Abendsonne scheint auf die alten gelben Holzhäuser, die ich durch das Fenster sehen kann. Ich schreibe mit dem Gesicht zur Wand, aber ab und zu drehe ich mich, um mich zu vergewissern, wo ich bin.

Ich pirsche mich aus einer anderen Richtung an meine Erinnerung heran. Ich versuche, den Namen der Insel zu bestimmen. Vielleicht kann jemand dort hinfahren und bestätigen, dass sie existiert. Wenn mir etwas Wesentliches von der Insel einfällt, dann ist die Erinnerung an die Hände sicherlich wahr. Ich suche Inseln auf der Landkarte. Für drei Inseln finde ich Bezeichnungen: Juntansaari, Linnansaari, Nillunkankaat. Die restlichen Inseln sind wohl so unbedeutend, dass man ihnen keine Namen geben muss.

Dann sehe ich sie, das kann nicht wahr sein! *Da ist sie*, sage ich laut mit der Faust vor dem Mund. Das Satellitenbild bestätigt, dass an einer der namenlosen kleinen Inseln ein Sandstrand ist. Nur an einer. Das hier ist sie. Ich bin erschüttert, aber auch erleichtert. Ich bin nicht verrückt, ich erinnere mich. Die Insel ist wahr. Ich war dort, ich weiß es! Das soll das erste Dokument in meinem Archiv sein. Beweisstück A.

Ich folge auf der Karte dem Fluss nach Süden. Dort ist eine Insel mit einem alten Freizeitheim, wo wir früher manchmal mit den Geschwistern meiner Mutter und ihren Familien Mittsommer gefeiert haben. Auf einem Foto aus den 1980er Jahren sitze ich zwischen meinen lächelnden, lockenhaarigen Tanten auf einem hohen Poller. Ich zwischen den Frauen, ein kleines Vögelchen im Nest. Auf einem anderen Foto von der Insel habe ich die Arme um einen Jagdhund gelegt, und es sieht aus, als sei ich halb Hund oder halb Mensch. Ich habe ein großes rosa Sweatshirt von meiner Mutter an, das an der Taille mit einem Band zusammengefasst ist.

An einem Mittsommer lieferten sich einige Männer auf dem Hof des Freizeitheims betrunken einen Ringkampf. Danach fuhren wir nicht mehr zur Insel.

13

Ich leihe mir aus der Bibliothek ein kleines, abgestoßenes Buch mit dem Titel *Karelische Volksmärchen* aus. Vielleicht hoffe ich, dass die karelischen Wurzeln meiner Großmutter mir irgendwie Würde verleihen, aber letztlich habe ich mit Karelien nichts zu tun. Dennoch finde ich ein interessantes Märchen mit Berührungspunkten zu meinem eigenen Leben. Das Märchen *Kultasirkka*, das aus der Erinnerung von Maria Iwanowna Michejewa aufgezeichnet wurde und das sie irgendwann Ende des 19. Jahrhunderts von ihrer Mutter gehört hat.

Kultasirkka ist ein schönes kleines Mädchen mit weißblonden Locken, das mit seinem Großvater, einer Kuh und einer Katze auf einer Insel im Meer lebt. Eines sonnigen Tages kommt eine Schlange und will Kultasirkka mit sich locken. *Sieh doch nur, wie schön das Meer ist*, versucht es die Schlange. *Ich bringe dich an einen Ort, wo du es gut hast*. Das Mädchen lässt sich nicht übertölpeln und klettert vom Ufer auf den Felsen. Doch es schläft ein und träumt. In dieser Zeit windet sich die Schlange in den Bauch des Mädchens und wirft es ins Meer. Der Wind trägt es an ein fremdes Ufer, wo Zar und Zarin wohnen. Sie nehmen das Kind als ihr eigenes an und kleiden es in kostbare Gewänder, doch Kultasirkka sehnt sich nach zuhause. Sie zischt wie eine Schlange, denn die Schlange ist in ihrem Bauch.

Ein Junge, der neben Kultasirkka und ihrem Großvater wohnt, verspricht, mit einem kleinen Segelboot auf die Suche nach Kultasirkka zu gehen. Er kommt an dasselbe Ufer wie das Mädchen und wird von den Wellen hinter dem Boot angeleitet, in einer Felsspalte die wunderschönen Perlen zu suchen, die aus Kultasirkkas Tränen entstanden sind. Die Schlange hatte den Bauch des Mädchens zwar schon verlassen, doch sie würde sich in ihrem Mund zeigen. Mit der Kette aus den Tränenperlen müsste der Junge die Schlange erwürgen, bevor sie in Kultasirkkas Bauch zurückkehren könnte.

Entschuldigung, das habe ich mir ausgedacht, es reicht, die Schlange mit den Perlen zu bewerfen. Aber erwürgen klingt besser. Das tut der Junge also, und Kultasirkka ist frei, nach Hause zurückzukehren. Großvater, Katze und Kuh sind alle noch am Leben!

Das Segelboot, die Insel, die Schlange, der Junge und die Heimkehr. Erstaunlich viele Gemeinsamkeiten. Die Nuancen fehlen, aber ich entnehme der Geschichte eine Moral: Das Mädchen hat nichts falsch gemacht. Sie ist nur auf dem Felsen eingeschlafen. Die Schlange dringt in sie ein, ohne um Erlaubnis zu fragen. Und die schönen Kleider helfen ihr nicht, ihre Heimatinsel zu vergessen.

14

Ich denke darüber nach, ob Kultasirkka nach ihrer Rückkehr ausschließlich erleichtert war. Oder ob sie sich während ihrer Gefangenschaft in jemand anderen verwandelt hatte? Dachte das Mädchen noch an die Schlange, nachdem sie mit dem Jungen zurückgesegelt war? Was geschah mit der Schlange?

Ich habe das Gefühl, der Zustand, in dem ich feststecke, ist an der Grenze zwischen Schlaf und Wachen. Ich denke an einen Dokumentarfilm, den ich für meine Untersuchung mehrmals gesehen habe. Nicht für diese Untersuchung, aber nun wird mir bewusst, dass alle meine Untersuchungen am Ende zu dieser einen Ermittlung führen.

Der Ort nennt sich *Barzakh*. In dem Dokumentarfilm des Litauers Mantas Kvedaravičius spricht ein Tschetschene ein Gebet. Die Kamera fährt über den Grund eines Gewässers, Sand stiebt in wolkengleichen Strudeln zur Wasseroberfläche auf. Der betende Mann sagt, Barzakh sei die Grenze zwischen Süßwasser und Salzwasser: ein Hindernis, das man nicht übertreten sollte. Barzakh ist die Grenze zwischen lebendig und tot, es trennt die Welten, ist aber keine von ihnen. Es ist das Bild eines Menschen im Spiegel, das Land, das man im Schlaf besucht und wo man ansonsten unbekannte Dinge sieht.

Barzakh. Wie besessen kehre ich immer wieder zu diesem Wort zurück, denn es beschreibt das, wofür ich selbst keine Worte habe. In einer Sprache, die ich nicht verstehe, finde ich eine Grenze, auf der entlang ich gehen kann. Darin liegt etwas Ähnliches wie im Totenfluss von Tuonela, der die Welt der Toten von der Welt der Lebenden trennt. Um in das Totenreich Tuonela zu kommen, muss man den gefährlichen Strom überqueren. Der Fluss vereist niemals, der heilige schwarze Strom, das Portal zwischen den Welten.

Das Mädchen ist kein Mensch, sondern ein Portal.

Ich träume, dass eine Freundin schreckliche Schuldgefühle hat und sich deswegen in einen Brunnen stürzt. Den ganzen Traum über weine ich hysterisch über diesen trostlosen Tod, aber niemand sonst weint. Alle anderen sind ausdrucks- und gefühllos. Ich gehe durch leere Zimmer. Sie sind vom Boden bis zur Decke gekachelt. Die Kacheln sind weiß, hier und da sind terracottafarbene Ziegel. In einem anderen Raum herrscht ein Zwielicht, das von einer Leuchtreklame außerhalb des Fensters herrührt. In dem Zimmer stehen keine Möbel.

Ein drittes Zimmer ist weiß und meergrün gekachelt. An der langen Wand stehen eine alte Dusche und eine Badewanne. Ich stelle mir vor, wie ein Mann einen anderen Mann in der Wanne badet, aber das geschieht nicht, das ist meine Fantasie zwischen Schlafen und Wachen. Das Zimmer ist ein Durchgang, daher ist es ungewöhnlich, dass jemand dort einmal eine Badewanne installiert hat. In diesem Durchgang sind weder Menschen noch Tränen. Der Durchgang ist eine Warnung: Sobald ich dort angekommen bin, muss ich auch schon weiter.

Der Traum ist ein Beweisstück aus meinem Unterbewusstsein. Ich füge das Beweisstück B zu meinem Archiv hinzu.

Die Welt in diesem Traum ist die Antwort darauf, was auf der Insel passiert ist. Die Vergangenheit eröffnet sich mir im Traum durch Geheimtüren. Der Brunnen, der Gang, die Wanne, die Leere. Die Insel in meinem Körpergedächtnis ist dennoch keine geografische Insel. Die Insel meiner Erinnerung hat keine Koordinaten, es ist ein Ort ohne Lebende oder Tote. Die Insel liegt zwischen zwei Welten, sie ist auf andere Weise real.

Der Horizont ist die scheinbare Grenze zwischen Land und Himmel. Es ist eine Grenze, über die hinweg man nicht sehen kann, und doch wissen wir, dass auf der anderen Seite das Land oder das Meer weitergeht. Als ich eine Erklärung für die Insel suche, die sich offenbar in zwei verschiedenen Wirklichkeiten befindet, als geografischer Ort im Fluss – wenn auch nicht ewig – und als immaterielles Produkt meiner Körperzellen, lande ich in einer Sphäre, die ich nicht ganz verstehe: beim Mystischen.

Einer bestimmten buddhistischen Lehre zufolge ist *Myo* die mystische Realität des Lebens. *Ho* ist die Manifestation des Lebens. Ho sind der Körper und der Geist und das Selbst und die Umwelt und alle fühlenden und nichtfühlenden Wesen und die Erde und der Himmel und das Weltall. Das Leben in jedem Moment durchdringt alles, alles

Existente und Nicht-Existente. *Kū* ist die Leere. Kū ist Myo und Ho zusammengenommen. Die Phänomene und Dinge haben keine definierte selbstständige Natur oder Existenz. Myo-Ho leugnet nicht die Existenz der Dinge, sondern ihre Abgetrenntheit. Die Insel ist Kū – existent und nicht-existent, und dennoch beinhaltet sie die Eigenschaften von beidem.

Die Insel lebt in mir, sie drückt sich in mir aus, und sie schweigt in mir. Wohin gehen die Erinnerungen, wenn man nicht an sie denkt? Sie kehren in den Raum zwischen zwei Welten zurück, versinken im heiligen schwarzen Strom. Eine Erinnerung ist weder existent noch nicht-existent. Die Insel, das, woran ich mich davon noch erinnere, ist aufgewirbelter Sand, ein Hindernis. Meine Erinnerung an die Insel ist Kū, die Leere, die ich überall fühle.

15

Ich kartiere die Orte der Grausamkeit. Ein Reihenhaus, rote Klinker, glaube ich. Jenseits der Bahnlinie, glaube ich. Auch ein Mehrfamilienhaus, weiß – ich überprüfe die Farbe, als wir einmal im Februar daran vorbeifahren –, diesseits der Bahnlinie.

In meinem Kopf wiederholen sich die immer gleichen Bilder. Ich erinnere mich an Zimmer und Türen. Ich erinnere mich an Korridore, an die Zugänge zu den Zimmern. Mühelos sehe ich Möbel und Farben in dem Raum. Die Zimmer sind menschenleer. Ich sehe nicht einmal mich selbst darin, obwohl ich fühle, dass ich darin bin. Mein lebenslanges Gedächtnis besteht aus einer Reihe leerer Orte, Räume ohne Körper. Orte bedeuten nichts, solange nicht jemand dort erscheint, was also betrachte ich oder versuche ich zu sehen?

Die Orte leben in mir fort. In meinem Bauch ist ein Reihenhaus, jenseits der Bahnlinie. In meinem Brustkorb ein Mehrfamilienhaus, diesseits der Bahn. An meinen Fußsohlen eine Ecke, um die ich biege. In meinem Rücken der Hügel, den ich hinter mir lasse. An meinen Fingern Sand von der Insel.

Vor meinem geistigen Auge sehe ich ein Sommerhäuschen mit einer Veranda und einem Zimmer. Von der Sauna geht man einen steilen Weg hinunter zum sandigen Ufer; zu einem Fluss mit seichtem Wasser und Muscheln auf dem Grund wie im Märchen, und Inseln, zu denen man hinüberspazieren kann. Mein Vater hat dort eine Zeitlang gewohnt. Freitagsabends kochte er für mich italienischen Eintopf. Der schmeckte gut. Mein Vater sagte, im Kamin des Häuschens hätten sie meine Windeln verbrannt, denn ich hatte eine Salmonelleninfektion. Die gefährlichen Bakterien werden im Sommerhaus verbrannt, die Flammen lecken über die Windeln. Ich sehe es deutlich vor mir, obwohl ich es in Wirklichkeit nicht gesehen habe. Ich weiß nicht, ob irgendeine von diesen Erinnerungen wahr ist. Für mich sind sie wahr, aber reicht das aus?

Ein Ort: ein Bereich mit harten oder durchlässigen Grenzen, ein Bereich in einem Raum, ein Zimmer, ein ausreichender Platz, ein besonderer Bereich in einem Raum mit Lebenden oder Leblosen, ein Gebäude oder Bereich mit einer bestimmten Funktion, eine Umgebung, wie eine Stadt oder ein Straßenabschnitt, ein Straßenabschnitt mit Häusern, ein Dorf, eine Stelle, wo ein Zuschauer oder Reisender stehen oder sitzen kann, ein Befehl, eine Stelle, die man jemandem zugewiesen hat, eine Stelle im Buch, eine günstige Gelegenheit, Pflicht oder Recht, eine soziale Stellung, eine Arbeit, eine Erinnerung.

Gewalt ist ein Ort.

Orte, an denen man verlorengehen kann. Orte, von denen man vielleicht nicht wegkommt. Orte mit vielen Menschen. Orte, wo ich die Tür nicht sehe. Orte, wo ich nicht weiß, wie ich nach Hause komme. Orte, von denen ich fortgehe. Orte, die wirklich schrecklich sind.

Am einfachsten ist es, sich an die Orte zu erinnern. Am schwierigsten ist es, sich an die Ereignisse zu erinnern. Andererseits bin ich nicht sicher, wo das Reihenhaus lag. War es überhaupt ein Reihenhaus? Dann ist da das Badezimmer gegenüber der Haustür. Aus irgendeinem Grund denke ich, der Boden ist gefliest, aber das kann nicht sein. Der Fußboden könnte mit rotem, grünem oder braunem Plastikteppich belegt sein.

16

Ich möchte nicht den Ort der Gewalt repräsentieren. Aber ich kann nicht entkommen, es gibt keinen anderen Ort, an den ich gehen kann. Es gibt keinen anderen Körper.

Ich versuche, das rotgeklinkerte Reihenhaus zu betreten, aber im Geiste kehre ich immer wieder zur Insel zurück, wo Sand aufblitzt und die Hände, die um meinen Körper gelegt sind. Ich will rasch fort von der Insel. Ich versuche, mich an Dinge zu erinnern, die ich aus gutem Grund vergessen habe. Ich tue mir selbst Gewalt an, aber ich will wissen, was im Reihenhaus passiert ist.

Im Innern riecht es unangenehm. Die Luft ist schwer vor Versäumnissen. Es fühlt sich an, als stünde ich auf dem Kopf, und das Blut sammelt sich in meinem Schädel. Ich habe kleine Hände, oder vielleicht sind meine Hände so groß wie jetzt. Die Hand eines anderen kann so groß sein, dass darin eine kleinere Hand Platz hat, und in der kleinen Hand ist noch einmal Platz für etwas anderes. Die Hände dringen vor, jemand reißt an meinen Armen.

Ich bin in der Sauna. Jemand steht vor der Tür, und ich kann nicht raus. Die Sauna ist heiß und ich komme fast um vor Hitze. Ich bin angezogen und will mich auch nicht ausziehen. Warum tun sie das? Haben sie Langeweile und suchen Unterhaltung? Kann das wahr sein? Die Erinnerung an diese Sauna ist so aberwitzig.

Die Küche ist ein schmaler Gang, und die Schranktüren sind rot. Rot oder grün. Die Griffe an den Türen sind zierlich und aus Metall. Die Fußböden sind mit Plastikteppichen belegt, und im Wohnzimmer steht eine Tiefkühltruhe. An der Tiefkühltruhe ist etwas vorgefallen. Vielleicht stand ich mit dem Gesicht zur Wand, mein Körper zusammengekrümmt, meine Wange auf dem weißen Deckel der Tiefkühltruhe.

Er ist wieder hier. Er hält mich fest. Ich kann mich nicht bewegen. So wie in Filmen die Polizei einen Verdächtigen festsetzt. Die Arme werden auf dem Rücken fixiert, damit man nicht herumfuchteln kann. Die Füße werden auseinandergetreten und der Kopf auf die Motorhaube des Polizeiautos gedrückt. In diese Position könnte ich mich blitzschnell begeben, denn meinen Körper beherrscht die Choreografie der Gewalt.

17

Die Menschen gehen fort, aber die Orte bleiben erhalten. In den Wohnungen wohnen vielleicht neue Leute. Man hat sie im Laufe der Jahre sicherlich renoviert, aber die Zimmer und die Türen sind vielleicht noch an denselben Stellen. Solange die Häuser nicht komplett abgerissen worden sind, könnte man an ihnen möglicherweise überprüfen, ob ich meinem Gedächtnis trauen kann.

Meine Fantasie denkt sich weitere Fragen aus. Haben Möbel ein Gedächtnis? Wo sind die Möbel, auf denen meine Haut gelegen hat und auf die Flüssigkeiten aus meinem Körper gesickert sind? Sind sie verschwunden? Oder sind manche von ihnen noch in Gebrauch? Wenn ein Tisch, ein Stuhl, ein Bett, ein Teppich, ein Laken, ein Kissen oder ein Sessel noch in Gebrauch sind, erinnern sie sich dann an etwas von mir? Geht jemand über dieselben Fußböden, auf denen ich entlanggeschlurft bin? Lehnt sich jemand an die Wände, an denen ich Halt gesucht habe? Hallen die Zimmer von Schreien wider, geht man dort auf Zehenspitzen, schließt jemand genau in diesem Moment die Augen und wartet? Sind die Rückstände meines Körpers auf den Möbeln am Ende belanglos, im Verhältnis zu allem anderen, was diese erfahren haben?

Möbel, die sich erinnern, ein Körper ohne Erinnerung.

In ihrem Roman *Menschenkind* beschreibt Toni Morrison eine Wiedererinnerung, die als Bild an einem Ort schwebt, obwohl das Haus bis auf die Grundmauern niedergebrannt ist. Das Bild bleibt in der Welt, auch wenn der Mensch, der sich erinnert, stirbt. Jemand anders kann an den Ort kommen und auf das Bild stoßen und es sehen, denn das Bild wird nie verschwinden. Und so sagt die Mutter zu ihrer Tochter, dass sie niemals dort hingehen dürfe, denn das Vergangene warte dort auf sie. Es geschieht erneut.

Das meine ich mit Gespenstern und denselben Wellenlängen. Ich sehe das Bild nicht so, wie ich Dinge mit den Augen sehe, ich sehe das Bild auf andere Weise. Also nein, ich kehre nicht zurück an die Orte, denn wenn ich es tue, wartet dort das Bild auf mich. Vielleicht kommt die Existenz des Bildes daher, in den Worten von Maurice Merleau-Ponty, dass *Körper anders in einem Raum existieren als Gegenstände; sie bewohnen den Raum oder geistern in ihm herum.* Ich weiß nicht, ob es möglich wäre, sich einen Karton zu nehmen, die Bilder aus der Luft einzusammeln und sie in dem Karton aufzubewahren. Die nummerierten Möbel, die Blutflecken, die Kuhlen und Vertiefungen, und am besten sollte diese Arbeit jemand anders machen, auch auf die Gefahr hin, dass ihm das ganze Grauen klar vor Augen steht.

18

An einem heißen Junitag liege ich im Bett. Ich habe keine Lust aufzustehen. Der Hund liegt auf dem Rücken am Fußende des Bettes. Ich schalte mein Telefon ein und scrolle durch die Nachrichten. Die ersten beiden Meldungen beschäftigen sich mit Gewalt gegen Frauen. In einer geht es um heimlich gefilmte Frauen in Südkorea und dass im schlimmsten Fall eine Frau, die mit ihrer Scham alleingelassen wird, Selbstmord begeht. In einer anderen Meldung geht es um eine Französin meines Alters, die ihren Mann erschossen hat, der sie über 25 Jahre gefangen gehalten und vergewaltigt hatte. Der Nachricht zufolge werden in Frankreich Unterschriften für eine Petition im Namen der Frau gesammelt. Sie könnte lebenslänglich ins Gefängnis kommen.

Gewalt scheint fast alltäglich zu sein, das Archiv ist riesig, unendlich. Wie kann es sein, dass über sexuelle Gewalt gleichzeitig so intensiv geschwiegen wird?

Ich sehe auf Netflix einen Dokumentarfilm über zwei Teenagerinnen. Daisy Coleman erlebte als 14-Jährige sexuelle Gewalt. Mit 23 Jahren beging sie Selbstmord. Als ich davon hörte, waren seit ihrem Tod erst 26 Tage vergangen. Die Täter wurden nicht belangt. Audrie Pott erhängte sich 2012 mit 15 Jahren in ihrem Zimmer, neun Tage nachdem drei oder mehr 16-jährige Jungen sie betrunken auf einer Party ins Schlafzimmer geschleift, sie ausgezogen, ihrem Körper Gewalt angetan, mit Filzstiften auf ihr herumgemalt und Fotos davon gemacht hatten, die sie anschließend an ihre Freunde verschickten und in sozialen Medien teilten. In der Dokumentation ist zu sehen, wie die Jugendlichen, die sich mit Audries Körper verlustiert haben, die Geschichte verwässern und dazu im Takt der Plädoyers ihres Verteidigers wichsen.

Nicht alle überleben das, was sie erlebt haben. Ich weiß nicht, was mich am Leben gehalten hat. Vielleicht die Dunkelheit, vielleicht die Zeit, vielleicht der Zufall, vielleicht das Vergessen. Vielleicht auch die Tatsache, dass meine Erfahrung so fest unter Verschluss blieb. 1994 gab es nur Kassettenrecorder.

Ich ziehe mir das alte grüne Blumenkleid meiner Mutter über und mache Fotos von mir. Ich ziehe mir die Tragödie über und betrachte mich selbst von außen.

19

Eine Tragödie ist ein fatales Unglück, ein Unfall oder eine Beschädigung, die einem Mensch aufgrund seiner eigenen Eingeschränktheit oder aus Zufall widerfährt. Daisy Coleman. Leuchtend blaue Augen. Audrie Pott. Glänzende braune Haare. Es ist reizvoll, die Tragödie eines anderen Menschen aus der Ferne zu verfolgen. Aber die Tragödie einer jungen Frau ist noch etwas anderes. Sie ist für Voyeure sicherlich der interessanteste Fokuspunkt. Daran laben sich diejenigen, die die dunklen Kräfte von außen verfolgen können. Meine iranische Freundin sagt, dass die Menschen das Verborgene zum Fetisch machen. Und so muss auch die Tragödie teils im Schatten bleiben, sie muss ihr Mysterium bewahren. Es muss Fragen geben, die nie beantwortet werden können, damit man immer wieder zu der Tragödie zurückkehren und das Verbrechen bis in alle Ewigkeit untersuchen kann.

Es wäre tatsächlich furchtbar, wenn es mir gelänge, alle Details der Verbrechen zu dokumentieren, wenn ich jede

Nuance aufklären und die Beweggründe aller Beteiligten erkennen könnte und mein Gedächtnis eine Aufzeichnung ausspucken würde, die einfach alles enthüllte, wenn nichts im Reich der Deutung und Spekulation verbliebe. Die Lücken in der Geschichte sind genau jene Stellen, die mir Bewegungsfreiheit und alternative Handlungsmöglichkeiten verschaffen. Die Lücken sind an den bedrohlichsten Stellen der Apokalypse entstanden. Die Tragödie darf nur teilweise sichtbar bleiben.

Als mir die Tragödie widerfährt, verwandele ich mich von einem Mädchen in eine Absonderlichkeit. Ich bin zu einer Repräsentation eines Opfers sexueller Gewalt geworden: eine wiedererkennbare Form, eine wiedererkennbare Vertreterin, eine wiedererkennbare Struktur, eine wiedererkennbare Einstellung.

Wie Grace M. Cho in ihrem Buch *Haunting the Korean Diaspora* zeigt, setzt sich die Repräsentation inmitten der Gewalt *aus den Schichten des kollektiven Traumas und der kollektiven Fantasie zusammen*. Die Repräsentation eines Opfers sexueller Gewalt ist ein Gast, aber man bittet ihn nicht herein. Die Person ist ein Außenseiter, beschmutzt und kaputt. (Kaputt, also gebrochen, verletzt, geschwächt, unperfekt, verdorben, defekt, abgetrennt, zertrümmert, erniedrigt, unfähig. Ist das wirklich eine gute Metapher für Trauma?)

Diese Person muss sich selbst in Stand setzen, oder sie muss in Stand gesetzt werden, sonst hat sie keinen Platz in der Welt. Ihre Aufgabe ist es, ein Geheimnis zu bewahren und es gleichzeitig zu enthüllen. Sie muss alles offenlegen, aber gleichzeitig die anderen davor schützen, sich schlecht zu fühlen. Wenn sie das Geschehen überlebt, war ihre Erzählung übertrieben.

Sie wird mit ausweichenden Blicken bedacht. Sie muss leidenschaftslos sein, sonst ist sie krank. Sie ist verdreht und ohne Gleichgewicht. Sie ist eine doppelte Enttäuschung: Selbst im Fallen ist sie gescheitert. Deshalb muss sie sich ständig entschuldigen und unsichtbar sein. Erobert. Ausgelöscht. Vergessen.

Die vergessenen Szenen sind am Anfang und am Ende. Ich weiß nicht, wo dieses furchtbare Unglück begann oder wie es endete. Ich weiß nicht mehr, wie die Türen des Reihenhauses sich am Ende so schließen, dass ich nie wieder durch sie hindurchgehen muss. Vielleicht war der Sommer zu Ende, und die Schule fing wieder an. Ich weiß nicht einmal, wie lange das alles gedauert hat, aber spielt das denn eine Rolle, wenn es auch sonst keine Geschichte gibt? Manchmal sind es solche Dinge – der Sommer ist vorbei, und die Schule fängt an –, die dem Bösen ein Ende bereiten, und nicht, dass jemand dich rettet. Doch das Eindringen ist damit nicht vorbei. Eigentlich fängt es gerade erst an.

20

In kleinen Gefrierbeuteln finden sich Beweisstücke. Auf der ersten Tüte steht mit blauem Tintenstift der Name Bessel van der Kolk. Er ist mir inzwischen zu einer ziemlichen Autorität geworden. In der Tüte befindet sich eine ausgerissene Buchseite, auf der ein Satz unterstrichen ist: *Die Essenz des Traumas ist, dass es überwältigend, unglaublich und unerträglich ist.* In einer anderen Tüte steckt ein Zettel, auf dem die Ermittlerin notiert hat: *Keine Diagnose beschreibt das Wesen des Traumas.* Eine dritte Tüte enthält ein Tonband, auf dem das Opfer seufzt: *Sich zu erinnern fühlt sich an wie zu sterben, denn dann geschieht alles von Neuem.* Die Ermittlerin erwidert darauf: *Tatsächlich, der Tod ist eine Metapher für Trauma, vor allem, wenn man an Wiedergeburt glaubt.* Ich streiche über die Tüten. Gestern habe ich mich gefühlt wie in meiner eigenen Haut. Heute kann ich mich an dieses Gefühl nicht mehr erinnern.

Die Ermittlerin versucht, sich einen Begriff von der Zeitleiste zu machen. *Drei Jahre Zeit, die nach Rauch und Bananenlikör schmecken.* Sie lenkt ihre Aufmerksamkeit darauf, dass man sein Vertrauen in die Welt verliert, wenn Gleichgültigkeit mehr wehtut als der physische Schmerz. Die Zerstörung des jungen Mädchens setzt sich auch im Nachhinein fort, und aus diesem Nachhinein entsteht noch einmal ein ganz eigenes Archiv der Gewalt. Das Mädchen wird hart und gnadenlos. Ich sage *danke.* Danke dafür, dass dir aufgefallen ist, dass die Beweisstücke über die Jahre und Tatorte verteilt sind.

Die nächste Flucht. Erzähl mir davon. Noch ein Ort, dann kannst du nach Hause gehen, sagt die Ermittlerin.

Ein Parkhaus. Ich erwache aus einer Bewusstlosigkeit. Ich liege auf dem Rücken auf dem Boden. Ich bin nicht komplett angezogen. Ich schreie. Ich weiß nicht, was passiert ist. Ich sehe eine Gruppe junger Männer. Sie helfen mir. Sie bringen mich zu einem Auto und fahren mich nach Hause. Ich bin allein zuhause. Ich gehe schlafen. Am frühen Morgen klingelt das Telefon, ich wache auf. Ich nehme das Gespräch an. Ich höre. *Können wir es nochmal machen?*, fragt die Stimme am Telefon. Ich lasse den Hörer sinken. Ich stehe bestürzt da. Ich stehe am Fenster, ich blicke in die Küche, ich blicke durchs Sprossenfenster auf ein Feld. Und in dem Moment erinnere ich mich. Die Ereignisse im Parkhaus überfallen mein Gedächtnis, als würde ich unter einer kalten Dusche stehen. Ich weine. Das ist meine erste Erinnerung daran, dass ich weine. Und es ist das erste Mal, dass ich denke, ich bin vergewaltigt worden. Wie kann ich denn plötzlich so total wach sein, obwohl ich innerhalb der letzten 24 Stunden eine Zeitlang bewusstlos war? Oder war ich bewusstlos? War ich wirklich betrunken und habe das Bewusstsein verloren? Oder hatte ich mich einfach für einen

Moment von der Realität abgekoppelt? Es ist vollkommen ruhig.

Fehlendes Beweisstück: ein toxikologisches Gutachten, das die Unfähigkeit des Mädchens zum Widerstand aufgrund eingeschränkter Bewusstseinsfunktionen beglaubigt.

Ich berichte noch Folgendes: Er klopft ans Fenster. Es geschieht etwas, und als Nächstes liege ich auf meinem Bett. Tatsächlich erinnere ich mich dieses eine Mal an meine Gedanken. Ich denke, wenn ich mich ganz ruhig verhalte, dann ist es schnell vorbei. Dann ist es vorbei, und ich verlasse mein Zimmer erst am folgenden Nachmittag, als ich meinen Harndrang nicht mehr aushalte und spüre, wie mir die Tropfen über den Oberschenkel rinnen.

Fehlendes Beweisstück: Hat der Täter um Erlaubnis gebeten? Hat das Mädchen gesagt, komm nur herein? Das kann nicht mehr überprüft werden. Der Film ist gerissen.

Fehlendes Beweisstück: Proben vom Körper des Mädchens, die beweisen, dass es zum Geschlechtsverkehr gekommen ist.

Die Erinnerungen werden genauer und ordnen sich zu klareren Abläufen an. Es gibt nicht mehr nur Häuser und Fesseln. Es gibt Erklärungen und ein Verständnis vom Ablauf der Zeit und der Ereignisse. Obwohl das Erinnern das Trauma nicht auflöst, ist mein Verhältnis zu diesen Geschehnissen anders als zu denen, in denen ich mich nicht an mich selbst erinnere. Ich weiß, dass diese Ereignisse wirklich passiert sind.

Beweisstück D: An diese Geschehnisse erinnere ich mich.

21

Wenn ich versuche, mich zu erinnern, fällt mir nicht genug ein. Wenn ich mich nicht erinnern will, wenn ich beschließe, der Ermittlerin keine Aussage und kein Beweisstück zu gönnen, wenn ich schwöre, dass ich in meinem Kopf nicht nach unzusammenhängenden Bildern suche, die uns voranbringen oder nicht voranbringen – dann erinnere ich mich. Ich sehe den Grundriss, ich sehe die Möbel, ich sehe Gesichter, ich sitze in einer Wohnung fest und gehe zwischen Bett und Sofa hin und her, und trotzdem will ich mich erinnern. Ich will mich daran erinnern, wie ich mich gefühlt habe.

Platon sagte, man könne vergessenes inneres Wissen aus der Seele ins Bewusstsein holen. Anamnesis, warum sollte ich das nicht auch können? Dort irgendwo liegt das alles, in mir.

In einer Einzimmerwohnung wohnt ein junger Mann. Er raucht Cannabis und nimmt Tabletten. Er geht weder zur Arbeit noch zur Schule. Seine kleine Wohnung ist verdreckt. Der Fußboden ist mit Sand und Müll übersät. Für diesen Schmutz gebe ich ihm einen Namen: Ekel. Von ihm bekomme ich Gangsta-Rap, Chlamydien und Horror. Ich weiß nicht mehr, wie ich ihn gefunden habe. Irgendwo auf der Straße. Für ihn spielte es keine Rolle, dass ich ein Kind war.

Völlig überdreht und bis an die Grenzen des Erträglichen blind versuche ich, mir mich selbst auf dem Bett und auf dem Sofa ins Gedächtnis zu rufen. Aber ich sehe nur einen Umriss, der nichts fühlt oder denkt. Das Bett ist schmal und steht nahe der Wohnungstür. Ich bin auf dem Bett. Ich bin auf dem Sofa. Ich sehe das Sofa im Wohnzimmer, und wenn ich mir dabei mich selbst vor Augen führe, wird das klare Bild plötzlich traumartig. Das bin nicht ich, oder ich bin es schon, aber ich fühle meinen Körper nicht. Ich sollte nicht dort sein. Ich betrachte die Szene, die sich in meinem Kopf abspielt, und ab sofort werde ich mich an die Wohnung in der Form erinnern, wie sie sich mir heute gezeigt hat. Die Erinnerung wird in einer neuen Form gespeichert, jedes Mal verzerrter. Ich überschreibe meine Erinnerung mit einer neuen Spur.

Keine von meinen Freundinnen hätte sich getraut, mit einem erwachsenen Mann mitzugehen. Ich tat es ohne zu zögern. Ich stürzte am frühen Morgen aus dem Taxi, ohne zu bezahlen – das war seine Idee, und ich fand sie gut –, und rannte über den Hof des Mehrfamilienhauses, und all das machte mich zu etwas Besonderem. Aber ich weiß nicht, nicht, wer dieses Ich war, das so fühlte und dachte.

T Kira Madden – vermutet auch sie, jemand anders zu sein, als sie von der ersten in die zweite Person wechselt, während sie in ihrem Memoir darüber schreibt, was mit den Jungs im Auto passierte? *Du sagst nichts*, schreibt sie, *du könntest hier aufhören. Du könntest weggehen.*

Bereits vor dem Ekel hatte ich eine zerstörerische Plastizität erfahren. War ich denn mit gefesselten Händen überhaupt noch *ich*? War ich überhaupt noch ein Mensch? Hatte ich Entscheidungen getroffen, an denen als erstes ein ›Ich‹ beteiligt war, und als zweites ein Subjekt, das Entscheidungen trifft, eine selbstständig handelnde Person? Oder sollte ich auch lieber in der Du-Form schreiben? *Du liegst auf einem Mann im Bett.*

Nach der Tragödie, der Umwälzung, dem Unglück, der Heimsuchung – wie soll ich es nennen –, nachdem ich also zu einer Pforte der Befriedigung geworden war, wurde ich frech und gemein. Ponys und Glanzbilder waren Geschichte. Ich wollte alles mögliche Verbotene und Gefährliche tun. Ich war gleichgültig und rücksichtslos. Ich hielt das für Freiheit. Das rücksichtslose Gesicht meines angeblichen Selbstvertrauens war nichts anderes als ein untröstliches

Flehen ohne Träume oder Forderungen. Ich stand nicht für mich ein und konnte auch andere nicht verteidigen.

Die Mutter hat die 12-jährige Madden mit ihrem Auto zum Einkaufszentrum gefahren, aber nun sitzt sie bei einem Jungen im Auto. Auf dem Beifahrersitz sitzt ein zweiter Junge. Er verriegelt die Autotüren mit einem Knopfdruck. *Er befiehlt dir, den Mund zu öffnen. Du tust es. Du spürst seine Zunge an deiner Zunge, und du hast das Gefühl zu ersticken. Es gefällt dir. Das ist also ein Kuss.* Dann beschreibt Madden genau das, was ich nicht zu beschreiben in der Lage bin: *So etwas hast du noch nie gesehen, dieses merkwürdige Ding, die Haut so blass.* Merke, es passiert dir, nicht mir.

Ich war mutig. Die Mutigste von allen. Überdreht. Ich mochte dieses Gefühl. Dank des Ekels wusste ich, dass ich noch existierte. Ich fühlte, dass ich erstickte, aber das war ein gutes Gefühl. Ich verschaffte anderen Befriedigung, ich hatte eine Aufgabe. Dennoch fühlte ich mich unwohl. Woher wusste ich eigentlich, was ich will? Wie konnte ich Entscheidungen für einen Körper treffen, der mir nicht gehörte? War ich in meiner Leere in einen psychischen Kreislauf geraten, wie Malabou schreibt, in dem ich mich gegen das, was mir geschieht, verteidige, *indem ich mich weigere, es zu sehen, wenn ich mein Leiden auf Distanz halte?* Deshalb denke ich: Das bin nicht ich. Und je mehr ich es abstreite, desto sicherer war ich es. Ich will es nur nicht sein. *Kultasirkka, ich verbanne dich auf eine Insel.*

Obwohl mir danach noch schlimmere Dinge widerfahren, endet es gewissermaßen hier. An dem Hügel, den mein ausgezehrter Körper aufgeregt hinunterläuft, auf dem Weg in die Stadt. Die Flucht gelingt mithilfe des Adrenalins, ohne einen Blick zurück. Als ich von dem Bett neben der Wohnungstür aufstehe und zum letzten Mal einen Blick auf den Mann werfe, der zitternd auf dem Boden liegt, kommt mir der Gedanke, dass jemand in meiner Gegenwart sterben könnte.

Das ist die einzige Flucht, an die ich mich erinnere. Vielleicht beginnt mein Ich an genau diesem Tag zu existieren, und davor bin ich schlafgewandelt. Später treffe ich den Mann wieder, und er weiß nichts mehr davon, dass er auf dem Fußboden gestorben ist. Später wünsche ich mir, er wäre gestorben. Wenn ich wüsste, dass er gestorben ist, würde ich nicht jedes Mal sein Gesicht sehen, wenn jemand ihm ein bisschen ähnlich sieht.

22

Weil ich ein Mädchen bin, dem außergewöhnliche Dinge zustoßen, treffe ich einen außergewöhnlichen Jungen. Die Gewalt endet in dem Moment, als ich in einem Wohnheim auf dem Balkon stehe, in dem Dorf, das ich hasse. Ich betrachte die trostlose Landschaft, den rissigen Asphalt, die rissigen Mehrfamilienhäuser, die rissigen Menschen, und wähle eine Nummer auf meinem neuen Nokia-Handy.

Hallo. Ich habe drüber nachgedacht, ob du vielleicht mit mir zusammensein willst? Er zögert und sagt, er wohne zu weit weg. *Stört mich nicht.* Er schweigt einen Augenblick. *Okay.*

Ich sitze bei starkem Wind hinter dem Jungen auf einem Leichtkraftrad. Er macht mir Angst, dass wir stürzen könnten, ich klammere mich fest an seine Taille. Er kommt zu mir nach Hause und setzt sich in den Sessel. Ich koche uns Mexikotopf. Er schmeckt gut. Der Junge sieht gut aus.

Ich spaziere aus dem Parkhaus, vom Hügel, vom Flussufer, direkt in seine Arme. Er wird zu einem Wendepunkt, zu einem Knick in meiner Geschichte.

23

Er steht in einem militärischen Tarnanzug an der Tür und sieht so scharf aus, dass ich ihn am liebsten nicht gehen lassen würde. Ich möchte ihn an mich und ins Bett ziehen, ihn ausziehen und meine Finger in ihm vergraben. Aber er hat es schon eilig. Er küsst mich und geht.

Ich betrachte mich selbst mit den Augen der Täter. Doch dieser Mann betrachtet mich nicht auf diese Weise. Er riecht mich, er schmeckt und berührt mich so, dass mein Körper rein wird. Er exorziert den Teufel aus mir heraus, auch wenn er nicht alles herausbekommt. Das Schlimmste jedoch schon, die Einsamkeit. Man kann mich also doch lieben. Ich heirate ihn.

Eigentlich ist es beängstigend, dass es so wenig brauchte, um die Spirale des Unheils zu durchbrechen und das Gefühl der Sicherheit allmählich wieder erstehen zu lassen, denn was, wenn ich ihn nicht getroffen hätte? Was, wenn er mich nicht geliebt hätte? Was, wenn ich alles verdorben oder er meine Verrücktheit nicht ausgehalten hätte? Wo wäre ich heute?

Ich erzählte es ihm, wenigstens eine Version davon, ziemlich schnell. So eine abgespeckte Version, an die ich selbst auch glaubte. Bestimmt habe ich gesagt: *Das war eigentlich keine große Sache. Ich denke so gut wie nie daran.* Ich schätze, er hat es nicht an sich herangelassen, so wie ich auch, denn niemand will darüber nachdenken, dass er einen Körper der Gewalt neben sich hat. Er hat mich vielleicht gerettet, aber ich habe versucht, ihn zu schützen, so wie ich versuchte, mich selbst zu schützen.

24

Es ist vorbei. Dennoch ist etwas in meinem Innern ausgerenkt, und eine unsichtbare Kraft bewegt sich auf meiner Haut gegen den Strich. Denn ein Krieg endet nicht mit dem Waffenstillstand. Es beginnt ein neuer Krieg: das Nachhinein des Nachhineins.

Das hier ist mein Krieg, in dem die Realitäten sich vermischen.

Ich schlafwandle, ohne zu schlafen.

Hier unter den Häusern ist ein Haus. Es hat weder Dach noch Wände.

Wie bin ich hierhergekommen?

Meine Kindheit versickert im Abfluss, fließt in die Welt unter den Häusern im Dorf, ins Klärwerk und von dort in den Fluss. Was will ich, wer bin ich?

Ich nehme zu viele Gerüche wahr, Waschmittel, Korridore in Mehrfamilienhäusern, ich will raus.

Ich bin bei sengender Hitze in einer Wüste. Ich sehe große Hunde mit traurigen Augen. Sie schweifen ziellos über den Sand, die Hunde und die Augen. In einer Lücke im Zaun tauchen Hundewelpen auf. Ich strecke die Hand nach dem weichen Fell aus, aber die Welpen kommen nicht zu mir. Wie wird es ihnen ergehen, wer füttert sie hier?

Ich bin im Mund des Staates, an den Rändern einer gähnenden Verschwommenheit, in deinen Zähnen. Mit wem bin ich zusammen, wer ist fort?

Du hast warme Hände, als würdest du mich anschieben.

Darf ich endlich etwas sagen? Der Außenminister zeigt auf mich.

Ich will hören, was diese Frau zu sagen hat. Endlich. Die Männer im Raum sind still.

Du hast alles nur Mögliche getan, um dich zu schützen.

KRIEG

13. April 2019

Als die Vulkaninsel über den Meeresspiegel steigt, ist sie anfangs uneben. Die Erosion glättet sie nach und nach.

Wir wohnen in der Sommerhütte einer freundlichen Frau in Auckland. Mein Gastaufenthalt am Institut für Tanz an der Universität Auckland geht zu Ende, und ich beschließe zusammen mit meiner Familie, noch die nahegelegene Insel Rangitoto zu besuchen. Rangitoto ist eine Vulkaninsel, die vor sechshundert Jahren durch Eruptionen aus dem Meer aufgestiegen ist. Sie entstand durch flüssige Lava, die abkühlte und aushärtete. Aus der Ferne betrachtet ist ihre Form symmetrisch, der Gipfel ist in der Mitte der Insel. Die Straßen und der Pfad zum Gipfel wurden in den 1920er und 30er Jahren von Häftlingen angelegt.

Wir laufen zum Gipfel und machen wie die anderen Touristen Fotos von der atemberaubenden Landschaft. Abseits des Weges stoßen wir auf kleine Höhlen, in die die Leute hineindrängen, um am anderen Ende wieder herauszupurzeln. Die Kinder haben keine Angst, und ich sehe zu, wie sie in der dunklen Höhle verschwinden. Mein Mann bleibt beinahe stecken, denn die Höhle ist wirklich eng. Auch ich gehe hinein und bleibe in der Mitte der Höhle stehen, wo Wasser aus den Wänden sickert. Ich nehme drei tiefe Atemzüge. Die Höhle kommt mir vor wie ein verbotener Ort, und ich fühle mich wie ein Eindringling. Entgegen allen Erwartungen ist am anderen Ende der Höhle eine Öffnung, durch die ich ins Freie gelange.

1

Ich habe den Eindruck, die wichtigsten Indizien liegen abseits der unerhörten Ereignisse. Sie sind unauffällig oder widersprechen der anfangs aufgestellten Vermutung. Tatenlosigkeit kann ein Hinweis darauf sein, dass etwas Entscheidendes im Gange ist. Das Fehlen von Indizien ist ebenfalls ein Indiz.

Einen Verlust muss man auch dann bemerken, wenn er kaum erkennbar ist. Einen Verlust, der vergessen und tief vergraben ist, muss man mithilfe einer Antidokumentation erzählen. Anne Anlin Cheng nennt in ihrem Buch *The Melancholy of Race* diese Form der Geschichtsschreibung über eine traumatische Erinnerung antidokumentarisch. Darin wird der Gedanke einer historischen Kontinuität und Abfolge fallengelassen, denn es ist unmöglich, sich eine Gräueltat ins Gedächtnis zu rufen oder sie als geschlossenes Ereignis zu erzählen.

Die fortschreitende Zeit bricht zusammen, und das Archiv des Traumagedächtnisses öffnet sich in jede Richtung.

Diese Art der Geschichtsschreibung macht nicht nur aus einem Ereignis, das unbedeutend und singulär erscheint, etwas Historisches, sondern es kann auch die Gedanken anhalten. Die Gedanken können gegen die Zimmerwand stoßen, und wie Avery F. Gordon schreibt, kann man dem Gespenst gegenübertreten, indem man durch andere Türen hineingeht, von denen einige *Türen einer erschütternden Parallelität* sein können. Ich kann nicht umhin, die Gedanken an der Wand anzuhalten und nicht so sehr erschütternde, sondern eher unangenehme Türen der Parallelität zu öffnen, denn meine Untersuchung kommt ohne neue Ermittlungsstränge nicht voran.

Als ich mit der Untersuchung begann, sprach ich mit meiner iranischen Freundin darüber, dass Sichtbarkeit für manche Menschen gefährlich sein kann. Sie durfte sich nicht enthüllen, und auch ich kann nicht alles preisgeben. Wir beschlossen, gemeinsam eine Antidokumentation zu schreiben. Wir schrieben auf doppelseitiges Papier, oder auf ein Möbiusband, wie sie bemerkte, ein einseitiges Band, das nur scheinbar doppelseitig ist. Wir rissen das Dokument auseinander und klebten es wieder zusammen.

Sie war fleißiger und kreativer als ich, immer ein paar Schritte voraus, und fügte dem Dokument Fotos hinzu, auf denen sie die Gesichter der iranischen Tänzerinnen verhüllt hatte. Wir verrichteten das Zerstörungswerk zweimal, und weil wir aus keiner unserer beiden Versionen etwas entfernen wollten, kauten wir am Ende dieselben Dinge mehrmals durch. Das fertige Dokument hatte sechzig Seiten, und es zu lesen musste für jeden eine anstrengende Erfahrung sein. Wir schickten unser ungeheuerliches Machwerk zum Peer Review, bei dem die Gutachter*innen trotz einer gewissen Frustration schließlich akzeptierten, dass die Form des Dokuments ein untrennbarer Teil seiner Botschaft war.

In einem Antidokument existieren Erfahrungen, die einander aufzuheben scheinen, Seite an Seite, wie etwa ein Verlust und das Vergessen des Verlustes oder Widerstand und Unterwerfung. Ein Dokument zu vervielfältigen, zu zerstören oder zu verstecken ist gleichbedeutend mit dem Versuch, der menschlichen Erfahrung näherzukommen. Was wie eine um sich kreisende, frustrierende, ständige Wiederholung der immer gleichen Dinge erscheint, oder sogar wie ein paranoides Wiederkäuen von Fantasien, gehört bei zahllosen Menschen, die verschiedenen Gewalterfahrungen ausgesetzt sind, zum strapaziösen Alltag. Dokumentationen auf diese Art instabil zu machen, bedeutet, die Rezipient*innen in die Irre zu führen, ihr Gleichgewicht zu stören, ihnen die Möglichkeit zu bieten, sich fehl am Platz zu fühlen. Gleichzeitig können diejenigen, die bereits aus dem Gleichgewicht geraten sind, sich im Antidokument heimisch fühlen. Sie sind am rechten Ort, und die Hin- und Herbewegung zwischen Fortschritt und Rückschritt ist ihnen nicht neu.

2

Diese Ermittlung hängt wirklich und wahrhaftig an unsichtbaren Kräften. Unsichtbare Dinge muss man sich vorstellen, um über sie nachzudenken, aber manchmal kann man sich unsichtbare Dinge nicht einmal vorstellen. Mir fallen als sichtbare Indizien nur Fotos ein, wenn es sie denn gäbe. Aber an den Tatorten würde man keine Kampfspuren entdecken. Das Opfer ist eine Meisterin im Vertuschen, auf ihren Fotos würde man nichts erkennen. Die Bilder der Täter würden bei mir Albträume auslösen. Ich will sie nicht einmal sehen. Die letzte Erinnerung daran war ein Gruppenfoto von allen Schülern und Schülerinnen der Mittelstufe, und als ich das Bild betrachtete, sah ich keinen Grund, es noch aufzubewahren.

Im toten Winkel sind nur noch der Fluss und die Leichen, die unter dem Sand an seinem Grund liegen. Sie sind so entstellt, dass man sie nicht mehr erkennen kann. In meiner Erinnerung gibt es Bilder von Jungen, die sich niemand mehr vorstellen kann. Ich weiß nicht, wie sie heute aussehen, und ich will es auch nicht wissen. Es wäre erschütternd, ihrer gealterten Körper gewahr zu werden. Es ist schlimm genug, ihre jugendlichen Gesichter zu sehen, ihre Körpergerüche wahrzunehmen.

Manchmal zeigen sich mir nur Räume. Manchmal sehe ich *sie* in der Luft schweben, abgelöst vom Ort. Und obwohl ich sie sehe, könnte ich merkwürdigerweise nicht beschreiben, wie sie aussehen.

Wenn der Verdächtige unklar ist, kann man einen Zeichner bitten, das Gesicht aufgrund der Beschreibung eines Augenzeugen zu skizzieren. Mir fällt dazu die Serie *Breaking Bad* ein und die Skizze von Heisenberg, dem Alter Ego des Protagonisten, eines Chemielehrers, der Methamphetamin herstellt. Heisenbergs schwarzer Hut, die Sonnenbrille und der Schnauzbart entlarven ihn, obwohl die Skizze karikaturesk ist. Am Ende ist es immer irgendein bestimmter Zug, der jemanden entlarvt.

Nun, wo die Ermittlung Jahrzehnte zu spät vonstatten geht, kommt die Visualisierung der Verdächtigen einer umrisshaften Zeichnung gleich. Ich könnte einem Zeichner kaum ein Erkennungsmerkmal der Täter beschreiben. Er würde mit verbundenen Augen zeichnen, so wie ich in der Luft nach Formen tasten und mich beim Sprechen auf einsilbige Wörter beschränken würde. Aus irgendeinem Grund möchte ich trotz allem wissen, wer mir Gewalt angetan hat. Vor allem einen von ihnen möchte ich verstehen, *ihn*, der mich mit dem Boot zur Insel gebracht hat. Ich schlüpfe in die Kleidung der Ermittlerin und versuche mich an einer neuen Form des Archivierens. Ich stelle mir etwas vor, ich vermute, ich denke mir etwas aus. Vielleicht, und wenn, könnte es sein? Andererseits ist Folgendes problematisch: Ich denke, ich will, ich hoffe.

Ich kann Orte aufzählen, an denen *er* sich über mich hermacht – das Reihenhaus, das Mehrfamilienhaus, die Insel, das Bett, das Parkhaus –, aber auch diese Liste ist unvollständig. Es gibt Leerstellen und Vermutungen. Ich fülle sie mit meiner Stimme, die rau und klebrig ist. Ich umarme diese Hässlichkeit mit der Sprache.

Langsam suche ich nach Worten. Mein Bauch krampft

sich zusammen. Ich trinke Tee, der nicht hilft. Ich sammele aus den Vermutungen und Schlussfolgerungen eine Geschichte über den Täter zusammen. Wie bin ich hierhergekommen und mit wem?

Er ist nicht wichtig. *Er* ist nicht interessant. *Er* ist Flusen auf dem Pullover, eine Gräte in der Fischsuppe, ein kalter Fußboden, der ungefärbte Haaransatz. Bis *er* mein dünnes Handgelenk umklammert, es dreht, um meinen mageren Protest zu hören. Jetzt ist *er* interessant, und ich bin interessant.

Während mein Puls in die Höhe schnellt, fühlt *er* sich sicherlich vollständig. Ich denke darüber nach, ob *er* ein Mensch ist, der das hier ungetan lassen würde, wenn ihm die Folgen klar wären. Vielleicht wird *er* von seinem Vater verprügelt. Vielleicht ist *er* seiner Mutter egal.

Er ist aufgetaucht und hat dieses Twin Peaks hier in Besitz genommen. Und nun fällt mir auch ein Name für *ihn* ein: Bob. Er ist fast so irreal wie der Parasit zwischen den Dimensionen. Ich wäre gern der Agent Dale Cooper.

Er zündet sich eine Zigarette an, nimmt ein paar Züge und bläst mir den Rauch ins Gesicht. Er ist viel größer als ich. Ich habe keinerlei Chance.

Wie hat Bob mich gefunden, bevor die Schule anfing? *Hier*, er merkt sich mein Gesicht. Er ist hochmütig und hungrig. Wie die Schriftstellerin Lidia Yuknavitch fragt: *Was ist ein Mann ohne Aktivität?* Was ist ein Mann, der sich nicht aufs Fleisch stürzt? Aber *er* ist kein Mann.

Die Wohnungen sind bar jeglicher Erwachsener. Im Kühlschrank finden sich Bier und Fleischwurst. Die Familien in dieser Ortschaft sind schiefhängende Bilder, die niemand sich traut geradezurücken. Mit diesen Zutaten ist es einfach, Komplizen zu finden.

Braune Haare fallen dem schlaffen Jungen ins Gesicht,

der aber doch wieder so viel größer ist als ich. Der dritte ist ein abstoßender Typ, der sich in den Ecken herumdrückt. Ich sehe ihn immer wieder im Augenwinkel, als würde er unbemerkt dicht an den Wänden entlangschleichen. Er bleibt immer in einer gewissen Entfernung. Der vierte ist ein trostloser Fall, auf seine eigene Art eingeschüchtert und verschroben. Er sieht mich mitleidig an. Ich denke darüber nach, ob diese Wesen als Küchenschaben unter dem Bett hausen und nur mit meiner Hilfe aus ihren Löchern gekrochen kommen.

3

Was, wenn man Bob als Verdächtigen in einem Kriminalfall vernommen hätte, würde man ein Geständnis aus ihm herauskriegen? Wir würden im Verhörraum sitzen und ihn warten lassen. Wir würden mit einem dicken Aktenordner in den Raum kommen. Wir würden seitenweise Indizien vorlegen. Wir würden ihn an seiner schwachen Stelle treffen.

Was wäre das für ein Geständnis? Was würde er zugeben, was abstreiten? Wie wäre sein Gedächtnis? Würde er sich an mehr und Schlimmeres erinnern oder an weniger oder an gar nichts? Hätte er damals gestehen und heute abstreiten können? Würde er behaupten, ich hätte es gewollt? Würde er sagen, er habe nichts Falsches getan? Nein – er würde denken, dass etwas Druck in der Luft gelegen habe, aber er würde niemals etwas zugeben. So wie ich denke, dass nicht ich es war, sondern jemand anders, würde Bob behaupten, dass er nicht in den Zimmern oder auf meinem Körper gewesen sei. Erst bei einer Psychoanalyse würde herauskommen, dass er, je vehementer er es abstreitet, in Wahrheit desto eindeutiger gesteht.

Ich weiß nicht, ob jemand jemals ein Sexualverbrechen im eigentlichen Sinne gestanden hat. Ich kann mich nicht erinnern, gelesen oder in einem Film gesehen zu haben, wie ein Sexualverbrecher zugibt, eben das zu sein, dessen man ihn beschuldigt. Nein, der Täter kann, selbst wenn er erwischt wurde, noch dafür sorgen, dass das Objekt seiner Taten unzuverlässig wirkt. Er kann seine Tat immer kleinreden. Er kann immer seinem Opfer die Schuld geben. Auch wenn er gesteht, kann er tatsächlich gleichzeitig nicht gestehen.

Außerdem reicht es nicht, die reine Tat zu gestehen. Man muss auch das Leid gestehen, das man verursacht hat. Es ist schwer, an die Möglichkeit eines echten Geständnisses zu glauben, denn der Täter müsste das Geschehen mit den Augen des Opfers sehen. Ist das überhaupt möglich? Es wäre wohl kaum zu einer Gewalttat gekommen, wenn der Täter mit dem Objekt seiner Tat einer Meinung gewesen wäre. Es ist also müßig, ein echtes Geständnis zu erwarten.

Der Täter wird auch nicht gestehen, bevor ihn jemand beschuldigt hat. Warum sollte er gestehen, wenn er nicht Gefahr liefe, aufzufliegen? Er kann gestehen, um sich vor weiteren, schwerer wiegenden Vorwürfen zu schützen. Er kann ein Geständnis ablegen, das ihm selbst passt. Er kann so weitläufig gestehen, dass nur sein Geständnis als Tat bedeutsam ist, nicht die zu gestehende Tat selbst, die auf ewig ein Rätsel bleibt.

4

In der Krimiserie *The Fall – Tod in Belfast* verfolgt die von Gillian Anderson gespielte Kommissarin Stella Gibson einen Mörder, der Frauen erwürgt. Anders als die Polizei vor Ort bemerkt die aus London angeforderte Gibson sofort ein Muster, das die Morde verbindet. Als sie die mit dem Fall betrauten Polizeikräfte anleitet, erklärt sie: *Sehen Sie das Töten als eine Art Sucht. Es folgt dem Gesetz abnehmender Befriedigung. Der Serientäter sucht wie der Heroinsüchtige immer dieses Glücksgefühl des ersten Rausches. Doch er wird zwangsläufig scheitern. Daher verkürzen sich die Phasen zwischen den Kicks, und seine Verbrechen werden immer ausgeklügelter. Er wird diesem Verlangen zu töten immer wieder nachgeben. Wenn wir ihn nicht aufhalten.*

Ich drücke auf Pause. Perfekt.

Stella Gibson fährt fort: *Er hat eindeutig einen bestimmten Opfertyp. Er tötet nicht willkürlich, er sucht seine Opfer sehr genau aus. Wie findet er seine Opfer, und wie wählt er sie aus? Wir müssen jeder Ähnlichkeit nachgehen. Stellen wir also sicher, dass uns nichts durch die Maschen geht. Der Teufel, meine Damen und Herren, steckt buchstäblich im Detail. Also: Details, Details und noch mal Details.* Gibson erstellt ein Profil, und ich versuche es auch, wenn auch weniger glamourös.

Beim Erstellen eines Profils ist es wichtig, zunächst zu bemerken, dass die Täter nicht unbedingt Psychopathen sind. Eine Krankheit wäre natürlich eine Erklärung, die Erleichterung bringen würde. Wenn die Täter krank sind, muss der gewöhnliche Mensch sich nicht bemühen, seinen eigenen Anteil an all dem herauszufinden. Gefängnisse, Pharmafirmen, Psychiaterinnen und andere Experten können sich darum kümmern. Aber Carmen Maria Machado stellt fest, dass *Misshandelnde nicht immer – eigentlich sogar sehr selten – hämisch lachende Irre sind. Sie müssen nur etwas wollen und sich nicht darum scheren, wie sie ihr Ziel erreichen.*

Die Jungen aus dem Dorf waren daher nicht unbedingt geisteskrank und nicht einmal irgendwie besonders. Sie griffen nur nach den Strohhalmen, die in unserer Kultur wachsen. Sie verwirklichten sich selbst, weil es ihnen möglich gemacht wurde. Sie handelten in einem offenen Kraftfeld und zogen dabei andere an, gut bewaffnet.

Ich nehme an, dass die Leute, die sich an mir vergriffen, männlich waren. Ich kann nicht umhin zu bemerken, dass es nicht nur um Gewalt gegen Kinder geht – eine Kategorie, die in sich politisch und kulturell ist –, sondern auch gegen das andere Geschlecht. Die Jahrzehnte gehen ins Land, aber leider ist die Frau – und Frau ist für mich eine offene Kategorie – nach wie vor das primäre Objekt einer bestimmten Form von Gewalt. Ich habe darüber nachgedacht, wie ich meinen Fall untersuchen kann, ohne mich in der Dichotomie zu verfangen, aber Frau ist vorerst das einzige Erkennungsmerkmal, dass meine Erfahrung in diesem Körper auch dann beschreibt, wenn ich mich nicht als Frau fühle, nicht wie eine Frau aussehe und wenn ich nicht weiß, was Frau bedeutet.

Ich fahre mit dem Profiling der Täter fort, als würde ich einen tief eingedrungenen Splitter im Finger entfernen, indem ich schließlich die Haut um den Splitter herum abreiße. Warum mache ich das, bin ich eine gottverdammte Masochistin?

Und das Motiv? Ich habe mich bis jetzt vor allem mit meinem eigenen Motiv beschäftigt. Doch die Kriminalermittlerin müsste doch das Motiv des Verbrechers aufklären. Bob geistert so intensiv durch meine Gedanken, dass sein Motiv der besonderen Begutachtung bedarf.

War er einfach nur leidenschaftlich? Im Bann eines Gefühls? Leidenschaft könnte gleichbedeutend mit Liebe und Erotik sein, aber kann sie auch gleichbedeutend damit sein, den Kopf eines anderen Menschen aus Spaß gegen die Wand zu schlagen? Wie ist er überhaupt darauf gekommen, sich meines Körpers zu bedienen? Die Formen und Ziele sind ihm wohl kaum im Zusammenhang mit einer Offenbarung zuteil geworden. Irgendwo muss er gehört oder gesehen haben, dass man so etwas tun kann und sollte. Entweder hat er gedacht, dass es nicht so schlimm ist, oder es war ihm egal, dass seine Taten grausam waren.

In einem wissenschaftlichen Artikel lese ich etwas über Gründe für »schädliches Sexualverhalten« von Jugendlichen. Auf der Liste stehen neurokognitive und psychiatrische Störungen, die Unfähigkeit zu altersgemäßen gegenseitigen Beziehungen, die Unfähigkeit, den eigenen Sexualtrieb zu kontrollieren, verzerrte Einstellungen, eine antisoziale Entwicklung – ich lache auf, ich weiß nicht genau, warum, vielleicht wegen dieser klinischen Ausdrücke, oder vielleicht, weil in der Beschreibung deine geblähten Nüstern fehlen, das klebrige Gefühl an deinen Fingern, der Gestank nach Verwesung, der zwischen deinen Zähnen hervorkommt, der Atem, der immer lauter wird, deine Trockenheit, deine Kleinheit.

Ich könnte auch vorschlagen, dass er in seinem Körper umherwanderte, wie ich jetzt, an der Grenze zur Verwandlung, ständig dabei, sich im Verhältnis zu anderen in etwas zu verwandeln. Vielleicht ist es ihm den Rücken hinabgelaufen, aber dann wurde die Sache hässlich, und sein Körper rollte bergab, und es war unvermeidlich, dass er dabei ein paar Leichen hinterließ. Oder vielleicht wollte er mich einfach nur vernichten.

Kriminalkommissarin Gibson hat noch eine Idee: *Vielleicht ist er ja gar nicht völlig emotionslos. Vielleicht ist es genau umgekehrt. Sind es nicht Emotionen, worauf der Sexsadist aus ist? Blinde Panik, nackte Angst. Ich denke, er spürt ihren Schmerz durchaus. Nur, dass er ihm Lust bereitet.*

Vielleicht hat er es genossen, dass er mich vernichten konnte.

Später, als Gibson zu verstehen versucht, was der Mörder im Moment seiner Taten fühlte, schlussfolgert sie, dass er ausdrücklich aus Wut gehandelt hat, obwohl er ruhig und kaltblütig war, und ich kann nicht umhin, mich zu fragen, ob mein Körper als Blitzableiter gedient hat. Spürten sie meine Wut, und verschaffte sie ihnen in diesem Moment Befriedigung?

Als die Belfaster Polizei endlich die Identität des Mörders herausgefunden hat, fangen sie an, sich für seine Kindheit zu interessieren. *Ein Mann wird nicht einfach morgens wach und stellt fest, dass er ein Sexualstraftäter geworden ist. Genauso wenig, wie er eines Tages aufwacht und entdeckt, dass er es nicht mehr ist. So etwas entwickelt sich über einen langen Zeitraum*, sagt Gibson. Das würde bedeuten, dass die Gewalt kaum etwas mit mir zu tun hatte, und auch, dass sie wohl kaum bei mir begann und bei mir endete.

Deborah Levy schreibt: *Wenn man anderen Böses antut, fühlt man sich nicht sicher*. Je mehr ich verschiedene Archive der Gewalt öffne, desto überzeugter bin ich davon, dass Gewalt größer ist als das Individuum, und die Aufzählung individueller Schwächen und Störungen befriedigt mich nicht. Wie Adrienne Rich 1976 schrieb: *Man kontrolliert Frauen, indem man sie an ihren Körper bindet*. Wer an seinen Körper gebunden ist, verliert leicht das Recht auf eigene Gedanken und somit auf das Menschsein.

Die meisten Menschen werden diese Gelegenheit nicht ausnutzen wollen, oder sie versuchen wenigstens, andere Menschen diskreter zu missbrauchen. Selbst wenn einer von diesen Jungen wirklich krank gewesen wäre, war die Quälerei eben dort, wo wir wohnten, möglich. Etwas in dieser Umgebung ließ diese Verbrechen zu. Meine Schritte und mein Schweigen waren möglich in den Jahren 1994, 1995, 1996. In eben diesen Gebüschen und Wäldern, an diesen Flussufern, in diesen Dörfern und Städten.

Das Ekel lief mir zufällig über den Weg, und danach suchte ich seine Nähe jedes Wochenende. Er ist ekelhaft, weil er ein Kind gefickt hat und unordentlich war, aber er erniedrigte mich nicht in der Gegenwart von anderen und zwang mich zu nichts. Ich konnte seine Wohnung verlassen, wann immer ich wollte. Sein Verbrechen unterscheidet sich wesentlich von der Gewalt der Jungen aus dem Dorf, die sich anfühlte wie Mord, obwohl ich am Leben blieb. Ihre Handlungen waren gnadenlos. Sie verursachten mir körperliche Schmerzen und eine grauenhafte Scham.

Leider denke ich, dass der Grund für ihre Taten nahezu lächerlich ist, wenn die Folgen nicht so furchtbar gewesen wären: Sie wollten sich eine mustergültige Form von Männlichkeit beweisen, indem sie zuerst meinen Körper und dann auch meinen Geist beherrschten. Und das dachten sie sich nicht aus, als sie mich das erste Mal zu Gesicht bekamen. Die Gewalt existierte schon vor der Insel, vor dem Reihenhaus, dem Mehrfamilienhaus, dem Zimmer, dem Parkhaus. Kein einziger von ihnen wollte das Mädchen schützen oder sich auf ihre Seite stellen. Kein einziger von ihnen beendete es. Sie waren eng zusammen. Sie taten es füreinander.

Aber eigentlich will ich die Gründe für ihre Taten gar nicht aufklären. Es hat keine Bedeutung, warum Bob mich ermordet hat, auch wenn ich am Leben blieb. Nur eine Frage ist wichtig für mich.

Warum ich?

Denn ich allein trage die Last des Schuldgefühls.

5

Die Serie *Mindhunter* beschreibt die Entstehung des Behavioral Science Unit beim FBI und die Anfänge des Profiling in den 1970er Jahren in den USA. Die Agenten Holden Ford und Bill Tench machen sich mithilfe der Professorin Wendy Carr daran, die psychischen Prozesse von Serienmördern aufzuklären, indem sie die verurteilten Straftäter zu ihrer Kindheit, ihren Vorlieben und ihren Morden befragen. Die Agenten sind der Auffassung, dass Serienmörder Gemeinsamkeiten haben und dass die psychologische Begutachtung hilft, ihre Motive zu verstehen.

In einer Folge der ersten Staffel ist Ford mit seiner Freundin bei Tench und seiner Familie zum Abendessen eingeladen. Nach dem Essen sitzen die beiden Männer zusammen. Tench zündet sich eine Zigarette an und sagt: *Es liegt immer an der Mutter. Alle haben eine verrückte, zornige Mutter.*

Oder einen Vater, der abwesend ist, meint Ford.

Sind nicht alle Väter irgendwie abwesend?, erwidert Tench und blickt in sein Whiskyglas.

Obwohl es so viele verrückte Mütter und abwesende Väter gibt, werden nur sehr wenige Kinder später zu Serienmördern oder Sexualstraftätern – andererseits lässt die Häufigkeit sexueller Gewalt mich auch zweifeln. Ich muss zugeben, dass ich nie darauf gekommen bin, die Eltern der Jungen für diese Taten zu beschuldigen. Stattdessen habe ich darüber nachgedacht – neben der ständigen Frage »Warum ich?« –, wie distanziert mein eigener Vater war und wie distanziert meine Mutter im Laufe der Zeit wurde.

Stella Gibson vertut ihre Zeit nicht mit Vater-Mutter-Stereotypen, als sie im Verhörraum dem Mörder gegenübersitzt. Sie muss Paul Spector selbst vernehmen, denn der Mann, der sich daran ergötzt, Frauen zu quälen, weigert sich, mit jemand anderem zu sprechen. Gibsons Vorgesetzter Jim Burns versucht, sie daran zu hindern, denn er hält es für eine schlechte Idee. *Er ist kein Monster. Er ist schlicht ein Mann,* gibt Gibson zu bedenken. *Das bin ich auch,* verteidigt sich Burns, und da erinnert Gibson ihn daran, dass er eines Abends betrunken in ihr Hotelzimmer kam und sie zum Sex zwingen wollte. *Das ist nicht das Gleiche,* protestiert Burns. *Nein, das ist es nicht,* erwidert Gibson, doch zwischen den Zeilen hat sie ihm bereits zu verstehen gegeben, dass es da dennoch Gemeinsamkeiten gibt. *Aber du hast trotzdem die Grenze überschritten,* sagt Gibson und verlässt den Raum.

Im Verhörraum geschieht dann etwas nahezu Unmögliches. Der Mann gesteht. Zweifelsfrei. Er gesteht die Morde und noch viel mehr. Dieses Geständnis würde ich auch akzeptieren, und weil es so selten ist, mache ich daraus meine eigene Version, in der die Ermittlerin Bob vernimmt. Ich verändere es etwas, denn schließlich ging es nicht um einen Mörder (weil ich überlebt habe):

Erzähl vom ersten Mal, wie war das?

Ich war angespannt. Ein gewisses Unwohlsein war auch dabei. Aber die Grenze war überschritten. Ich hatte etwas getan, das ich nicht ungeschehen machen konnte. Etwas, das mich von anderen unterschied. Dann habe ich gemerkt, dass niemand kam, um mich zu bestrafen. Warum sollte ich es dann nicht noch einmal tun, und besser?

Das Mädchen, erzähl mir von ihr.

Ich habe sie zur Insel mitgenommen. Ich hielt sie fest, damit sie nicht strauchelt und hinfällt. Ich wollte es etwas ästhetischer machen, draußen, am Fluss.

Du hast sie wie eine Schaufensterpuppe behandelt.

Der Mann zieht die Augenbrauen zusammen.

Erzähl mal, redest du mit den Mädchen, die du quälst und vergewaltigst?

Nein.

Sind sie langsam gestorben?

Ja.

Er verzieht keine Miene.

Du würgst sie und lässt dann wieder locker, abwechselnd. Du hältst sie in der Spannung zwischen Leben und Tod.

Ja.

Ich meine, ein zufriedenes kleines Lächeln zu bemerken.

Fesselst du sie zuerst?

Ja.

Wie lange quälst du sie?

Der Mann windet sich ein wenig. Finger wie kleine Schlangen.

Ich bin kein Vergewaltiger.

Du schändest sie. Du bist ein Vergewaltiger.

Damit der Junge – der bald ein Mann sein wird – existieren kann, muss er einen Unterschied zu dem herstellen, was er nicht ist. Ein Mann ist kein Mensch, ein Mann ist der Standard. Deshalb muss die Männlichkeit bewiesen werden, und wie Hélène Cixous schreibt, muss die Frau gerade so viel Widerstand leisten, dass der Mann seine Kräfte austesten und als Mann in seinen Körper zurückkehren kann. Das Feminine muss vom Mann erobert werden, aber er selbst darf nicht dazu werden.

Die Jungen und ich leben in den Zimmern das Problem der zwei Geschlechter aus, das vor allem deswegen ein Problem ist, weil die Jungen alle gegen mich sind und weil ich ein Geschlecht habe. Die Grenze ist durchlässig, das war sie immer, und deshalb muss sie mit Gewalt verteidigt werden. Die Grenze wird ins Werk gesetzt, sie existiert nicht ohne Handlungen, und selbst wenn an meiner statt ein Junge ans Bett gefesselt wäre, wäre er trotzdem ein Mädchenkörper, der auf die andere Seite der Grenze gehört, er wäre trotzdem ein Beleg für die Grenze.

In einer verkehrten Welt, in der niemand Manns genug sein müsste, würde die Macht in die weiblichen Öffnungen fließen. Zwischen meine Beine, meine Finger. Aber nein. In dieser unsinnigen ideologischen Geschlechterperformance fülle auch ich eine Rolle aus, überwiegend richtig, müde, mir die Welt ständig anders vorzustellen, als sie ist.

Warum? Ich provoziere mich selbst mit einer Frage, auf die ich keine Antwort bekomme. Für die FBI-Agenten ist es leichter, weil sie keine Verbrechen untersuchen, die gegen sie selbst gerichtet sind, für sie ist es nichts Persönliches. Agent Ford nutzt die gemeinsame männliche Realität und tut so, als würde er sich mit dem Frauenhass der Täter identifizieren. Er spricht mit den Mördern von Mann zu Mann und stellt dabei die ethischen Ermittlungsstandards auf eine so harte Probe, dass die Arbeitsgruppe einen Teil des Archivs vernichtet, die Sprache der Gewalt verheimlichen muss, die aus dem Mund des Agenten kommt.

In ihrer Heldenrolle lassen die Agenten außer Acht, dass es zwei Warum-Fragen gibt: *Warum der Serienmörder?* und *Warum das Opfer?* Ford und Tench versuchen, die Gründe für die Perversionen und psychischen Störungen der Mörder aufzuklären, um gemeinsame erklärende Faktoren zu finden, aber weil sie sich nicht mit der Frage »warum ich?« beschäftigen, vergessen sie, mit Gespenstern zu sprechen. Sie betrachten die Bilder der aufgeschlitzten Mädchen, aber sie stellen ihnen nicht die Fragen, die man überlebenden Opfern stellt. Wenn sie die Toten fragen würden, ob sie auch ganz sicher erniedrigt und gequält wurden und ob sie auch wirklich tot sind, würden sie feststellen, dass sie selbst verrückt sind. Fast genauso absurd ist es, sich immer wieder selbst zu fragen, ob etwas Furchtbares wirklich passiert ist, es ist, als würde man ein ermordetes Mädchen fragen, ob es nun wirklich so schlimm war, ermordet zu werden.

In meiner Fantasie würden die Agenten tatsächlich mit den Toten sprechen und den Lebenden zuhören. Ihnen würde klar werden, was allen Menschen gemeinsam ist, die Opfer systematischer Gewalt werden: der Körper. Sie würden feststellen, dass die Opfer durch die merkwürdige Tatsache verbunden sind, dass sie existieren und gleichzeitig nicht-existieren.

Bei *Mindhunter* werden die toten Mädchen durch die Hintertür hereingeschleift, denn der Beweis ist unwiderlegbar, und tot sind sie nutzlose Gegenstücke (man kann sie nicht mehr schützen). Bob ist gar nicht interessant, schließlich hat er niemanden umgebracht. Und ich bin auch nicht interessant, denn ich lebe noch. Die Frage, warum die Fälle der überlebenden Opfer nicht untersucht werden, könnte die Agenten zu neuen Spuren führen. Sie müssten sich mit dem Unsichtbaren beschäftigen. Was verbindet die unsichtbaren Opfer und die unsichtbaren Männer, die sie gequält, vergewaltigt und missbraucht haben? Wer schützt wen? Warum wird diese Epidemie nicht als real angesehen, und warum kann man ihr kein Ende bereiten?

6

Ich öffne ein anderes Archiv. Es enthält eine Tonaufnahme, auf der mein Vater spricht, und ein Video, das ich in seiner Einzimmerwohnung aufgezeichnet habe. Ich habe das Material über meinen Vater dank meiner rothaarigen Freundin. Die Aufzeichnungen sind auf verschiedenen Festplatten, in verschiedenen Ordnern gespeichert. Falls ein Computer kaputtgeht oder ein Ordner verschwindet, sind sie an einem anderen Ort noch vorhanden.

Wir sitzen in dem gelben Haus meiner Freundin in der Küche, an einem weißen Esstisch. *Du musst dich aufraffen. Wenn du jetzt nicht die Kamera nimmst und es machst, kann es beim nächsten Mal zu spät sein,* sagt sie energisch, als wüsste sie, dass das hier wirklich die letzte Gelegenheit ist.

Der Alkoholismus meines Vaters hat mich so wütend gemacht, dass ich jahrelang nichts von ihm hören wollte. Irgendwann war meine Wut allerdings verraucht, und ich beschloss, wenigstens irgendeine Art von Beziehung zu ihm zu pflegen. Ich dachte, es sei furchtbar, ihn ganz aus meinem Leben auszuschließen. Das würde ich bereuen, wenn er tot wäre.

Für die Aufklärung des Rätsels brauchte ich Informationen über die Kindheit meines Vaters. Die gesamte Familiengeschichte war mir unbekannt, und ich konnte mir nicht vorstellen, dass mein Vater Alkoholiker wurde, ohne dass ihm etwas widerfahren war. Aber ich wusste nicht, wie ich ihn nach diesen Dingen fragen sollte. Ein direktes Gespräch wäre unmöglich. Das würde ich nicht fertigbringen. Mir kam der Gedanke, dass wir über eine Zeit sprechen könnten, zu der er aus unser beider Sicht ein anständiger und bewundernswerter Mensch war.

Mein Vater, der Blauhelmsoldat. Wie toll das klang. Darüber würden wir reden, und mein Vater brannte geradezu darauf. Ich wiederum brannte darauf, alles zu dokumentieren. Ich würde nichts allein meinem Erinnerungsvermögen überlassen.

Ich gehe am nächsten Tag zu ihm. Es ist der 19. April, ein warmer, sonniger Tag. Mein Vater nimmt mich draußen offiziell in Empfang. Ich schalte das Diktiergerät an meinem Handy ein und nehme die Systemkamera zur Hand. Ich habe eine ganze Liste mit Fragen.

Mein Vater erzählt mir an diesem Tag mehr über sich als in seinem ganzen bisherigen Leben. Am Telefon jammert er normalerweise über die immer gleichen Dinge, und mir kam schon der Gedanke, er könnte dement sein. Aber mit seinem Gehirn ist alles in Ordnung. Er erzählt detailliert und systematisch von Dingen, die dreißig Jahre zurückliegen. Als sei mein Gedächtnis das Gegenteil von seinem. Auf seiner Insel an der Grenze zwischen Israel und Syrien ist alles vorhanden und sichtbar, aber die Welt außerhalb der Insel, alles, was er ohne sein Militärbarett ist, besteht nur aus Chaos. Sein Trauma hat alles aufgefressen, bis auf 18 Monate seines Lebens.

Auch unsere Körper sind Gegensätze. Ich bin klein und blond, er ist groß und dunkelhaarig. Ich weiß gar nicht, wie er überhaupt mein Vater sein kann. Er sieht nicht aus wie ich, er klingt nicht wie ich. Ich wusste nicht, wer er ist. Und er hat mich auch nicht gekannt. Er überquerte die Grenze mehrmals in beide Richtungen, wiederholte Versuch und Irrtum.

Dann setzt er sich in einen Sessel und öffnet eine schwarze Aktentasche. Seine Hände zittern, sein Körper ist krank. Dennoch weiß ich nicht, wie krank. Als er die Tasche öffnet, wird mein Archiv facettenreicher, so wie die Taten eines Serienmörders, wenn sein Druck zu morden stärker wird. In der Aktentasche ist ein Soldat, oder vielmehr die Idee von einem Soldaten. Mutig, gutaussehend, straff, nicht mein Vater, aber mein Vater in Uniform. Mein Vater repräsentiert bereitwillig einen Mann in Soldatenkleidung, aber ist er in den Zimmern, in denen man sich echte Männlichkeit beweist? Ist er in Zimmern, in denen Körper bewegungslos daliegen und warten?

7

Wir zogen unsere besten Zivilklamotten an und stellten uns in einer Reihe auf. Wir warteten. Ein Lastwagen kam angefahren. Der Kompaniechef kam und sagte, Jungs, jetzt macht ihr euch einen schönen Abend. Da gibt es Frauen, die ihr benutzen könnt, wie ihr lustig seid. Ihr kriegt zehn Pfund und Kondome. Steigt auf die Ladefläche. Und das taten wir. Ich hatte eine weiße Hose an. Der Lastwagen schaukelte durch die Wüste, es war so dunkel, dass wir überhaupt nichts sehen konnten. Dann kamen wir irgendwo an, wo ein Feuerwehrauto auf uns wartete und die Männer uns mit der Wasserspritze nass spritzten. Wir dachten, wir kriegen Frauen. Was die sich alles ausdachten … für uns Grünschnäbel.

Nachdem mein Vater die Geschichte erzählt hat, lacht er abgehackt.

Gut, dass du auch so was erzählst. Das würde ja sonst ein Geheimnis bleiben, sage ich.

Ich finde, da war nichts Schlimmes dabei, erwidert mein Vater.

Die Welt ist voller verschwundener Archive. Unzählige vergessene Fälle in jedem noch so kleinen Dorf. Meine Erfahrung verliert sich in der Fülle der Geheimnisse. Wir würden vielleicht alle Männer töten, wenn sie nicht auch unsere Söhne wären. Lidia Yuknavitch drückt die Dinge so furchtbar aus, wie sie sind.

Ich öffne die Tür zu einer unangenehmen Gleichsetzung.

Jemand, der einen anderen Menschen erschießt, hat irgendwo schießen gelernt. Nicht jeder kann mit einer Waffe umgehen. Das muss man üben. Ich frage meinen Mann nach Waffen und wie man sie benutzt. Er weiß es aus erster Hand. Die Armee hat es ihm beigebracht, und er hat es nicht vergessen.

Ich gebe ein Interview, in dem ich andeute, dass verschiedene Wurzeln der Gewalt ihre Nahrung aus demselben Erdreich beziehen. Ein Soldat liest das Interview und findet es nicht gut, dass eine Amateurin wie ich übers Kämpfen spricht. Er empfiehlt auf seinem Social-Media-Account (mir oder den Menschen allgemein, da bin ich mir nicht sicher), *Aktivitäten in Kleingruppen in einem Kriegsgebiet auszuprobieren.* Er schreibt: *Was den Kampf betrifft, sollte man es ausprobieren, bevor man jemanden verurteilt. Eine eindrucksvolle Sache, die Spuren hinterlässt.*

Das hätte er bestimmt nicht mehr gesagt, nachdem in Europa ein Angriffskrieg begonnen hat, oder er würde es extra sagen, denn wann, wenn nicht jetzt, hört man auf Soldaten? Aber er liegt falsch in der Annahme, dass ich nichts übers Kämpfen weiß. Ich habe Aktivitäten in Kleingruppen gesehen. Doch ich konnte nicht mitmachen, denn ich war das Objekt dieser Gruppenaktivität.

Vermutlich weiß der Soldat nichts darüber, wie es ist, ein Kriegsgebiet zu *sein* oder im Krieg verletzt zu werden. Ob er sich vorstellen kann, wie die Gliedmaßen auseinandergerissen werden, wie jemand in den Körper eindringt, wie das Fleisch sich dehnt, wie das Atmen immer schwerer fällt, wie übermächtig der Gegner ist und was für hässliche Schäden im Gelände entstehen. Ich sehe nicht, dass er seine Worte blutend niederschreibt. Ich glaube nicht, dass ihn die Alltäglichkeit meines Kampfes interessiert, die regelrechte Abstumpfung dagegen, wiederholter Gewaltanwendung ausgesetzt zu sein.

Rebecca Solnit schreibt in ihrem Memoir, dass eine posttraumatische Belastungsstörung nach einer Vergewaltigung viermal wahrscheinlicher ist als im Krieg. Aber wir haben nie den Heldenmythos genießen dürfen. Sexuelle Gewalt ist Krieg, der es nie in die großen Erzählungen der Geschichtsbücher geschafft hat. Krieg gegen Frauen ist systematische Gewalt wie alle anderen Kriege auch, und das ist nichts Neues, aber ich denke inzwischen darüber nach, wie bedeutsam es ist, dass die Opfer dieses Krieges keine gemeinsame Geschichte haben, an die sie sich erinnern und die sie weitergeben. Dieser Krieg ist unsichtbar und hat selten Nachrichtenwert, und wenn eine Frau gehört wird, dann geht das für sie nicht gut aus.

Die Mutter hingegen ist eine Frau, die als Symbol für den Krieg taugt. Um Jacqueline Rose zu zitieren: *Das Blut des Kampfes und die Brüste einer stillenden Mutter buhlen um die ästhetische Auszeichnung.* Die blutige Gebärerin und die milchtriefenden Brüste werden gleichgesetzt mit dem Blutverlust im Krieg, aber Rose zufolge wegen der Schönheit, nicht wegen des Schmerzes. Mein Körper würde zum Symbol des Krieges taugen, wenn er vor Fruchtbarkeit strotzt, aber nicht, wenn der Feind *in* mir ist. Wenn ich ein Kind gebäre, diene ich dem Staat mit meinem Körper und bin schön, aber ansonsten bin ich nur ein Körper der Scham und des Schmerzes.

Auch der Soldat ist eine Repräsentation, ein geheimnisvoller Körper der Gewalt, versteckt in einer monumentalen, totalen, geheimen, wahnhaften Maschinerie. Und was ist mit dem Vergewaltiger – auch seine Form müsste man hervorschütteln, und nach den Worten der Historikerin Joanna Bourke könnte er dann *weniger bedrohlich und offener für Veränderung werden.*

8

Niemand will etwas davon wissen.

Ich finde keine Unterstützung bei Gleichgesinnten, keine Fallberichte, keine Geschichten vom Überleben. Davon zu erzählen, lässt mich nahezu vollkommen verschwinden. Deshalb sage ich selbst nicht viel.

Einer macht es. Ein anderer ist in der Nähe. Ein weiterer wartet. Der nächste ist dran. Sie betrachten mich, aber sie sehen mich nicht. Mir macht es womöglich nichts mehr aus, dass mehrere Personen im Zimmer sind. Ich bin nur noch ein Werkzeug. Ich versuche einzuschätzen, was noch, wer noch, bevor sie genug haben. Ich habe verlernt, mich zu schämen. Schmerz ist das Einzige, was ich fühle. Mein Durchhaltevermögen wird auf die Probe gestellt. Ich gehe auf eigenen Füßen nach Hause oder wo auch immer ich als nächstes hingehe. Ich kann an nichts anderes denken als daran, wie loyal sie zueinander sind. Eine perfekte Einheit.

Lasst uns einen Vergewaltiger hervorschütteln. Er ist die Repräsentation eines Soldaten, in der sich ein Vergewaltiger materialisiert. Sein Name ist Borislav Herak. Er ist von schlaffer Statur, sein Gesicht ausgezehrt. Er hat große Ohren und einen kleinen Schnurrbart. Er sieht in seinem hellen Mantel und dem hervorblitzenden Wollpullover elend aus.

Ich versuche, ihn mir als Soldaten vorzustellen, Hass in den Augen, die Muskeln bis aufs Äußerste angespannt, die Adern an den Armen treten hervor, die Beine bereit, sich in Bewegung zu setzen. Es ist leichter, als ich Fotos von ihm finde, auf denen sein Blick düster und sein Kopf rasiert ist. Die Wangen sind noch weiter eingefallen.

Borislav Herak verdiente sein Geld damit, in einer Textilfabrik einen Wagen hin- und herzuschieben. Im Mai 1992 überquerte er auf einer Brücke einen Fluss; auf der anderen Seite führten serbische Kämpfer ethnische Säuberungen durch. Er schloss sich ihnen an.

Die Soldaten hatten ein Motel, wo sie bosnische muslimische Frauen hinbrachten. Nach den Vergewaltigungen wurden manche von ihnen getötet. Eine 30-jährige Frau namens Fatima brachten die Soldaten zu einer kleinen Brücke, wo Herak ihr in den Rücken schoss.

Die bosnischen Truppen nahmen Herak Ende 1992 an einem Checkpoint fest, und im Jahr darauf wurde er auf der Grundlage seines eigenen Geständnisses vor dem Militärtribunal von Sarajevo des 32-fachen Mordes und der 16-fachen Vergewaltigung angeklagt. Er gestand die Taten auch einem Journalisten, und es ist erstaunlich, dass er so dringend alles gestehen wollte – vielleicht brauchte er einfach nur die Möglichkeit zu reden. 1996 behauptete Herak allerdings, er habe die Geständnisse unter Druck und Androhung von Gewalt abgelegt.

Durch das Urteil verkörpert sich in einem einzigen Mann ein ganzer Völkermord, und dafür wird man verurteilt. Sein Pech, wenn man bedenkt, wie viele Völkermörder und Vergewaltiger frei herumlaufen.

Borislav Herak unterscheidet sich insofern von einem

Serienmörder und Serienvergewaltiger im zivilen Leben, als er die Armee repräsentierte. Seine Taten waren das Ergebnis von Zusammenarbeit, und sie wurden wahrscheinlich von den Machthabern akzeptiert und befeuert. Herak wurde zu einem Mörder und Vergewaltiger, indem er Soldat wurde. Cynthia Enloe bemerkt in ihrem Buch *The Curious Feminist*, dass Herak vor dem Krieg nicht durch Gewalttaten aufgefallen war. Er war kein Sexualstraftäter, als den ihn Stella Gibson diagnostiziert hätte und dessen Neigungen sich über einen langen Zeitraum entwickeln. In Heraks Zimmer fanden sich Pornohefte, und laut seinem Vater trank der junge Mann gerne mal einen über den Durst, aber Vergewaltigungen lassen sich mit diesen Hobbys wohl kaum erklären.

Herak berichtete in einem Interview, dass er Angst vor den Folgen gehabt habe, wenn er sich weigern würde, sich an den Vergewaltigungen zu beteiligen. Er hat Befehle befolgt, er wollte bestehen. Ergebenheit ist im Krieg eine Frage von Leben und Tod.

In den Motelzimmern und den Zimmern im Reihenhaus war der Körper ein Ort, an dem man eine grausame Zeremonie exerzieren konnte, einen Ritus der Gruppenbildung durch das Gewebe hindurch, die Augen nach innen gewandt. Sexuelle Gewalt war eine reine Formalität und dennoch eine Frage von Leben und Tod.

Ich weiß nicht, wie ich das überstanden habe. Ich muss so weit gehen, um zu suchen, aber die ermordeten Bosnierinnen können nicht mit mir sprechen. Vielleicht sprechen sie zu mir, wenn ich schlafe und ihre Körper sehe.

9

Ein Gewalttäter ist manchmal selbst Opfer von Gewalt. Sigmund Freud führte 1896 an, dass Kinder, die sich sexueller

Aggression schuldig machen, vorher von einem Erwachsenen verführt worden sind.

Im Oktober 2002 verübten bewaffnete tschetschenische Kämpfer einen Anschlag auf das Dubrowka-Theater in Moskau. Mindestens 19 von ihnen waren so genannte Schwarze Witwen, tschetschenische Frauen in schwarzer Trauerkleidung mit Sprengstoffgürteln. Als zwei Wissenschaftlerinnen die Lebensgeschichten dieser Frauen recherchierten, wurde ihnen klar, dass die Frauen an einer posttraumatischen Belastungsstörung litten. Sie hatten selbst Gewalt erlebt und mit angesehen, wie Familienmitglieder bei Säuberungen und Bombardements ums Leben kamen. Die Ideologie der Gewalt füllte ein Vakuum, in dem Gedächtnisverlust, Unterdrückung von Gefühlen und Isolation dem Leben seine Bedeutung geraubt hatten.

Ich dachte darüber nach, welche Personen in meinem Umfeld psychische oder physische Gewalt erfahren hatten, bevor die Reihe an mich kam. Ich weiß nicht, was für eine Art von Empathie ich den Jungen entgegenbringen sollte, und warum ich insgesamt so verständnisvoll bin.

Mich befriedigt keinerlei Erklärung für Gewalt. Ich könnte mich weigern, ein Opfer zu sein, und von dieser Warte aus weitermachen, wie Adrienne Rich es vorschlägt. Ich tue weder das eine noch das andere, ich weigere mich nicht, Opfer zu sein, und ich mache auch nicht weiter. Ich sehe nun sogar die Täter als Opfer, vielleicht ist das ein Fortschritt – oder doch ein Rückschritt?

Ich bin nicht sicher, ob ich Forderungen stellen kann. Kann ich behaupten, etwas über Gewalt zu wissen und eine Verbündete zu sein? Oder bin ich nur momentweise frei, momentweise nach Hause entlassen, momentweise gewaltfrei?

10

2017 veröffentlichte die *New York Times* einen Artikel über Harvey Weinstein und die weitreichende systematische sexuelle Belästigung, die er über Jahre ausgeübt hatte. 2020 wurde der 67-jährige Weinstein wegen Vergewaltigung und anderer Sexualverbrechen zu 23 Jahren Haft verurteilt.

Nach dem Artikel in der *New York Times* veröffentlichte die Schauspielerin Alyssa Milano auf der Plattform Twitter einen Post, der als Initialzündung der #metoo-Bewegung gesehen wird. Ich verfolgte die Debatte nebenbei. Sie berührte mich nicht, und ich war keinesfalls sicher, dass die Sichtbarkeit wirklich zum Rückgang der Gewalt führen würde. Die #metoo-Bewegung hatte zum Ziel, das Sprechen über Gewalterfahrungen alltäglich zu machen, aber mich brachte sie nicht zum Sprechen. Im Gegenteil, je mehr öffentlich über sexuelle Belästigung gesprochen wurde, desto unmöglicher wurde meine eigene Erfahrung. In der Kindheit erlebte sexuelle Gewalt war zu schrecklich und zu unpassend für diesen Kontext.

Dann entdeckte ich die wahren Wurzeln von #metoo. Denn die Bewegung entstand nicht erst 2017, sondern bereits 2006, als die Aktivistin Tarana Burke anfing, sich in ihrer Stadt für Opfer sexueller Gewalt einzusetzen.

Im Sommer 2020 fuhr ich den Sandweg zu meinem abgelegenen Sommerhaus entlang. Dabei hörte ich ein Gespräch zwischen Brené Brown und Tarana Burke in Browns Podcast *Unlocking Us*. Natürlich hatte Burke selbst sexuelle Gewalt erfahren. Ihrer Arbeit für die Rechte von Mädchen in ihrer Stadt lag zugrunde, dass sie selbst wusste, wie man so etwas überwindet.

Als Burke von ihren Erfahrungen erzählte, klang das so sehr nach meinen eigenen, dass ich fast von der Straße abgekommen wäre. Erstens gab Burke nicht den Tätern die Schuld, und zwar, weil sie sich als mitschuldig ansah. Dieses Gefühl der Mitschuld löste eine tiefe Scham bei ihr aus. Um sich selbst zu schützen, beschloss sie, ein guter Mensch zu sein, ein perfekter Mensch, damit niemand ihre wahre Monstrosität erkannte.

Zweitens verspürte Burke auch keinen Hass gegenüber dem Täter. Sie hasste sich selbst. Sie sagt, ein Kind sei allein nicht in der Lage, die Last der Schuld dort zu platzieren, wo sie hingehört. Die einzige Möglichkeit ist, sich selbst die Schuld zu geben. Die Gemeinschaft macht das in der Praxis möglich, indem sie das Schweigen mehr unterstützt als das Sprechen. Es ist so viel einfacher für alle, wenn das Mädchen sich damit abfindet.

Drittens, sagte Burke, habe sie ein unglaublich schlechtes Gedächtnis, was daher rührte, dass sie 39 Jahre lang jeden Tag versucht habe zu vergessen. Dieses Vergessen ist unabdingbar, aber um Gerechtigkeit zu erfahren, muss das Opfer sich trotzdem erinnern. Selbst wenn das möglich wäre, will sich doch niemand an schlimme Geschehnisse und vor allem nicht an alle Details erinnern. Die Folge ist eine lebenslange Anstrengung, die Ereignisse zu vergessen. Das belastet und laugt aus. *Überleg mal, wenn du dich an jedes Detail der schlimmsten Sache erinnern könntest, die dir je passiert ist*, sagt Burke. Dennoch wird von den Opfern verlangt, sich glaubhaft zu erinnern, um Gerechtigkeit zu erfahren.

Das Leben wäre sicherlich eine ziemliche Hölle, wenn ich mich erinnern würde. Dennoch hängt meine Schuld an meinem Gedächtnisverlust. Es ist nämlich so, dass ich immer wieder in die Zimmer ging, und ich weiß nicht, wie es dazu kam. Wie kann das sein? Mir ist noch keine andere Erklärung dafür eingefallen als die, dass ich es wollte, und das beweist, dass ich selbst schuld bin. Ich denke an die Worte von Burke, nach denen *wir wissen müssen, wie es aussieht, so etwas zu überwinden*, aber ich habe es noch nie so gesehen, dass ich es überwunden hätte. Ich stecke vielmehr in einer Falle fest.

11

Endlich finde ich wirklich bedeutsames Beweismaterial. *Ich weiß, warum der gefangene Vogel singt*, das Buch öffnet sich immer an derselben Stelle, denn ich habe bestimmte Seiten wieder und wieder gelesen und das Buch kräftig auseinandergedrückt. Es sind die 1930er Jahre, der Ort ist St. Louis, Missouri. Marguerite und ihr Bruder Bailey sind mit drei und vier Jahren von ihrer Mutter allein mit dem Zug zu ihrer Großmutter in die fast vollständig segregierte Kleinstadt Stamps in Arkansas geschickt worden. Aber nun, als Marguerite acht Jahre alt ist, sind sie wieder zurück bei ihrer Mutter in der großen Stadt. Die Mutter hat einen neuen Freund, Mr Freeman.

Das Kind gibt, denn der Körper ist fähig dazu, schreibt Maya Angelou und benennt die Tat als Vergewaltigung.

Sicher hatte Mr Freeman etwas sehr Böses getan, aber ich war überzeugt, dass ich ihm geholfen hatte. Dieses Schuldgefühl ist mir schon bekannt, aber es geht noch weiter: *Ich konnte nicht ja sagen und erzählen, wie er mich einmal ein paar Minuten lang geliebt hatte, wie er mich umarmt hatte, bevor er glaubte, ich hätte ins Bett gepinkelt.* Und das hier: *Ich wollte nicht zugeben, dass mir seine Umarmung tatsächlich gefallen hatte, auch sein Geruch und das heftige Herzklopfen, also sagte ich gar nichts.*

Das ist die Beschreibung eines Missbrauchs, bei dem das Mädchen Gefühle und Gedanken hat, die nicht zum Bild eines Opfers passen, und ich verstehe sie, auch wenn ich keinen Mr Freeman hatte. Das Mädchen weiß eine ganze Welt, wenn jemand sie nur anhören würde.

Man kann leicht denken, dass es keine Gewalt war, wenn die leidtragende Person zum Täter zurückkehrt. Es ist allerdings genau umgekehrt. Die Wiederholung beweist, dass der Täter Macht hat und das Objekt seiner Taten nicht. Wenn ich darüber nachdenke, wie eine Überwindung der

Taten aussehen könnte, denke ich an alle anderen außer mich selbst. Aber wie sieht meine Überwindung aus? Könnte es so aussehen, dass ich immer wieder dorthin zurückkehre, hinein und heraus, hinein und heraus? Kann man Gewalt überwinden, indem man sie immer wieder sucht?

Mir ist es lange so erschienen, dass ich das, was mir angetan wurde, akzeptiert habe. Ich ließ es geschehen. Daher ist das Geheimnis, das ich gehütet habe, nicht die Gewalt an sich, sondern die furchtbare Ahnung, dass ich daraus irgendetwas gezogen habe, was ich brauchte, und daher selbst einen Anteil an der Gewalt hatte. Ich habe immer gehofft, wenn ich mich nur erinnern könnte, warum ich zurückgegangen bin, könnte ich die Scham loswerden. Wenn ich mich erinnern könnte, warum ich mich gezwungen sah, zurückzugehen, könnte ich daran glauben, dass ich das alles einfach nur überwinden wollte.

Aber ich weiß es nicht mehr. Und ich werde mich vermutlich auch nie erinnern. Ich kann nach wie vor nur Mutmaßungen anstellen. Wenn ich an Marguerites Geschichte denke, dann erscheint es möglich, dass ich mich für die beste der verfügbaren schlechten Möglichkeiten entschieden habe. Manchmal wird Gewalt im Leben toleriert, weil das sicherer erscheint als jeder vorstellbare Ausweg. Vielleicht habe ich die Erfahrung gemacht, dass es besser ist, Gewalt zu erfahren, als gar nicht berührt zu werden. Vielleicht war ich nur real, wenn jemand mich gepackt hat. Vielleicht wollte ich nur der Langeweile entkommen. Vielleicht war ich aber auch einfach nur so gutgläubig, zu denken, dass mich jemand ein paar Minuten lang liebte.

Édouard Louis schreibt in seinem Roman *Im Herzen der Gewalt, die grundlegende Gewalt der Situation bestehe darin, das Außen abzuschaffen*, und mir wird klar, dass mir die Außenwelt vermutlich abhandengekommen war, als die Jungen mich eingesperrt hatten, und selbst wenn ich losgerannt wäre und alles ohne Umschweife erzählt hätte, wäre ich am nächsten Tag dorthin zurückgegangen. Danach dachte ich vermutlich die ganze Zeit an sie. Vielleicht kam mir der Rest der Welt so abhanden.

Wenn die Außenwelt abgeschafft ist, bleiben nur die Zimmer übrig. Ich glaube, ich habe mich sehr schnell an die Gewalt gewöhnt. Sie war etwas, auf das ich mich verlassen konnte. Sie war etwas, das ich bekam, ohne darum bitten zu müssen. Sie wurde normal, und damals wäre ein Leben ohne Gewalt merkwürdig oder geradezu ein Nicht-Leben gewesen. Dann schuf ich ein Geheimnis, in dem ich gefangen blieb.

Maggie Nelson schreibt in ihrem Buch *Die Argonauten*, dass sie immer wieder schockiert bei der Szene vom »Penis-Maiskolben« des Mr Freeman hängengeblieben ist. Nelson suchte Geschichten über die Lust von Mädchen, doch alles, was sie fand, waren Vergewaltigungen von Kindern. Es kann sein, dass Nelson mich zu dieser Szene bei Angelou gelotst hat (ich hatte in Nelsons Buch auf Seite 97 ein dickes schwarzes Kreuz gemacht), aber anders als Nelson war ich erwachsen und suchte keine Geschichten über Lust. Die Worte von Maya Angelou waren für mich bestimmt. Sie linderten meine Schuldgefühle. Ich wagte es, mich an etwas zu erinnern, was die Repräsentation der sexuellen Gewalt nicht beinhaltet.

Hier liegt trotz allem eine Falle verborgen. Man kann im selben Satz von Lust und von Missbrauch sprechen, als Erfahrungen, die einander nicht ausschließen, wenn man die Absicht hat, etwas Kompliziertes zu verstehen. Aber meistens wollen die Menschen keine komplizierten Gedanken wälzen oder akzeptieren, dass Dinge verschiedene Seiten haben, die einander nicht ausschließen. Ich fürchte wirklich, dass alles, was jenseits von Grausen und Ekel liegt, sofort gegen mich verwendet würde.

Nutte.

Ich sehe keine Möglichkeit, über sexuelle Gewalt zu sprechen, ohne in größte Schwierigkeiten zu geraten, denn wenn ich Stücke aus meinen Sätzen reiße wie aus einer Tapete an der Zimmerwand – *indem ich immer wieder zurückging, ließ ich es zu, ich ließ geschehen, was ich brauchte, mein Anteil, die beste der Möglichkeiten, besser, Gewalt zu erfahren*, Nutte reicht da nicht einmal, sondern aus mir wird ja geradezu eine kranke Perverse, auf deren Wort man nichts geben kann.

Wenn ich nicht über die Schmerzen rede, könnte man behaupten, ich hätte es genossen. Und selbst wenn ich über die Schmerzen rede, könnte man immer noch sagen, ich hätte es genossen. Und obwohl ich davon rede, dass ich es nicht wollte und mich passiv verhalten habe, bin ich trotzdem nicht ausreichend unschuldig, denn das Nicht-Wollen müsste total sein, der Widerstand sicht- und hörbar, aber zusätzlich wird man die Forderung der Unschuld nie ganz befriedigend erfüllen können. Ich kann nicht aus einer Welt entkommen, in der ich vor Hunderten von Jahren gemacht wurde.

Da Unschuld immer nur als Gegenteil des Bösen gilt, sehe ich keine andere Möglichkeit, meine Unschuld zu beweisen, als mich komplett zu tilgen. Ich wäre nur dann unschuldig, wenn mein Name vergessen würde, wenn man nichts von mir wüsste, wenn ich keinen Körper hätte, keine Geschichte, keinerlei Gedächtnis. Ich wäre eine Abstraktion oder eine Zahl. Real wären nur die, die mich getilgt haben. Nur sie könnte man sich vorstellen.

Die Vergewaltigung verletzt den Körper des kleinen Mädchens so, dass sie ins Krankenhaus eingeliefert wird. Das Geheimnis kommt ans Licht, Mr Freeman muss vor Gericht, und das erschrockene Mädchen gibt vor, dies sei das einzige Mal gewesen. Marguerite sagt vor Gericht nicht aus, dass Mr Freeman sie schon früher angefasst hat, denn wie hätte sie ihr Schweigen, ihren Selbstverrat erklären sollen? Freeman wird verurteilt und noch am selben Tag ermordet hinter dem Schlachthof aufgefunden. Die kleine Marguerite macht sich selbst dafür verantwortlich und verstummt, vollkommen.

12

Ich träume, dass ich mit anderen Frauen zusammen in einem Gebirge einen schmalen Pfad entlangreite. Die Anstiege sind steil, es geht langsam voran. Wir fliehen vor etwas. Ich warte auf eine sich nähernde Bedrohung. Der Pfad wird immer schmaler, und in der Landschaft tauchen vom Krieg geschändete Dörfer auf, Armut, Kinder mit Fetzen am Leib. Ich habe das kleinste Pferd von allen abbekommen und bin die Letzte in der Reihe. Jemand gibt mir den Rat, mich den Bewegungen des Pferdes anzupassen, denn falls auf mich geschossen werde, komme der Körper besser mit der Schusswunde zurecht, wenn ich im Moment des Treffers entspannt auf dem Pferd sitze. Ich schreie zurück: Wenn auf mich geschossen wird, will ich sterben. Ich möchte wirklich nicht wissen, wie es ist, von einer Kugel durchschlagen zu werden.

Ich fliehe, weil ich gut darin bin, mir Fluchten vorzustellen. Ich habe die Fähigkeit, von Auswegen zu träumen. In meinem Archiv finden sich Träume, die ich verschwitzt in mein Notizbuch geschrieben habe. Aber sie sind nur für mich Beweisstücke. Jemand anderen werden sie nicht überzeugen.

Träume und Düfte würden in einer echten Kriminalermittlung nicht als Indizien gelten. Stattdessen wären es zum Beispiel Polizeiakten, Rechtsdokumente, persönliche Aufzeichnungen (wie etwa Tagebücher und Briefe), die Sozialen Medien, Patientenakten, Tonaufnahmen, Überwachungskameras, psychiatrische Gutachten, Akten des Sozialamts und Handydaten. Vieles davon hätte zur Verfügung gestanden, Patientenakten gibt es vermutlich immer noch.

Neben meinem Körper und meiner Psyche waren es auch meine Kleidung, meine Stifte, mein Papier, meine wechselnden Haarfarben, Rauch und Flüssigkeiten, die in meinem Mund landeten, meine abgekaute Nagelhaut, meine schmutzigen Laken, meine durchgescheuerten Unterhosen, das Kaugummi unter meiner Schuhsohle und alles Verschwundene, alles, was jemals in meiner Nähe oder in mir gewesen ist, in all dem ist das Methodische und nicht das Sporadische der Gewalt gegen mich archiviert.

Ich suche die Tagebücher heraus, die wenigen, die ich zwischen 2006 und 2010 geschrieben habe, obwohl ich mir nicht vorstellen kann, dort etwas zu finden. Ich erinnere mich daran, dass ich als Kind Tagebuch geführt habe, aber ich muss die Beweise vernichtet haben, um die Vergangenheit zu tilgen. In einem Eintrag aus dem Jahr 2007 finde ich ein Beweisstück, das Beweisstück C.

Ich bin mit meinem Partner auf einem Filmfestival. Wir sehen den italienischen Film *Die Unbekannte*. Im Auto weine ich die ganze Rückfahrt über. Ich weine zuhause weiter. Ich kann es meinem Mann nicht erklären, und ich will allein sein. In dem Film wird eine Frau ans Bett gefesselt. Das hat den Nerv meiner Erinnerung genau getroffen. Mein 26-jähriges Ich hat im Schockzustand nach dem Flashback Dinge notiert, die es nicht vergessen wollte.

Jeder Versuch, Distanz aufzubauen, ist jetzt zum Scheitern verurteilt. Ich werde mit Informationen konfrontiert, die ich aus dem Archiv meines Gedächtnisses getilgt hatte. Ich gehe ein großes Risiko ein, ich trete ins Leere. Das Gefängnis meiner Gedanken enthüllt sich in seiner ganzen Grausamkeit. Aber das hier ist nicht alles, denn ich will keinen Satz schreiben, in dem Finger, Fäuste oder Gegenstände vorkommen:

Zum Glück weiß ich nicht mehr viel, ich weiß nicht, wann es anfing und wie. War das im Sommer zwischen der 6. und 7. Klasse? Ich weiß noch, dass ich gefesselt wurde. Einmal nahmen sie auf, wie ich vor Schmerz schrie, und spielten es vor mir ab. Warum bin ich immer wieder hingegangen, warum ließ ich das zu? Wie konnten sie? Wie konnten die anderen danebenstehen und zusehen? Ich schreibe mechanisch, als wäre es jemand anders gewesen. Namen: Vorname Nachname, Vorname Nachname, Vorname Nachname, Vorname Nachname, Vorname. Alle waren irgendwie dabei oder wussten wenigstens davon. Ist es besser zu vergessen oder sich zu erinnern? Im August oder im Sommer 1997 Vorname x. Kam einmal zu uns und x mit Gewalt. Ich hasste jede Sekunde. Ich hasse sie alle. Vorname Nachname. Da sind auch noch mehr. Zum Kotzen, zum Kotzen, zum Kotzen. Es sind so viele, ich habe es vergessen. Selbsthass ist das Gefühl. Beschmutztheit. Hässlichkeit. Scham. Warum kommt das alles zurück? Kann man das nicht aus mir herausschneiden? Ich muss es mein ganzes Leben lang mit mir herumtragen. Ich will weder Mitleid noch Aufmerksamkeit. Deshalb habe ich nichts gesagt. Nicht zu x, nicht zu x, nicht zu x. Irgendwann mal jemandem was erzählt und es jedes Mal bereut. Irgendein äußerer Reiz hat das hier ausgelöst. Wahrscheinlich ist das ganz normal.

Es ist alles da.

Aus meinen Knochen steigt das Gefühl auf, dass ich auch andere in dieses dreckige Nest geführt haben könnte. In meinem Kielwasser hat sich das Leid ausgebreitet, es ist also kein Wunder, dass ich einen Teil meines Ichs abspalten musste und wider mein besseres Körperwissen lieber geglaubt habe, dass nichts passiert sei. Ich dachte, ich sei allein gewesen, aber auf der Insel, in der Hütte (ich erinnerte mich nicht einmal an die Hütte) und in dem Mehrfamilienhaus war auch ein zweites Mädchen und ein drittes, zu anderen Zeiten oder gleichzeitig.

Ich habe vergessen, dass auch meine Freundin betatscht wurde. Sie spricht es aus, als wir über mein Buch reden, und ich sehe vor meinem geistigen Auge sofort ein Gebäude, an das ich mich vorher nicht erinnern konnte.

Wir gehen durch ein Einkaufszentrum, und sie fragt: *Warum sind wir immer wieder hingegangen?* Natürlich stellt sie dieselbe Frage, an der ich seit Jahren festhänge.

Sie antwortet sich direkt selbst: *Wir fanden die größeren Jungs toll.*

Es ist meine Schuld, dass auch die anderen …, sage ich zu ihr.

Das ist nicht deine Schuld, unterbricht sie mich mit fester Stimme, *ganz und gar nicht.*

Es ist eine Erleichterung, mit ihr zu sprechen. Ich bin nicht allein, das ist tröstlich und schrecklich zugleich. Ich möchte solche Gespräche nicht beginnen. Ich weiß nicht, wie schwierig oder leicht es für meine Freundin ist, darüber zu sprechen. Ich möchte niemanden dazu zwingen, sich zu erinnern, und es erscheint mir wie Zwang.

Als ich in meinem Tagebuch lese, empfinde ich Schmerzen. Aus dem Fantasiegebilde wird Fleisch.

Ich wollte mich an die Namen erinnern, aber als ich sie auf dem Papier lese, stockt mir der Atem. Die Gesichter tauchen auf, und ich vergesse, wo ich bin, in welchem Jahr. Wieder kommen sie, halten mich an Händen und Füßen fest. Als ich die Namen loslasse, denke ich: Wer noch? Welche anderen habe ich vergessen? Und an den Rändern meines Gedächtnisses blitzen Menschen auf, aber ich bekomme sie nicht zu fassen. Dafür gibt es sicher Gründe. Es gibt Dinge, an die man sich nicht erinnern sollte.

Es ist alles da.

13

Die Zeit hat keine Richtung. Sie ist nie vorbei, die Ereignisse werden nur neu geschrieben. In einer Winternacht um 2.30 Uhr beiße ich mich an einer Frage fest, die mir vorher nicht eingefallen ist. *Mit welchem Namen wurde ich angesprochen?*

Ich erinnere mich an kein einziges Gespräch, nicht mit Bob, dem Braunhaarigen, dem Schwächling, dem Jungen, der sich an der Wand entlangdrückte, nicht mal mit dem Ekel; nicht auf der Insel, auf dem Hügel, jenseits der Bahnlinie, diesseits oder irgendwo anders. Ich erinnere mich an einen mitleidig blickenden Jungen, der zu mir sagte: *Du bist zu schön, deswegen lasse ich dich in Ruhe.* Vielleicht wurde das zu meinem Abendgebet, ein gestörter Hoffnungsfunke. Sonst erinnere ich mich an kein Wort und keinen Satz, von niemandem. Die Stimmen verschwimmen am Endpunkt meiner Gedanken zu Brei. Alles, was ich höre, ist lautes Stöhnen und Triumphgeheul. Ich sehe Gesichtsausdrücke, ich sehe Körper, Körperteile, sie bewegen sich um mich her wie bei einer Tanzvorführung. Hier kommt eine Hand ins Bild, ein Brustkorb, ein Kopf, ein Hals, ein Bein, ein Kinn, Haare.

Niemand kennt meinen Namen. Hatte ich überhaupt einen Namen? Ich weiß nicht mehr, ob irgendjemand mit mir gesprochen hat, ob ich in diesem Sinne überhaupt ein Mensch war. Ich habe das Gefühl, wenn mir wenigstens ein Wortwechsel einfallen würde, würde mich das mehr zum Menschen machen.

14

Das Schweigen, das zu lange angedauert hat, hat meinen Schmerz mystifiziert. Vom Schreiben bekomme ich

Schmerzen im unteren Rücken – so schlimm, dass ich zwei Tage lang mit verdrehter Wirbelsäule auf dem Boden liege. Dann tut mir die Kiefermuskulatur weh, der obere Rücken, der Bauch, der ganze Körper wehrt sich und fordert mich auf, zu schweigen.

Mir ist seit jeher klar, dass ich über das Erlebte nicht direkt schreiben kann. Die Wahrheit muss zwischen den Wörtern hervorsickern. Worte reichen nie aus. Ich will Körper und Sprache nicht gegeneinander ausspielen, aber ich habe diesen Körper. Der Mund kann die Wahrheit des Körpers nicht aussprechen. Aber der Mund ist Teil des Körpers. Die Sprache kann also nicht das Gegenteil des Körpers oder auch nur getrennt davon sein.

Die Sprache ist abhängig vom Körper, die körperliche Erfahrung dringt durch Sprache ins Bewusstsein. Sprache und Körper erschaffen einander, sie haben denselben fleischlichen Ursprung. Sprache ist Berührung. Sprache kann uns packen, schütteln, streicheln. Wenn man die Sprache zu sehr dehnt, verliert sie ihre Elastizität. Wenn man die Sprache zu stark beugt, zerbirst sie unter dem Gewicht, so wie der Körper.

Grace M. Cho schreibt, ich glaube, über ihre Mutter: *Sie ist kaum in der Lage, eine einzige Erinnerung auszusprechen.* Mein Kreis dreht sich zurück zu der Frage, auf die es keine Antwort geben, die ich aber auch nicht loslassen kann. Hätte ich die Gewalt verhindern können? Hätte ich einfach zuhause bleiben können? Hätte ich mich an der Tür abwenden können? Hätte ich es unterlassen können, ins Boot zu steigen? Ich stelle mir vor, dass ich statt des 12-jährigen Mädchens antworten könnte. Ich glaube immer noch, dass sie und ich eins sind, obwohl sie gestorben ist.

Warum konnte ich es nicht beenden? Immerhin hatte ich ein Zuhause. Warum konnte ich nicht reden? Immerhin hatte ich einen Mund. Ich wiederhole dieses Mantra, seit ich denken kann. Jetzt kommen Zweifel auf: Was, wenn ich geredet und es nur vergessen habe? Was, wenn ich es auf die falsche Art oder mit den falschen Worten gesagt habe? Was, wenn ich es dennoch versucht habe? Ich war die besessene Regan, hätte man nicht etwas merken müssen?

Aber wem hätte ich davon überhaupt erzählen können? Wer hätte mich angehört?

Ich habe jahrelang über mein Schweigen nachgedacht. *Hast du es niemandem gesagt?* Diese Frage ist furchtbar. Ich hasse diese Frage. Sie setzt voraus, dass es möglich gewesen wäre zu reden, und dass wieder ich das Problem bin. Jede andere hätte geredet. Aber ich nicht.

Lange hatte ich keinerlei Erklärung für mein Schweigen, ebenso wie ich keine Antwort darauf hatte, warum ich es nicht beenden konnte. Ich bin in meiner Untersuchung schon weit gekommen, denn nun weiß ich, dass darüber zu reden unmöglich war, weil ich keine Sprache hatte.

Das Schweigen war meine einzige Macht.

Einverständnis gehörte nicht zum Wortschatz, bei niemandem. Wenn ein Mädchen betrunken einschlief, war es keine Vergewaltigung, sondern ihre eigene Schuld. Es wurde nicht über Gleichberechtigung, Feminismus oder sexuelle Selbstbestimmung gesprochen. Nichts hielt brutale Erwachsene oder Kinder zurück. Die Gewalt war überall.

Ich konnte einfach nicht wissen, dass mein Körper mir gehört. Mit welchen Worten hätte ich das Geschehene also 1994 beschreiben sollen? Was wären das für Worte gewesen, mit denen ich die Wahrheit gesagt hätte und mit denen mir geglaubt worden wäre? Wie kann man von etwas erzählen, was man nicht versteht oder erklären kann? Wie hätte ich meine Unschuld beweisen können?

Wenn etwas geschieht, das man nicht beschreiben kann, kann man es eigentlich nicht einmal denken. Daraus folgt, dass Gewalt so unnormal und unmöglich ist, dass sie normal und alltäglich wird. Dinge, für die es keine Sprache gibt, existieren als Selbstverständlichkeiten oder Unsichtbarkeiten. Ich gewöhnte mich also an die Gewalt, auch weil ich nicht darüber nachdenken konnte.

Meine Existenz war eine Negation, eine Unmöglichkeit, weil ich ein Geheimnis hinunterschlucken musste, das nicht mehr das beinhaltete, was mir geschah, sondern das, was anschließend aus mir wurde. Ich war unerreichbar für Sprache. Ich konnte kein Opfer sein, in den Zimmern passierte nichts, ich war nicht einmal in den Zimmern, denn es ging dort nichts vor sich, was hätte erklärt werden können. Dennoch war etwas Bemerkenswertes geschehen.

15

Rebecca Solnit schreibt in ihrem Memoir: *Eine junge Frau zu sein bedeutet, zahllosen Spielarten der drohenden Vernichtung entgegenzutreten oder vor dieser beziehungsweise dem Wissen darum zu fliehen oder das alles auf einmal.* Ich liege mit einem schwarzen Tuch bedeckt zwischen zwei gefällten Bäumen und zeichne es auf Video auf. Ich passe gerade so zwischen die Bäume, als dritter Körper.

Bäume und Soldaten haben gemeinsam, dass beide fallen können, aber nur die einen *werden gefällt*. Soldaten werden auch nicht getötet, denn wer würde noch Soldat werden wollen, wenn ständig darüber gesprochen würde, dass Soldaten von Geschossen zerrissen werden und ihre blutigen Gliedmaßen durch die Gegend fliegen. Es ist besser, ihre Aufopferung als abstrakten Begriff stehen zu lassen, denn wenn sich beispielsweise Bilder in mein Bewusstsein schleichen würden, wie meine Kinder auf einer Kreuzung um die Ecke oder auf dem Schlachtfeld verbluten, dann würde ich feststellen, dass die Aufrüstung ein Gefühl der Schutzlosigkeit mit sich bringt, und ich könnte die Anschaffung von Kriegsgerät auf keinen Fall unterstützen.

Besser also, nicht an die Folgen von Gewaltanwendung zu denken (Leichen), damit man noch daran glauben kann, dass Soldaten immer gebraucht werden.

Die Kriegsmaschinerie ist ein riesiges kollektives Unbewusstes, das fast vollständig verborgen ist. Es wird erst sichtbar, wenn Verbrechen nicht mehr vertuscht werden können. Der Ausbruch eines Krieges ist stets eine Überraschung, obwohl er das nicht sein dürfte, wenn man die laufende Aufrüstung bedenkt. Und wenn Kriegsverbrechen geschehen, schreiben die Zeitungen über »Verluste«, und das Wort tut kein bisschen weh. »Vergewaltigt« wiederum ist ein Wort, das durchaus wehtut, aber es ist kein Wort, das Respekt oder den Gedanken hervorruft, jemand hätte sich für andere geopfert.

Soldaten haben jeden Respekt verdient, denn nur sie – und beispielsweise nicht Bäume oder Kinder – können sich nennenswert für ein Volk aufopfern. Die Notwendigkeit von Soldaten beruht auf dem Gedanken, dass es eine natürliche Ordnung der Dinge gibt. In dieser Ordnung existieren zwei Seiten: der Beschützer und der oder die Beschützte. Für mich hat diese Ordnung keine Bedeutung mehr, denn ich bin bereits zerstört. Ich habe mich bereits für mein Land geopfert, lange bevor ein Soldat seinen Eid geschworen hat, wie kann ich also noch zur Gruppe der Beschützten gehören?

Hinter der Erinnerung gibt es ein weiteres Gedächtnis, oder vielleicht ist es nur ein Reflex in der Kameralinse. Ich sehe ein Mädchen, das die Verantwortung allein trug. Sie schwieg, opferte sich auf. Sie schützte sich selbst, aber auch alle anderen. Sie schützte ihre Mutter, ihren Vater, die Jungen, ihre Familien. Sie ersparte den Menschen Mühe, Unannehmlichkeiten, Erniedrigung und Papierkram. Sie verhinderte Gerüchte und unschöne Blicke. Sie ersparte den anderen die Scham.

Kleine Soldatin, was für eine Tapferkeit! Sie nahm die Kugeln bereitwillig in ihren Körper auf, sie bewahrte liebgewonnene gesellschaftliche Werte wie Sittlichkeit, Demut, Reinheit, Bescheidenheit, Schweigen und Respekt. Aber jetzt, da ich das Schweigen gebrochen habe, bin ich nicht länger Beschützerin, sondern Landesverräterin. Und ich hatte auch noch die Stirn, die Soldaten mit zu beschmutzen.

16

Eine Stimme in meinem Kopf flüstert: *Man soll kein Aufhebens von sich machen, man soll die eigenen Angelegenheiten nicht in den Vordergrund stellen.* Ich möchte lieber doch nichts archivieren. Das bedeutet Gesichtsverlust. Die Verwandlung vom kindlichen Opfer zur Teenienutte geschieht im Handumdrehen. Ich traue mich nicht zu erzählen, wie ich am frühen Morgen vor der Kneipe auf das Ekel wartete wie ein Hund auf sein Herrchen. Wie bemitleidenswert ich war. Wie ich mit Bob und seinen Lakaien durch ein kleines Fenster in ein Gebäude des Klärwerks einbrach. Wie mein Bruder mich und meine Freundin in der Stadt aufsammelte, als wir kleine Schnapsflaschen in einem Zug ausgetrunken hatten und dann bäuchlings auf der Erde lagen. Wie ich durch eine Welt taumele, die ich nicht verstehe und in die ich nicht gehöre.

Schlecht gelaunt blättere ich durch das Material. Was um alles in der Welt wollte ich mit der Durchforstung meiner Erinnerung erreichen? Archiv, Antidokumentation, Sprache. Ich wollte das Geschehene zu meinen eigenen Bedingungen beschreiben, einen Katalog zusammenstellen, der der Realität entspricht. Immerhin habe ich die Macht des Schreibens, selbst wenn ich sonst nichts hätte. Aber ich habe den Verdacht, dass meine Untersuchung mich tiefer in den Wahnsinn treibt. Die Grenze zwischen meinem Leben und dem Archiv verwischt. Habe ich mich in einem kleinen Pappkarton niedergelassen, dort eine Geschichte zusammengeschustert, aber dann vergessen, dass das hier nicht alles ist? Ich möchte betonen, dass dieses Archiv und mein Leben voneinander getrennt sind. Insgeheim denke ich, das Archiv ist realer als ich selbst.

Ashley C. Ford spricht mit Brené Brown in deren Podcast über ihr Buch *Somebody's Daughter*. Ford stellt die Frage: *Ist die freundlichste Person im Raum die, die nicht sagt, woher sie kommt und wer sie ist?* Brown erwidert: *Nein, sie ist die gefährlichste.* Bevor man erzählen kann, muss man selbst wissen, wer man ist und woher man kommt. Solange ein Teil von mir vor mir selbst verborgen ist, werde ich nie die freundlichste Person im Raum sein.

Ich überlege, welches die Geschichte sein könnte, die alle Grausamkeit enthält und die ich trotzdem erzählen könnte, ohne meine Würde zu verlieren, doch es gibt sie nicht. Es gibt keine Geschichte, die mich nicht zu einer Belastung, zum Objekt des Mitleids und erneut unsichtbar macht.

Ich müsste meine Geschichte so formulieren können, dass ich den Zuhörer schützen kann, ohne mich selbst zu verraten. Meine Wahrheit, laut ausgesprochen, befreit mich und tilgt mich zugleich. Wenn ich versuche, die freundlichste Person im Raum zu sein, bin ich dennoch die bedrohlichste Person im Raum. Ich bin zugleich ungefährlich – meine Geschichte beweist, dass ich keinen Widerstand leiste – und gefährlich – durch meine Andersartigkeit bin ich eine Bedrohung für die Identität der anderen. Indem ich erzähle, woher ich komme, ergibt sich gleichzeitig die Frage: Existiert die Gewalt nur in meinem Körper oder auch in deinem? Ist dieses Gift auch in dir?

Die Situation führt zu kognitiver Gewalt, die mir niemand mit Absicht zufügt, aber dennoch geschieht es, und das ist traumatisierend. Es führt bei mir zu verrückten Gedanken, wie etwa, ob ich eine Erlaubnis zum Öffnen dieses Archivs hätte einholen müssen.

17

Im Januar 2018 befinde ich mich in der jordanischen Hauptstadt Amman. Dreißig Jahre zuvor stand mein Vater 50 Kilometer von hier, am Ufer des Jordan zusammen mit anderen Blauhelmsoldaten, bekleidet mit Mikroshorts, Tennissocken und einem weißen T-Shirt.

Ich trage viele Lagen Kleidung. Ich sitze auf der Rückbank eines Jeeps, wir fahren auf einer holperigen Straße zum Flüchtlingscamp Za'atar. Die Umgebung ist ausgedörrt und voller Müll. An den Straßenrändern stehen und sitzen Menschen herum. Ich frage mich, warum sie sich nicht bewegen. Warten sie auf etwas?

Am Tor kontrollieren die Wachleute die Zugangspapiere. Ich bin hier, um eine Untersuchung durchzuführen, ich bin im Namen größerer und guter Ziele hierher gereist, wie mein Vater. Durch eine Bekannte habe ich eine kleine jordanische Organisation gefunden, die syrischen Kindern und Jugendlichen die afrobrasilianische Kampfkunst Capoeira beibringt. Ich hatte sie angeschrieben, und sie luden mich ein, organisierten auch für mich Papiere, mit denen ich in das gefängnisartige Camp hineinkomme und am Ende des Tages wieder heraus.

Die löchrigen sandigen Sandalen der Jungen liegen auf einem Haufen im vorderen Teil des Containers. Ich nehme die Kamera zur Hand und fotografiere, wie sie sich an den Händen halten. Ein junger Mann trägt Jeans und eine Lederjacke. Er hat seine Haare mit Gel nach hinten gekämmt. Er kann einen Salto. Die Mädchen im Teenageralter kommen in Winterjacken und langen Röcken zum Training. Sie üben Tritte und Ausweichbewegungen und singen laut. Ein 15-jähriges Mädchen hat einen großen Teller Essen mitgebracht: Reis, Huhn, Nüsse und Brot. Wir sitzen auf dem Boden des Containers und essen zusammen. Wenn das Training im großen, vom Wind schwankenden Zelt stattfindet, sind Augen und Mund voller Wüstensand.

Das junge Paar, das im Camp Capoeira unterrichtet, hat mich eingeladen, bei ihnen zu wohnen. Bis auf ein paar Abende bin ich in meiner Freizeit allein. In meinem kleinen Zimmer schreibe ich und mache Yoga. Ich gehe dieselbe Straße hinunter zum selben Café und kaufe mir den immer gleichen Quinoa-Salat. Ich will mich nicht verlaufen, ich hefte meinen Blick auf die Straße. Die Routine hält meine Angst unter Kontrolle. Am frühen Morgen schrecke ich von einem Ruf auf, der aus den Lautsprechern schallt. Es ist der laute, schmerzhaft lange Gebetsruf, der mich jedes Mal zusammenfahren lässt, auch wenn mein Körper irgendwann anfängt, es vorauszusehen.

Ich bin schon fast zwei Wochen in Jordanien. Eines Morgens warten wir im Camp darauf, dass das Training beginnt. Die Jugendlichen rauchen Kette, und der dritte Vertreter der Organisation, ein junger Jordanier, steht neben mir und saugt sich den Rauch in die Lunge. Es ist kalt in der Wüste, und ich strecke meine Hände der Sonne entgegen, um meine Finger zu wärmen. Die Geste ist seltsam, und der junge Mann ruft: *Praise the Lord!* Ich erwidere *Oh yeah!*, und alle brechen in Gelächter aus. *You are one of us*, sagt er lächelnd.

Dann sage ich es diesem lächelnden Jordanier. Ich sage es mit zwei Sätzen, aber das reicht aus. *Abuse. When I was a kid.* Die Worte kommen einfach so aus meinem Mund. Ich hatte nicht geplant, es zu sagen, aber bestimmt hatte ich die ganze Zeit an meine Kindheit gedacht. Oder ich sage es ihm, weil er es ahnt und genau die richtige Frage stellt. Vielleicht ist es leichter, sich in einer anderen Sprache zu offenbaren. Trotzdem ist es merkwürdig, dass ich davon spreche.

Ich kenne ihn überhaupt nicht. Doch ich bereue es auch nicht. Er sieht mich verständnisvoll an und sagt, es tue ihm leid. Ich zucke die Achseln und sage: *It was a long time ago.*

Ich buche meinen Flug um und reise früher als geplant ab. Dass ich mich schutzlos fühle, will ich meinen Gastgebern nicht sagen. Ich gebe einen Grund an, der nicht der wahre ist. Ich erkenne ein Muster, das meine Lebensentscheidungen für mich zeichnen: Ich begebe mich in Situationen, in denen mein Durchhaltevermögen auf die Probe gestellt wird. Ich stelle mir in meinem grenzenlosen Optimismus vor, wie ich durch die ganze Welt schwebe. Die Wahrheit überrascht mich jedes Mal: Ich schaffe es gerade so. Nach den Reisen muss ich meine Spuren verwischen und hoffen, dass niemand merkt, wie vorsichtig ich mich bewege.

18

Mir fehlt die Zeitachse, auf der ich die Ereignisse verorten kann. Die Erinnerungen fliegen durcheinander. Ich weiß nicht, ob ich sechs oder sechzehn Jahre alt bin. Heute bin ich ein Kind. Die Straße ist staubig, an den Rändern ragen dreckige Schneehaufen auf. Ich würde am liebsten mit dem lilafarbenen Rennrad auf der Straße durchs Dorf fahren. Es gibt noch ein Zimmer, das ich untersuchen und archivieren muss.

Ich betrete das Mehrfamilienhaus. Dort erinnere ich mich an zwei Dinge. Im Schlafzimmer ein Doppelbett, auf dem ich an den Händen gefesselt liege. Vielleicht aus Metall, vielleicht weiß. Das Bett steht an der Schmalseite des Raumes. In einer anderen Wand ist eine Tür, in einer weiteren ein Fenster. Ich sehe niemals aus dem Fenster. Das Zimmer ist ein vollkommen geschlossener, erdrückender Raum.

Außerhalb davon ist nichts. Wenn ich in dem Zimmer bin, verwandelt sich sogar die Tür in eine Wand. Ich winde mich, bitte jemanden, mich loszumachen. Niemand hört mir zu. Bei dieser Erinnerung muss ich die Zähne aufeinanderbeißen.

Das andere, was mir zu dieser Wohnung ins Bewusstsein dringt, ist ein Badezimmer gegenüber dem Schlafzimmer oder in seiner Nähe. Dort liegt mein 12-jähriger Körper bewegungslos auf dem Boden. Ich habe zugestimmt. Ich bin eine Hülle ohne Sinneswahrnehmungen, ein Körper ohne Mund. Ich tue so, als würde es nicht wehtun. Ich bin genauso hart wie Bob, der immer macht, was er will. Wenn ich mich nicht wehre, kann mir niemand wehtun. Wenn man sich nur genug verstellt, glaubt man die Lüge irgendwann selbst.

Ich drücke die Wange auf den Fußboden, schließe die Augen. Hinter der Tür sind andere Jungen. Vielleicht öffnen sie die Tür einen Spaltbreit, ich traue mich nicht, nachzusehen. Als ich aus dem Badezimmer komme, lachen die Jungen, und ich lache mit. Jemand sagt, es hat geblutet. Aber nicht, weil ein mythisches Häutchen durchtrennt wurde, sondern durch das Stochern und Reiben.

Das geschah kurz vor Beginn der siebten Klasse. Als die Schule anfängt, erzähle ich meinen Freundinnen stolz, dass ich keine Jungfrau mehr bin. Ich hoffe, dadurch den Respekt der anderen zu verdienen. Ich will, dass meine Unterwerfung Macht bedeutet.

Mir fällt Eka Kurniawans Roman *Schönheit ist eine Wunde* ein. Als ich das Buch las, dachte ich darüber nach, dass die indonesische Prostituierte Dewi Ayu die Grausamkeiten der Männer in ihren eigenen Triumph verwandelt hat. Es ist ihr vollkommen egal, was ihr Körper tut oder nicht tut. Deshalb kann ihr niemand wehtun. Sie ist weder hilflos noch ein Opfer. Sie macht sich geradezu lustig über die Männer, die Frauen vergewaltigen und sie nur als Spielzeuge ansehen. Am Ende verspürt sie doch so viel Schmerz, dass sie hofft, ihr letztes Kind werde nach den vorherigen, den schönen, hässlich werden, und sie wickelt sich in Tücher ein und beschließt zu sterben.

Wenn ich auch manchmal zappelte und ihn anflehte aufzuhören, so hatte ich nun, blutend auf dem Badezimmerfußboden, aufgegeben. Ich sage, *ist egal, mach, was du willst*, und lege mich hin, die Augen geschlossen, der Kopf leer. Ich spüre nichts, keinen Schmerz und keine Angst, auch meinen Körper nicht. Obwohl ich ganz gefühllos daliege, steigen mir meine Eingeweide durch den Hals auf die Zunge. Dort hängen die Gedärme und die Lunge, in den Mund gekotzt, aber ausspucken kann ich sie nicht, damit ich nicht an Ort und Stelle sterbe.

Er hat fettige Haut. Sie glänzt noch immer lebendig vor meinem inneren Auge. Ich sehe nichts anderes. Dieser Augenblick ist ein Zimmer, das ich nicht mehr verlassen kann. Jetzt bin ich ein für alle Mal verflucht und leer.

19

Ich komme durcheinander, meine Gedanken stocken, ich bin ein Kind, ich bin nicht derselbe Mensch, ich bin kein Mensch. Wieder und wieder komme ich aus dem Badezimmer. Nicht, weil es mehrmals passiert ist, sondern weil die Wiederholung sich in meinem Innern ereignet.

Als ich an jenem Tag aus dem Badezimmer komme, bin ich so ruhig, dass ich selbst erschüttert wäre, wenn ich die Geschehnisse direkt verfolgen würde. Ich habe mich gefügt, habe mich aus meinem Körper gelöst, der im Fußboden versinkt. Doch es ist keine Niederlage. Meine Bewegungslosigkeit ist etwas Aktives. Ich bewege mich unmerklich. Ich habe mich aktiv selbst beruhigt. Ich spare meine Kräfte.

Mein Schweigen dort auf dem Boden ist unabdingbar, und es klingt lediglich wie Schweigen. Ich schreie auf einer Ebene, von der aus meine Stimme nicht durchdringt. In ihrer Autobiografie bekräftigt Lidia Yuknavitch die nahezu überirdische Natur meiner Erfahrung: *Denn es gibt Zeiten, in denen eine Seele einen Körper verlassen muss, Zeiten, die nicht Tod sind. Manche Leute kennen das wie ein Kirchenlied.*

Man könnte denken, ich hätte zugestimmt und daher sei kein Verbrechen geschehen. Aber ich möchte die Sache kurz genauer beleuchten. In der Wohnung sind mehrere Jungen und ein Mädchen. Die Jungen haben sich mehrmals an dem Mädchen vergangen. Und selbst wenn sie sie vorher nicht berührt haben, erscheint der Gedanke doch merkwürdig, dass eine 12-Jährige auf dem Badezimmerfußboden auf die Idee käme, den Schwanz des Teufels in sich haben zu wollen. Was für eine Art von Zustimmung ist das also, die auf Druck, Drohungen, Manipulation, Isolation oder Erniedrigung beruht? Was ist das für eine Zustimmung, mit geschlossenen Augen auf dem Fußboden, während man darauf wartet, dass es endlich vorbei ist? Wie klingt sie laut ausgesprochen, abgeknickter Ast und Reue?

Elizabeth Grosz schreibt, Verführung beinhalte, zu etwas anderem zu werden. Habe ich die Verführung durch die Gewalt zugelassen, um eine andere zu werden? Im Zuge der Gewalterfahrung bin ich in eine andere Daseinsform geboren worden, existent, aber gleichzeitig nicht-existent. Als der Schmerz nachließ, blieb mir ein gefühlloser Körper und die Überzeugung, je mehr ich aushalte, desto stärker bin ich. Bringt mich diese Unbesiegbarkeit nicht wenigstens kurz auf Augenhöhe mit denen, die mich benutzt haben?

20

Als in der Serie *The Fall – Tod in Belfast* die Polizisten den Serienmörder festnehmen, erklären sie ihm die Gründe für die Verhaftung. Geiselnahme, schwere Vergewaltigung, Mordversuch, Mord. Ich versuche herauszufinden, welche Straftatbestände auf meinen Fall zutreffen. Die Aufgabe ist beklemmend, der schlimmste Teil meiner Ermittlung. Ich lese Gesetzestexte, aber es fällt mir schwer, sie zu verstehen. Ich werde zur Anklägerin, oder vielleicht war ich das schon die ganze Zeit, ich habe angeklagt.

Ich beginne mit einer Auflistung der Sexualverbrechen. Schwere Vergewaltigung, sexuelle Nötigung, sexueller Missbrauch, sexuelle Belästigung (wie etwa Berührungen ohne meine Zustimmung), sexueller Missbrauch von Kindern, schwerer sexueller Missbrauch von Kindern, Anbahnung von sexuellem Missbrauch, Zuhälterei, Zwangsprostitution einer Minderjährigen, Anstiftung eines Kindes zu sexuellen Handlungen, Förderung sexueller Handlungen Minderjähriger, Kuppelei, schwere Kuppelei. Diese Begriffe beinhalten alles Mögliche, etwa auch die Selbstbefriedigung im Beisein einer Person ohne deren Zustimmung.

Das Gesetz sieht eine Altersgrenze vor. An Personen unter 16 Jahren darf man keine sexuellen Handlungen vornehmen. Ausnahme ist die Übereinkunft zwischen zwei Jugendlichen und beiderseitige Zustimmung.

Mein Stolperstein ist allerdings die Strafmündigkeit, die in Finnland im Alter von 15 Jahren beginnt. Ich müsste das Alter der Jungen kennen und mir sicher sein, wann genau die Verbrechen geschahen. Vielleicht sind sie gar nicht strafmündig oder wenigstens einige von ihnen nicht. Was bleibt mir dann? Gibt es dann gar keine Ermittlung? Gibt es hier dann gar keinen Fall, der es wert ist, untersucht zu werden?

Ich fange schon an, mein eigenes Alter zu bezweifeln –

war ich überhaupt zwölf? Das Badezimmer überschwemmt mein Bewusstsein, ich höre die Stimmen der Jungen, ich habe schon so oft darüber nachgedacht, aber vielleicht war es zu oft? Ich gehe im Wohnzimmer umher, mir ist schwindlig. Ich versuche, mich zu sammeln. Reiß dich zusammen, Frau! Das hier ist mein persönlicher Kriegsverbrecherprozess, jetzt ist nicht der Zeitpunkt, die Fassung zu verlieren.

Bob war mindestens bei einigen seiner Taten strafmündig, also hat mindestens er sich der Vergewaltigung schuldig gemacht, aber das interessiert mich nicht, ich möchte wissen, wie das Justizsystem zu den verdammten Zimmern steht, in denen mir die ersten Male die Menschlichkeit genommen wurde.

Auch wenn eine Person unter 15 Jahren in Finnland nicht strafmündig ist – eine Aussage, die meiner Intuition in jeder Hinsicht widerspricht, so zielgerichtet waren die Handlungen –, kann sie dennoch zur Leistung von Schadenersatz verurteilt werden. Aber wofür? Für welches Verbrechen und welchen Schaden?

Ich fühle mich richtig schlecht. Ich öffne immer mehr Internetseiten über Sexualverbrechen. Öffne sie, schließe sie, fluche, renne durch das Wohnzimmer, sitze auf dem Boden, lese wieder dieselben Seiten. Mir scheint, als hätte ich die Verantwortung, Anklage zu erheben, zu richten und das Urteil zu vollstrecken, doch ich habe vergessen, Jura zu studieren. Alles begräbt mich unter sich.

Ich beschließe, mir Hilfe zu suchen, und schicke eine Nachricht an eine Freundin, die Jura studiert hat. Sie verspricht, mir schnellstmöglich zu antworten. Ich warte. In der Nacht träume ich, dass ich wieder und wieder im Sexualstrafgesetz lese. Um drei Uhr erwache ich hustend, mit Tränen in den Augen.

Am nächsten Tag kommt die Antwort: *In erster Linie kümmert sich das Sozialamt um Verbrechen von nicht straf-*

mündigen Personen. Die Polizei ermittelt in solchen Fällen nur bei Bedarf. Aus meiner Sicht liegt hier jeder Grund vor, eine Vorermittlung einzuleiten. Ich frage sie in der Antwort: *Wer bestimmt dann den Straftatbestand?*

Die Polizei, sagt sie. Ich denke darüber nach, dass die Polizei wirklich kompetent sein muss, wenn sie einen Tatbestand benennen soll, den ich selbst noch nicht einmal angeben kann.

Der ganze strafrechtliche Prozess ist jedoch ein Ding der Unmöglichkeit, denn es gibt niemanden, der bei der Polizei Anzeige erstattet hätte. Es gibt niemanden, der in einem Zimmer über die Qualen sprechen wollte, die ich erlitten habe. Und ich kann mir noch nicht einmal den Polizisten oder die Polizistin vorstellen, der oder die diese Verbrechen aufklären wollte.

Wenn wir dennoch gegen alle Wahrscheinlichkeit diese riesigen Hindernisse überwunden und uns auf eine Schadenersatzsumme geeinigt hätten, befänden wir uns vielleicht in irgendeinem verschlissenen Büro im Sozialamt. Anwesend wären vielleicht eine Sozialarbeiterin, die Jungen, ich, die Mütter (die Väter wären abwesend), vielleicht die Polizei. Ich würde vorschlagen, *na ja, vielleicht hundert Finnmark*, und ich würde darüber nachdenken, was man für dieses Geld alles bekommt, oder vielleicht fünfhundert Finnmark, dann kann ich mir eine Levis 505 kaufen. Ich würde die Abgebrühte geben, der alles egal ist. Die Erwachsenen würden sich ansehen und nicht mehr sicher sein, wer hier das Opfer ist. Niemand würde sich über meine Gleichgültigkeit wundern.

Ich bin jetzt etwas ruhiger. Ich habe mir so viel vorgestellt, wie möglich ist. Der Himmel ist verhangen, aber der Schneeregen hat aufgehört. Die Farbe des Himmels verändert sich, es klart auf.

Als Jugendliche witzelte ich mit meinen Freundinnen über Verführung Minderjähriger. Mit meinem Freund zusammen machte ich denselben Witz, als er achtzehn wurde und ich gerade knapp sechzehn war. Alle wussten, dass es ein Gesetz gab, das eine sexuelle Beziehung zwischen Kindern und Erwachsenen unter Strafe stellte, aber niemand dachte darüber nach, dass dies in der Praxis wirklich eine Bedeutung hatte. Es sei denn, es handelte sich um sexuellen Missbrauch von Kindern, bei dem es um einen widerwärtigen Alten und ein kleines Kind ging.

Ich fand nicht, dass die sexuelle Beziehung zwischen dem Ekel und mir ein Verbrechen darstellte. Das heutige Schutzalter, so interpretiere ich es, heißt eindeutig, dass ein Sexualverbrecher, der deutlich älter ist als ein Kind oder Jugendlicher, unbedingt belangt werden muss.

Dennoch treibt mich der Gedanke um, dass das Ekel entsprechend seinem Namen ekelhaft war. Er erscheint mir in meinen Träumen als widerliche Figur. An seine Wohnung zu denken, löst in mir Übelkeit aus. Ich erinnere mich daran, dass ich seinerzeit als Teenagerin dafür da war, die sexuellen Bedürfnisse dieses jungen Erwachsenen zu befriedigen, ohne selbst ein Verlangen zu empfinden, und dennoch rannte ich ihm geradezu hinterher. Er übte keine Gewalt gegen mich aus, und doch ist er Teil meines Archivs.

Im Februar 2022 stellte die finnische Regierung einen neuen Gesetzentwurf zum Sexualstrafrecht vor. Seine Zielsetzung war es, als zentrales Kennzeichen von Sexualstraftaten zu definieren, dass die Handlungen nicht einvernehmlich stattfinden. Im Gesetzentwurf stand auch Folgendes: *Ein Kind, das jünger ist als sechzehn Jahre, ist grundsätzlich nicht reif genug, um eigenmächtig sein Einverständnis zum Geschlechtsverkehr oder anderen sexuellen Handlungen mit einem Erwachsenen zu geben.* Laut dem Gesetzentwurf ist die Sache ziemlich klar. Auch zu den Taten des Ekels stünde also eine Ermittlung an.

21

Es überrascht mich, dass Vergewaltigung schon seit Jahrhunderten als schweres Verbrechen gilt. Ausnahme: Vergewaltigungen im Krieg. *Vergewaltigung war die Begleiterscheinung von Religionskriegen: Während des ersten Kreuzzuges schändeten Ritter und Pilger auf ihrem Weg nach Konstantinopel nebenbei Frauen,* schreibt Susan Brownmiller in ihrem Klassiker *Gegen unseren Willen – Vergewaltigung und Männerherrschaft*. Dennoch war es nicht opportun, in der eigenen Gemeinschaft zu vergewaltigen. Dass man Vergewaltigung unter Strafe stellte, hieß auch nicht, dass damit die Rechte von Frauen gestärkt wurden.

Etwa 1750 Jahre vor unserer Zeitrechnung wurde Vergewaltigung im Codex Hammurapi in Babylon kriminalisiert, aber als Opfer galten der Vater oder Ehemann der vergewaltigten Frau. Die Entschädigung bekam der Mann, dessen Eigentum geschändet worden war. Die Strafe für die Vergewaltigung einer Jungfrau im Besitz des Vaters war der Tod. Wenn die Frau vergewaltigt wurde, während sie sich im Besitz ihres Ehemannes befand, bestand die Strafe darin, dass sie gemeinsam mit ihrem Vergewaltiger sterben musste. Die Todesstrafe wurde durch Ertränken im Fluss vollstreckt. Der Ehemann bekam allerdings die Möglichkeit, seine Frau vor dem Ertrinken zu retten, indem er sie aus dem Wasser zog.

Eines Tages springt mir ein Strafgesetz aus dem finnischen Großfürstentum ins Auge, 39/1889. Daran ist ein eindeutiger Fortschritt zu den Zeiten des Codex Hammurapi zu erkennen. Die üblichen Strafen im Großfürstentum waren *Todesstrafe, Zuchthaus, Geldstrafe und Haft*. Kein Ertränken im Fluss, vor allem nicht beim Opfer. Die Strafbarkeit wird allerdings gemildert oder eliminiert, wenn es sich um *eine wahnhafte Tat* handelt, bei *Unzurechnungsfähigkeit aus Altersschwäche* und *wenn der Täter ein Kind ist*. Zusätzlich führt Notwehr zu Strafmilderung oder -freiheit. Ich mag die Formulierung des Gesetzes:

§7 Wenn einer in das Zimmer, Haus, Herrenhaus oder Boot eines anderen eindringt, oder gegen denjenigen Widerstand leistet, der sein Eigentum zurückhaben will; dann sei Notwehr erlaubt.

In Absatz 20 geht es um unerlaubte sexuelle Handlungen und andere Formen der Unzucht:

§7 Wenn jemand an einem Mädchen Unzucht begeht […], das zwölf, aber noch nicht fünfzehn Jahre alt ist und vorher noch keinen Verkehr hatte; sei die Strafe höchstens zwei Jahre Zuchthaus oder mindestens drei Monate und höchstens zwei Jahre Haft.

Wenn jemand an einem Mädchen Unzucht begeht, das fünfzehn, aber noch nicht siebzehn Jahre alt ist und noch keinen Verkehr hatte; so soll er zu höchstens drei Monaten Haft oder höchstens dreihundert Mark Strafe verurteilt werden.

§8 Wer Unzucht an einer geisteskranken Frau verübt, der soll mit höchstens vier Jahren Zuchthaus oder Haft bestraft werden.

Die Sprache, die in diesem alten Gesetzestext verwendet wird, nimmt mich für sich ein wie ein als Gedicht verpacktes politisches Geschenk. Sie entspricht der fantastischen Welt der Gewalt in meinem Kopf und gleichzeitig der Farce, als die ich mir den gesamten Strafprozess vorstelle.

»Wenn einer in das Zimmer eines anderen eindringt« – aber das Zimmer ist eine Metapher für den Körper und der Körper eine Metapher für das Zimmer. Zimmer und Körper sind durch nichts mehr getrennt. Im Zimmer sind nicht alle gleich zerbrechlich. Wenn eine Person sich ergibt, sieht es vielleicht nur so aus, als würde sie sich ergeben. Bei genauerem Hinsehen spannen sich ihre Muskeln an und drücken gegen das Fleisch und die Knochen des anderen, bis der ganze Körper zittert. Aber die Kräfte reichen einfach nicht aus. Ist sie dann eine geisteskranke Frau?

22

Ich sitze zum letzten Mal der Kriminalermittlerin gegenüber. Ich will endlich aufhören, ständig von Verbrechen zu reden, und endlich über etwas anderes sprechen. An der Decke blinkt eine Leuchtstoffröhre, und sie bietet mir schwarzen Kaffee an. Es wird noch einen Moment dauern.

Das, was mir widerfahren ist, kann und will ich nicht mehr benennen. Mir kommt kein strafrechtlicher Begriff über die Lippen. *Was ist diesem Mädchen widerfahren?* ist eine andere Frage als *Um welchen Straftatbestand handelt es sich?* Ich bin schon weit gekommen bei meinem Versuch, ein Verbrechen aufzuklären, dass ein so komplexes und chaotisches Knäuel ist, dass es dafür keine eindeutige Bezeichnung gibt. Es gibt keine in sich abgeschlossene Szene, keine sichtbare oder erkennbare Aufzeichnung. Es gibt keinen einzelnen oder eindeutigen Fall, also kann es kein einzelnes, verständliches Wort dafür geben.

Dann ist da der Bereich der Vermutung, den man nur von innen untersuchen kann. Ereignisse und Taten, die zwischen den Zeilen des Strafrechts liegen. Dinge wurden verändert und ausgelichtet. Und dann noch das, was vergessen werden musste. Und es gibt das Risiko, dass manche Geschehnisse sich jeder Definition entziehen und daher vielleicht doch nicht so schwerwiegend sind, oder dass man sich die Frage gefallen lassen muss, was für ein Mädchen sie eigentlich war.

Dann gibt es noch Wörter, die man nicht erkennt oder

die nichts mit dem Sachverhalt zu tun haben, obwohl man sie im Mund führt. Zum Beispiel Folter. Der Folter kann sich nur jemand schuldig machen, der eine administrative Macht repräsentiert, alle anderen wenden einfach Gewalt an. Ich denke, Folter trifft meine Erfahrung eher, denn sexuelle Gewalt ist politisch, und ihr Ziel ist eher ein Geständnis als Befriedigung. Das Geständnis liegt mir die ganze Zeit auf der Zunge, und am Ende bekommen sie es von mir.

Wenn ich mir Verbrechen gemäß dem Strafgesetzbuch ansehe, kann ich, um Audre Lorde zu zitieren, nicht umhin, das Haus des Herrn mit seinem eigenen Werkzeug zu zerlegen. Vergewaltigung ist ein Wort, das nicht nur etwas bezeichnet, sondern, wie alle Wörter, etwas erschafft. *Frauen werden zu Vergewaltigungsopfern konditioniert*, schreibt Brownmiller. Aber es geht hier nicht nur um ein einzelnes Wort, bei dem man eine soziale Hierarchie gleich mitlernt. Frauen lernen, sich vor sexueller Gewalt zu fürchten, bevor sie das Wort Vergewaltigung je gehört haben.

Vergewaltigung ist ein Wort, mit dessen Hilfe Recht gesprochen wird, und für dieses Recht hat man gestritten und tut es heute noch. Aber seit ich das, was im Parkhaus geschah, als Vergewaltigung bezeichnete und es keinerlei Bedeutung hatte, benutze ich das Wort nicht mehr. Es ist für mich genauso leer wie meine Identität nach der Gewalterfahrung.

Juristische Paragrafen helfen mir nicht mehr. Mein Schmerz ist jenseits der Rechtsprechung. Ich kann niemanden verurteilen, vor allem nicht für Verbrechen, die verjährt sind. Ich habe ja auch nie Anzeige erstattet. Ich wusste nicht einmal, dass es sich um Verbrechen handelte. Man hätte auch kaum Anklage erhoben. Die Verdächtigen wären nicht verdächtig genug gewesen, das Opfer nicht zuverlässig genug, und die ganze Sache wäre an fehlenden Beweisen gescheitert.

Dennoch spüre ich, dass ich *sexuelle Gewalt erfahren habe*. Das weiß ich, weil die Taten sexuell waren und zugleich ohne mein Einverständnis stattfanden. Die Jungen in den Zimmern verletzten mein Recht auf körperliche Selbstbestimmung. Sie versuchten mich zu zerstören, und es gelang ihnen. »Sexuelle Gewalt« ist in seiner ganzen Fadenscheinigkeit der einzige Ausdruck, den ich gebrauchen kann. Oder: *Abuse, when I was a kid.*

Die Taten nicht zu benennen, ist die einzige Möglichkeit. Es kann sein, dass gerade die Nicht-Benennung das Schweigen durchbricht und Widerstand auslöst. Wenn ich genauer darüber nachdenke, dann ist die Weigerung, die Taten zu benennen, eine Leistung, hinter der ich stehen kann.

Im Schweigen besteht noch immer meine Macht, selbst beim Schreiben. Wenn ich an meinen Körper als Tatort der Gewalt denke, kann ich einfach nicht darüber sprechen. Meine Stimmlippen bewegen sich nicht, meine Finger verweigern sich jeder Bewegung. Es scheint, als sei das ein Nein, das zu Ende gebracht werden muss. Das Nein, das ich nicht zu Ende gebracht habe.

Dennoch möchte ich die Erfahrung in meine eigene Sprache einhegen. Da eine Erfahrung, die nicht mit Worten zu schildern ist, nicht verstanden wird, nicht existiert, muss ich die richtigen Worte finden. Wenn ich wenigstens ein neues Wort erfinden könnte, ein Wort, das noch nie ausgesprochen wurde, dann würde meine Erfahrung wieder Teil der Welt werden. So wie ich es geworden bin. Selbst wenn sich in der Sprache nie ein Platz für meine Erfahrung findet, kann ich nicht nur das untersuchen, was benannt worden ist. Vor allem das, was keine Bezeichnung hat, muss geradezu zwingend untersucht werden.

23

Als die Gewalt normal wurde, hörte sie auf, Gewalt zu sein. Das Normale kann extrem gewalttätig sein. Ich denke darüber nach, als ich lese, was Ocean Vuong an seine Mutter schreibt: *Das erste Mal, als du mich geschlagen hast, muss ich vier gewesen sein. Dann jenes Mal mit der Fernbedienung. Wie du mir die Legokiste an den Kopf geworfen hast. Jenes Mal mit deinen Fäusten …* Ich kann nicht sagen, ob das für Vuong normal oder Gewalt war, aber er schreibt eine Liste, die beides beinhaltet.

Ich habe immer wieder abwägen müssen, ob es irgendeinen Wert hat, dass ich spreche. Wem schadet es, wem nützt es? Schweigen führt auch dazu, dass Gewalt verborgen und vergessen wird. In Wahrheit verschwindet sie niemals.

Ich könnte Folgendes auflisten: Ich war vermutlich zwölf, als ein Junge mich festhielt und mir die Hand in die Hose schob und ich das Gefühl hatte, mein Fleisch reißt ein. Dann das Mal, als er meinen Arm festhielt und mich dazu zwang, meine Finger *um ihn* zu schließen. Dann das Mal, als die Hände nicht mehr ausreichten. Schon bei dieser geschönten Auflistung verblüfft es mich sogar selbst, in welchem Maß Gewalt aufhörte, Gewalt zu sein. Aber so war es.

Sexuelle Gewalt, wie drastisch sie auch sein mag, kann trotz allem erträglich sein. Wie gut ich sie ertrug, beweist, dass die Gemeinschaft davon ausging, dass ich sie ertragen würde. Sexuelle Gewalt gilt nicht als Krise oder Katastrophe, sondern als normale Tatsache, die man beschlossen hat, als Teil des Lebens anzusehen. Oder vielmehr als Tatsache, über die man besser schweigt, weil sie so persönlich und unglaublich ist. Das Opfer trägt die Folgen dieses Herunterspielens und Abstreitens. Genau genommen machen erst das Herunterspielen und Abstreiten jemanden zum Opfer.

Sexuelle Gewalt ist auch ein Mechanismus, Wissen zu erzeugen. Und damit meine ich nicht nur die kollektive Unwissenheit, sondern die Art, wie die Absurdität, die Schmach oder eigentlich die Maßlosigkeit der Gewalt sie zu genau dem abstoßenden Horror macht, der nicht in den Rahmen dessen passt, was man wissen kann. Die Maßlosigkeit der Gewalt verkehrt sich in die Behauptung von ihrer Übertreibung. Niemand kann das Geschehen zuverlässig bezeugen, kein Beweis ist plausibel. Vor allem als Folge der Gewalt werde ich abstoßend. Das ist die Folge meiner Kraftlosigkeit – dass ich nicht in der Lage war, die Gewalt zu verhindern oder zu stoppen. Und da ich einmal abstoßend geworden bin, gibt es keinen Grund aufzuhören.

Da Männer nicht zugeben, eine Vergewaltigung begangen zu haben, dürfte es gar keine sexuelle Gewalt geben. Doch je weniger Geständnisse es gibt, desto mehr Gewalt scheint es zu geben. Laut einem Amnesty-Bericht von 2019 erfahren pro Jahr bis zu 50.000 Frauen in Finnland sexuelle Gewalt. Wenn Männer nicht gestehen, muss man dann davon ausgehen, dass Frauen etwas als Gewalt bezeichnen, das nur ein bisschen unangenehm war?

2019 wurden 1.455 Vergewaltigungen zur Anzeige gebracht. Urteile wegen Vergewaltigung gab es in genau 215 Fällen. In einem dieser Fälle war das Opfer ein Mann. Drei Viertel der Vergewaltigungen geschahen in einer Wohnung. Die Wohnung, das Zuhause, ist eine wahre Schreckenskammer, und der Gerichtssaal ist von dort aus betrachtet ebenso unerreichbar wie der Aufstieg auf den 900 Meter hohen Gipfel des El Capitan ohne Sicherungsseile. Die Buchseite ist der einzige Ort der Gerechtigkeit.

Hannah Arendt schreibt, dass *Gewalt ihrer Natur nach immer instrumental sei, und wie alle Mittel und Werkzeuge bedürfe sie immer eines Zwecks, der sie dirigiert und ihren Gebrauch rechtfertigt*. Die Rechtfertigung geschieht etwa in

Situationen, in denen niemand etwas sagt, um die nette Atmosphäre nicht zu zerstören. Es macht eine Menge Arbeit, sich nicht in den vielen Bezügen und Hinweisen zu verstricken und dort zu Fall zu kommen, und auch ich schaffe es nicht, die ganze Zeit aufmerksam zu sein. Es ist leichter, Dinge auf sich beruhen zu lassen. Deshalb würde ich dieses gesamte Dokument im Moment am liebsten vernichten.

24

Die Jungen sitzen auf dem Ledersofa und sehen einen deutschen Porno. Darin pinkelt ein Mann im hohen Bogen auf eine Frau. Sie wollen, dass ich auch zuschaue. Ich sitze im Sessel und versuche, nicht hinzusehen. Das fällt mir an einem Dezembertag ein, gerade als ich beschlossen habe, Urlaub von meiner Archivzusammenstellung zu nehmen.

Die Erinnerung ist ein weitverzweigtes und sich immer weiter verzweigendes Geflecht. Die Sprache ist der Urgrund des Geflechts, aber das Gedächtnis wächst auch in der Luft, wie ein Gespinst, umhergeweht, den Umständen ausgeliefert. Die Erde erhebt sich aus dem Boden wie eine verweste Faust. Zwischen den Pflanzen erkenne ich ein Gesicht.

Man braucht Begriffe, damit man etwas erkennen kann. Man braucht eine Sprache, um sich an etwas erinnern zu können. Man braucht eine Erzählung. Eine Erzählung ist eine Form, die den Menschen hilft nachzudenken, miteinander zu sprechen, Theorien zu entwickeln und Geschichte zu schreiben. Eine Erzählung braucht ein Gedächtnis. Wenn das Gedächtnis fehlt, gibt es nur geisterhafte Erscheinungen und Träume, aber daraus wird keine Erzählung. Das Fehlen einer Erzählung oder ihre mangelnde Folgerichtigkeit deuten auf Schuld hin.

Dennoch repräsentiert die Sprache nicht die Erfahrung. Die Sprache schafft ihre eigene Erfahrung. Und sich zu erinnern hat einen hohen Preis. Wenn schon das Erinnern einen hohen Preis hat, was kostet mich dann das Erzählen?

Das sollte helfen: das Schreiben, der Wiederaufbau des verschwundenen Archivs, aber heute erscheint es mir nicht so. Es ist widerlich, darüber zu schreiben, wie man mich quält. Es ist anstrengend, sich poetische Umschreibungen auszudenken. Es ist ermüdend, sich zu beklagen. Eine klagende Frau ist abstoßend. Ich denke jetzt jeden Tag über diese Dinge nach. Die Autorin Mary Karr, die mehrere Biografien geschrieben hat, sagt, eine Biografin verliere sich meistens ein bisschen.

Die Autorin Terese Marie Mailhot, die von der westkanadischen Insel Seabird Island stammt, sagte in einem Schreibworkshop für Überlebende von Gewalterfahrungen, dass es immer eine unsichere Erfahrung ist, einen eigenen Text zu veröffentlichen, der von Gewalt handelt. Die Autorin sät notgedrungen Zwietracht zwischen sich und den anderen, aber indem sie genau das tut, erschafft sie in ihrem Text ihre eigene Schönheit neu.

Manchmal höre ich, ich sei mutig. Ist es mutig, auf dünnes Eis zu treten und dabei ein wenig zu ertrinken? Mut klingt wie etwas, das vernünftige Menschen meiden, weil sie wissen, dass sie sich nicht in Schwierigkeiten begeben sollten. Ich bin ein Angsthase. Ich befürchte, dass meine Träume für mich eine Nummer zu groß sind.

Auf der Kehrseite dieser Reise lauert die Enttäuschung. Nichts bewegt sich in eine bessere Richtung, nur weil ich mir selbst einen Beweis erbracht habe. Meine Funde machen mich nicht frei, geben mir keine Gnade. Jeder würde mir raten: *Lass diese Erinnerungen los und such dir in deinem Gedächtnis und an den Rändern deines Bewusstseins das, was schön und wundersam ist.* Aber ich grabe nicht in der Vergangenheit, um Beweise oder Zeugen zu finden oder der Geschichte einen Abschluss zu geben. Ich grabe, weil ich es müde bin, Geheimnisse zu bewahren.

25

Im militärisch expandierenden Japan gibt es keine Religionsfreiheit. Die kaiserliche Regierung erstickt Rebellion im Keim, sie rüstet auf und spioniert den Menschen nach. In einem Gefängnis sitzt ein Mann und liest. Er liest Beschreibungen von Buddha. Sie alle schildern, was Buddha nicht ist, aber er will wissen, was Buddha ist. *Weder existent noch nicht-existent, weder er selbst noch ein anderer, weder Quadrat noch Kreis,* und die Liste setzt sich fort. Er liest und liest, bis er begreift. Buddha ist das Leben selbst.

Der Mann heißt Jōsei Toda. Sein Lehrer Makiguchi Tsunesaburō stirbt im Gefängnis, aber Toda wird 1945 nach zwei Jahren Haft freigelassen. Er beschließt, die zerbrochene Gemeinschaft wieder aufzubauen, der alten Lehre wieder Leben einzuhauchen.

Als Mädchen mit gelben Haaren weiß ich noch nicht, dass mir etwas Seltenes widerfahren wird. Viel seltener als die Gewalterfahrungen in einem kleinen Dorf: Mir wird diese alte Lehre begegnen. Mein Unglück verkehrt sich in sein Gegenteil. Die Energie, die sich in mir aufgestaut hat, kann sich entladen. Es geschieht, als ich im Zentrum von Brüssel in der Zweizimmerwohnung einer Italienerin auf dem Wohnzimmerfußboden sitze. Sie lehrt mich einen Satz, den ich nie wieder vergessen werde.

Ich bin daran gewöhnt, dass im Winter alles schneebedeckt ist, aber in Brüssel ist der Winter grün. Wie durch ein Wunder bin ich für ein Praktikum beim Europäischen Parlament ausgewählt worden (ich kann immer noch nicht glauben, dass das geklappt hat). Ich miete ein Zimmer bei einer Französin, und wir freunden uns an. Ich bin in großen Gebäuden, in Restaurants und im Kielwasser wichtiger Personen unterwegs. Ich spreche Englisch und Französisch. Ich fahre nach Straßburg, sitze in Konferenzen und schreibe Memos. Ich versuche mich, so gut es geht, überall zu beteiligen, so viel wie möglich zu sehen. Dennoch muss ich immer die Tür im Blick haben und wissen, mit welchem Bus ich nach Hause komme. Die Praktikantinnen und Praktikanten kommen aus allen Mitgliedsländern. Wir verbringen viel Zeit zusammen. Eine von ihnen macht auf mich einen besonderen Eindruck. Ihr wohnt eine mir unbekannte Lebenskraft inne. Sie scheint über den Dingen zu stehen und kritisiert weder sich selbst noch andere.

Als unsere Praktika sich dem Ende zuneigen, lädt sie mich zu sich zum Meditieren ein. Das klingt harmlos, und ich willige ein. Wir sitzen also bei E. auf dem Fußboden, diesmal nicht inmitten einer Party und Pasta mit Tomatensauce, bei Wein und Zigarettenrauch, sondern in der Stille und vor einem Schränkchen, das meine Freundin vorsichtig öffnet. Ich sitze hinter ihr und würde am liebsten an meiner Nagelhaut kauen, die sowieso schon blutet. E. murmelt etwas, und in dem Schränkchen kommt eine Schriftrolle zum Vorschein, mit einem Text, der nach Kalligrafie aussieht. Ich frage mich, was das soll, aber meine Freundin lächelt, gibt mir ein kleines Heftchen und eine Perlenkette und sagt, ich könne ihr einen Satz nachsprechen, ein Daimoku, *nam myoho renge kyo*, gerichtet an die Schriftrolle, die Gegenstand der Versenkung ist, wie sie sagt.

Ich bin ja offen für viele Einflüsse, aber an Götter glaube ich nicht. Obwohl ich ganz und gar nicht sicher bin, was hier passiert, traue ich mich nicht zu protestieren, also sitze ich brav da und hefte meinen Blick auf die Schriftrolle, die in dem Schränkchen hängt. Wir wiederholen den Satz minutenlang, ich mache nach Kräften mit. Je öfter wir den Satz sprechen, desto weniger verrückt erscheint es. Ich habe das Gefühl, als würde mein Herz auf angenehme Weise massiert. Ich fühle mich eins mit meinem Körper, fühle mich ganz und gar anwesend, ich spüre, dass sich etwas verändert, auch wenn ich nicht weiß, was es ist. Ich spüre die Möglichkeit eines anderen Seins, eine weitere Geburt.

E. gibt mir ein Buch mit dem Titel *Buddha in Daily Life*, und ich nehme es in der Handtasche mit in mein WG-Zimmer. Ich schlage es vor dem Schlafengehen auf, und kurz darauf steht mein Leben Kopf.

Ich lese über die Buddha-Natur. Sie entspricht meinem wirklichen Ich, das nicht einmal mit dem Tod verschwindet. Ich lese, dass irdische Begierden Erleuchtung nicht ausschließen und es nicht darum geht, Begierden zu unterdrücken. Ich lese von den drei Körpern Buddhas. Der Dharmakörper: Ich kann die wahre Natur des Lebens erfassen. Der Körper des Segens: Ich kann stärker werden und Wert erschaffen. Der Manifestationskörper: Mein Körper gehört mir. Und, das Wichtigste, ich bin nicht zum Leiden verurteilt. Ich entscheide selbst, wer ich bin.

Ich lese die halbe Nacht hindurch. Morgens mache ich weiter und in jedem Augenblick, in dem ich nicht woanders sein muss. Ich wundere mich, dass ich erst jetzt auf diese entscheidende Lehre stoße, obwohl es eigentlich unwahrscheinlich, ja geradezu unmöglich ist, dass sie genau hier, genau jetzt durch die Jahrhunderte hindurch in mein Leben tritt.

Die Freundin nimmt mich mit in ein buddhistisches Zentrum, wo ich mit anderen zusammen zwei Stunden lang den Satz rezitiere. Es kommt mir nicht lang vor. Beim Rezitieren formt mein Mund Töne, wie sie noch nie aus mir herausgekommen sind. Weich, fließend, wunderbar. Ich kaufe mir eine Gebetskette aus Holz und lasse sie noch heute, 19 Jahre später, durch meine Finger gleiten.

Als Jōsei Toda stirbt, gibt sein Nachfolger, der 32-jährige Daisaku Ikeda, ein Versprechen ab. Er begnügt sich nicht damit, durch Japan zu fahren, sondern er will durch die ganze Welt reisen. Ikeda hält sein Versprechen, und deshalb kann ich seine Schriften entdecken: *Das hier ist der wichtigste Moment von allen. Wenn du jetzt nicht kämpfst, wann hattest du gedacht, damit anzufangen?*

26

You're a lion!, ruft mir meine iranische Freundin an einem Abend im August zu. Ich versuche ihr zu erklären, was ich schreibe, denn der Text ist in einer Sprache verfasst, die sie nicht versteht. Sie hat die wundersame Gabe, das, was ich sage, in eine neue, edlere Form zu gießen. Ich brauche gar nicht viel zu sagen, und schon bald eröffnet sie mir die wahre Hauptfigur meiner eigenen Geschichte. Dort spielt sich das Schreiben ab.

Die Hauptfigur ist ein Feld intensiver Emotionen. Sie ist ein Körper ohne Bild, ohne Gefühl. Sie ist das Loch eines unmöglichen Wollens. Sie hat sich zersplittert und vervielfältigt. Sie ist weder auf der Insel noch in den Zimmern. Sie ist ständig kurz davor, umzufallen, nie vollkommen aufrecht, nie ganz in der Waagerechten. Die Hauptfiguren dieser Geschichte sind nicht diese merkwürdige Ermittlerin, nicht das glücklose Opfer und auch nicht die Täter. Die Hauptfigur bin ich, die ich das Band löse, mit dem ich gefesselt bin; kurz davor, das loszulassen, was mich daran hindert, hinauszutreten.

HYSTERIE

15. August 2020

Eine Insel liegt abseits vom Festland, sie ist ganz von Wasser umgeben und dadurch vom Land getrennt. Inseln sind seit jeher Anlegestellen für Schiffe und Horte ungewöhnlichen, wilden Lebens. Eine Insel kann Gefahr laufen zu verschwinden. Sie bleibt an der Oberfläche, wenn das auflaufende Wasser sie nicht vollkommen überspült. Eine Insel kann eine Landmarke sein, sie kann ein Seegebiet begrenzen, für Staaten, die das Meer besitzen wollen.

Der japanische Mönch Nichiren Daishonin schrieb im Jahr 1273 während seiner Verbannung auf die Insel Sado an seinen Nachfolger Sairen-bo Nichijo einen Brief mit dem Titel »Das wahre Wesen aller Phänomene«. Nichiren wurde verfolgt, weil er nicht nur das Shogunat von Kamakura kritisierte, sondern auch andere buddhistische Schulen, indem er den Machthabern nahelegte, ihrer buddhistischen Praxis das Lotos-Sutra zugrunde zu legen, das durch seine Lehre allen Menschen die Möglichkeit zur Erleuchtung eröffnete.

Zwei Jahre zuvor war Nichiren seiner Hinrichtung entgangen, weil die Soldaten sich vor einer Lichterscheinung am Himmel erschreckt hatten, und statt die Todesstrafe direkt zu vollstrecken, brachte man ihn zum Sterben auf eine Insel. Auch Sairen-bo war auf eine karge nördliche Insel verbannt, von der kaum jemand lebend zurückkehrte. Nichiren bezweifelte, dass er länger als ein Jahr oder auch nur einen Monat auf der Insel überleben würde. Der Schnee lag hoch, Lebensmittel waren knapp, der Wind blies unaufhörlich. Er lebte in einer kleinen Hütte am Friedhof. Die Wände der Behausung waren kurz vor dem Zusammenbrechen, und durch das Dach regnete und schneite es herein. Er schrieb an Sairen-bo: *Ich kann die Tränen nicht zurückhalten, wenn ich an die große Verfolgung denke, der ich ausgesetzt bin, oder wenn ich an die zukünftige Freude über die Erlangung der Buddhaschaft denke. Vögel und Insekten weinen, aber niemals mit Tränen. Ich, Nichiren, weine nicht, aber meine Tränen fließen ohne Unterlass.*

Nichiren wurde 1274, mit 52 Jahren, begnadigt, und er kehrte nach Kamakura zurück. Er verließ die Insel des Todes lebendig. Ich denke darüber nach, wie wundersam das ist, aber noch wundersamer ist es, im allerschlimmsten Augenblick vor Freude zu weinen.

1

Ich weine ohne Tränen. Ich bin zu selten berührt worden, dann zu oft. Ich befinde mich im Würgegriff des Vergangenen. In meiner illusionären Selbstbespiegelung dreht sich alles um mich. Ich bin zum Opfer geworden. Die Gewalt ist die Hauptsache. Bei allem geht es darum. Ich kann an nichts anderes mehr denken.

Ich bin die einzige Zeugin der Gewalt, die mir angetan wurde. Die einzige Möglichkeit, das verschwundene Archiv wiederzufinden, ist, es mir selbst abzuringen.

Ich lasse das Geheimnis aus der Vorstellung und den Schmerzen, die meinen Körper plagen, wieder erstehen. Mein Gedächtnis ist ein Palimpsest, der Text eines Drehbuchs, der mit den zuckenden Bewegungen erzwungener Masturbation wegradiert und mit einem neuen Text überschrieben wurde, ohne die darunterliegende Botschaft dennoch völlig zu tilgen. Verschwundene jahrtausendealte Werke kann man mit bloßem oder entblößendem Auge auf der Oberfläche eines Palimpsests entdecken. Das Verlorene kann man in den Spuren, die noch erhalten sind, wiederfinden.

Ich weiß nicht, was mehr Angst macht: zu vergessen oder sich zu erinnern. Beides bleibt vage. Albtraumhafte Ereignisse zu vergessen, ist etwas Aktives, es verlangt eine ständige Anstrengung. Diese Art von Gedächtnisverlust bringt allerdings ein grundlegendes Problem mit sich: Ich ersetze die vergessenen Erinnerungen durch Krankheit und Wahnsinn.

2

Bob erscheint mir in den merkwürdigsten Formen. In der dunkelsten Zeit des Jahres träume ich, dass meine iranische Freundin einen Kunstfilm macht. In gewisser Weise habe ich meine Freundin wahrscheinlich in meinen Traum eingeladen, um anstatt meiner Leerstellen ein Bild zu erschaffen, so wie ich sie im Wachzustand oft bitte, einen Gedanken, der sich gerade erst entwickelt, mit ihren Worten fortzuführen.

Im Traum gibt mir meine Freundin zwei Bilder. Auf dem einen liegt eine Frau in einem Seidenkleid auf einem Tisch, doch das Bild ist von der Taille abwärts abgeschnitten, und ich kann ihren Unterleib nicht sehen. Dennoch ist mir vollkommen klar, was außerhalb des Bildes geschieht. Ich sehe am Gesicht der Frau, dass sie nur noch kurz durchhalten muss. In dem anderen aufblitzenden Bild liegt dieselbe Frau in demselben Kleid auf demselben Tisch, aber jemand hat sie an der rechten Hand gepackt und schlenkert diese Hand so heftig, dass ihr gesamter Körper wackelt.

Ich habe Angst vor dem, der meine Hand schüttelt. Wir sind eins geworden, ein und derselbe Dreck, ein und dieselbe Gnadenlosigkeit. Sie haben sich in mir häuslich eingerichtet, ihre Hände haben sich nicht von mir gelöst, sondern sind kleben geblieben wie Harz in den Haaren. Ich bestand nur aus Spuren von Händen, in einem endlosen Überlebenskampf.

Keiner von ihnen kann sich erinnern. Das würde sie zu Schuldigen machen. Sie wollen es nicht wissen. Sie wollen nicht wissen, was ich weiß, oder an das zurückdenken, woran ich zurückdenke. Sie wollen nicht bereuen. Sie wollen ihr Leben in Ruhe leben, so wie ich auch, in ihrer Partnerschaft, mit ihren Haustieren und Kindern. Alles das ist in meiner Verantwortung, alles ist meine Last. Nur mich kann man auf dem Tisch liegen sehen, im Griff einer anonymen Hand.

Und als ich geschüttelt werde, teilt sich mein Körper, zurück bleibt nur ein Flirren, Hysterie.

3

Ich bin die einzige Zeugin, aber bin ich nach der langen Zeit auch eine glaubwürdige Zeugin meiner eigenen Erfahrung? Selbst wenn ich es wäre, flüstert mir eine Stimme zu: *Sei nicht so dramatisch, sei nicht hysterisch, anderen Menschen passieren viel schlimmere Sachen*. Aber ich bin hysterisch, und hier geht es genau um meine Verrücktheit.

Hysterie ist der erste Name des Traumas. Es ist mein ursprünglicher Name. Ich habe mir den Namen Hysterie nicht aus Spaß ausgesucht. Ich will ihn. Ich will genau den Namen, mit dem die Erfahrung herabgesetzt wird, mit dem Frauen gedemütigt werden.

Das griechische Adjektiv *hysterikos* bedeutet »von der Gebärmutter verursacht«. In altägyptischen Papyri finden sich die ersten Hinweise auf Hysterie, aber meist wird die Entstehung der Hysterie in der Antike angesiedelt, wo sie umherirrende Gebärmutter (Platon) und erstickende Gebärmutter (Galenos) bedeutete. Die Hysterie wird auch mit dem Argonauten Melampus in Verbindung gebracht, einem Heiler der griechischen Mythologie, der die Frauen von Argolis, die sich dem Phalluskult widersetzten, von ihrem Wahnsinn heilte. Er meinte, dass die Frauen durchdrehten, weil sie zu wenig Orgasmen und eine melancholische Gebärmutter hatten.

Im tiefsten Mittelalter wandelte sich die Hysterie von der medizinischen Diagnose zum Zeichen eines Paktes mit dem Teufel, der durch Exorzismen kuriert wurde. Im späten Mittelalter war die Lösung, die besessene Frau zu foltern und zu töten.

Schließlich fand die Hysterie ihren Weg von der Gebärmutter ins Gehirn, vom Aberglauben über die Aufklärung hin zu einem wissenschaftlichen Erklärungsmodell. Ende des 19. Jahrhunderts gründete der Neurologe Jean-Martin Charcot im Pariser Krankenhaus Pitié-Salpêtrière zusammen mit dem Psychologen Pierre Janet ein Labor zur Erforschung der Hysterie. Auch Sigmund Freud, der 1885 unter Charcot zu arbeiten anfängt, forscht dort zur Hysterie.

Während seiner Arbeit mit Hysterikerinnen hätte Freud feststellen können, dass ein sexuelles Trauma auf sexuelle Gewalt zurückgeht. Anfangs war ihm das auch bewusst. 1896 veröffentlichte Freud einen Artikel zu den Hintergründen der Hysterie. Er schrieb, hysterische Symptome würden durch traumatische Erfahrungen hervorgerufen, die die Patientin aus ihrem Gedächtnis verbannt hat, in ihrem psychischen Erleben jedoch wiederholt. Freud schrieb, alle seine 18 Patientinnen seien aufgrund eines in der Kindheit erlebten sexuellen Traumas an Hysterie erkrankt.

Freud hätte Traumata behandeln können. Er hätte die Scham und die Schuldgefühle der hysterischen Frauen lindern können. Aber dazu war er nicht in der Lage. Er schrieb an seinen Freund Wilhelm Fließ, dass es ihm einfach zu schwerfalle zu glauben, dass sexueller Missbrauch so weit verbreitet sei. Freud war zwar besorgt über die Häufigkeit von sexuellem Kindesmissbrauch, aber es war einfach unmöglich, ehrenhafte Männer in dem Maß der Vergewaltigung zu beschuldigen, wie es seine Forschungen erfordert hätten.

An die Stelle des Traumas trat die sexuelle Fantasie, das Problem der sexuellen Unterdrückung. Das sexuelle Trauma rührte nach Freud von der Sexualität selbst und nicht von sexueller Gewalt her. Ein bekanntes Beispiel dafür ist die Psychoanalyse der 18-jährigen Dora, mit richtigem Namen Ida Bauer, in der Freud durch die Deutung von Träumen und Erinnerungen zu dem Schluss kam, dass der Grund für den Verlust der Stimme, den nervösen Husten und andere Symptome der jungen Frau das unterdrückte sexuelle Verlangen nach Herrn K., einem zudringlich gewordenen Freund der Familie, sowie nach dessen Frau und Bauers eigenem Vater war.

Aus Freuds Sicht war das Problem der Patientin nicht das Ereignis, das die Hysterie ausgelöst hatte, sondern der vorhergehende innere Konflikt, und dessen Klärung würde die Auflösung der Hysterie bedeuten. Bei Kriegsneurosen kam Freud zu demselben Schluss, wie Catherine Malabou in ihrem Buch *Les Nouveaux Blessés* bemerkt. Freud zufolge floh der Soldat nicht in den Schutz der Neurose, um sich vor den Schrecken der Schlachtfelder in Sicherheit zu bringen; er floh wie alle Neurotiker vor dem inneren Konflikt. Der Krieg habe nur eine Fantasie aktiviert, und diese Fantasie habe die Erfahrung des Krieges in die Neurose überführt.

4

Die Männer, die die Weltkriege überlebt hatten, kamen mit merkwürdigen psychischen Symptomen von der Front zurück. In Großbritannien entwickelte man für die Soldaten, die an den Symptomen einer Hysterie litten, die Diagnose Shell Shock oder Granatschock. Diese Diagnose garantierte den Veteranen Behandlung und Rente. Sie als psychisch krank zu bezeichnen war für die Armee allerdings problematisch, da rufschädigend, und 1922 setzte sich die britische Regierung dafür ein, diese Diagnose zu verbieten. Gut ausgebildete Soldaten konnten doch niemals unter psychischen Problemen leiden. Das Bild vom hysterischen Soldaten passte nicht zum Heldenmythos und war für die Erhaltung des Kampfwillens kontraproduktiv. Die Hysterie des Shell Shock ging auf die individuelle Schwäche des einzelnen Soldaten zurück.

Die posttraumatische Belastungsstörung interessierte die Forschung dann erst richtig, als die Veteranen aus dem Vietnamkrieg mit verschiedenen hysterischen Symptomen zurückkehrten. 1980 schließlich wurde im Handbuch DSM-III der Amerikanischen Psychiatrischen Gesellschaft erstmals die Diagnose Posttraumatische Belastungsstörung (PTBS) eingetragen, während gleichzeitig die Hysterie entfiel.

Das Interesse an sexueller Gewalt und an Gewalterfahrungen im Kindesalter erwachte als letztes. In den 1970er Jahren begann man dank der feministischen Bewegung endlich zu begreifen, dass die häufigste Ursache von posttraumatischem Stress nicht die Erfahrungen von Männern an der Front, sondern von Frauen in Zimmern waren.

Mein Trauma ist belanglos, das eines Soldaten hingegen ist bedeutsam. Manche Soldaten müssen so furchtbare Dinge tun, dass sie wie ich unsichtbar werden müssen. Doch die Soldaten will man trotzdem sehen, und man will ihnen zuhören. Die Ästhetik ihres Körpers ist außergewöhnlich. Man dankt ihnen gerührt für ihren Dienst und ihr Opfer.

So muss ein Soldat es sich also nicht unbedingt zur Lebensaufgabe machen, seine Kriegserfahrungen zu verbergen. Selbst wenn das Leid, das der Soldat erfahren hat, in Frage gestellt und sein Trauma als beschämend abgestempelt würde, so käme doch niemand auf die Idee, daran zu zweifeln, ob er wirklich im Krieg gewesen ist und ob das Kämpfen wirklich eine so schlimme Erfahrung war. Niemand hält den Krieg für eine im Unterbewusstsein schwelende Fantasie. Dazu gibt es viel zu viele Zeugnisse.

Das Gedächtnis eines Soldaten ist glaubwürdiger, ebenso die Geschichte seines Überlebens.

Nehmen wir nur diese Geschichte aus dem Archiv meines Vaters: Es ist erst der zweite Tag am Vorposten. Ein Auto kommt angefahren. Der Schlagbaum ist geschlossen, der Soldat stoppt das Auto. Der Mann am Lenkrad sagt, er sei Polizist, und wedelt mit Papieren. Der Soldat kann sie nicht lesen und weiß nicht, in welcher Angelegenheit der Mann unterwegs ist. Er geht mit den Papieren in das Wachhäuschen und drückt auf den Alarmknopf. Er geht zurück zum Auto und gibt dem Mann die Papiere wieder. Der Mann wird nervös, zieht die Jacke aus und fragt: *Bin ich jetzt Zivilist?*

Das hilft nichts, sagt der Soldat. Dann geht es los. Männer mit Sturmgewehren kommen angerannt, offenbar aus dem Wachhäuschen, und der Mann, der nun aus dem Auto ausgestiegen ist, zieht eine Pistole und zielt damit aus nächster Nähe auf den Kopf des Soldaten.

Vater zeigt mit dem Zeigefinger auf seine Schläfe. Der Daumen weist nach oben, als Zeichen für die Waffe. Eine eindrucksvolle Geste. Ich sage, *oh*, aber es klingt lau. Dennoch fällt mir kein einziger Grund ein, warum er übertreiben, sich falsch erinnern oder nicht die Wahrheit sagen sollte.

5

1992 gründete ein US-amerikanischer Mathematiker zusammen mit seiner Frau die *False Memory Syndrome Foundation*, nachdem die gemeinsame Tochter den Vater des sexuellen Missbrauchs beschuldigt hatte. (Die Stiftung wurde 2019 aufgelöst.) Die Annahme hinter dem False-Memory-Syndrom ist, dass Erinnerungen an sexuelle Gewalt nicht unterdrückt, sondern im Einzelfall ausgedacht sind. Die Begründung dafür lautet, eine traumatische Erinnerung unterscheide sich nicht von anderen Erinnerungen.

Auch in den Pädophilie-Skandalen der katholischen Kirche, die seit den 1980er Jahren in vielen Ländern an die Öffentlichkeit kamen, berief man sich auf das False-Memory-Syndrom. In den Gerichtsprozessen stellten die Fachleute die Zuverlässigkeit der Opfer und ihrer Erinnerungen in Frage und unterstellten, dass die Erinnerungen den Opfern von ihren Therapeuten eingeimpft worden waren. Bessel van der Kolk untersuchte fünfzig dieser Fälle, und in etwa der Hälfte wurde die Anklage deswegen fallengelassen.

Das False-Memory-Syndrom ist an sich nicht von der Hand zu weisen. Man kann Menschen falsche Erinnerungen einpflanzen. Vor allem bei Kindern ist das einfach, denn sie glauben die Geschichten der Erwachsenen. Aber selbst wenn man einem anderen Menschen eine Erinnerung einpflanzen kann, ist das mit den Gefühlen und körperlichen Symptomen, die mit einem Trauma einhergehen, nicht möglich.

Der gleiche Gedanke erscheint in Freuds *Ätiologie der Hysterie*. Immerhin war es ihm nicht gelungen, einer Patientin eine Erinnerung so einzureden, dass sie die von der Erinnerung ausgelösten Gewaltempfindungen nacherlebt hätte. Kann man eine Gewalterfahrung tatsächlich vollkommen vergessen und sich irgendwann später wieder daran erinnern? Van der Kolk zufolge zeigen hunderte Studien, dass Gedächtnisverlust häufig vorkommt und dass die Erinnerungen wiederkommen können, zumeist geschieht das bei Missbrauch im Kindesalter.

Esmé Weijun Wang schreibt in ihrem Buch *The Collected Schizophrenias*, dass eine fiktionale Erzählung als facettenreich gilt, wenn sie Widersprüche beinhaltet, aber die Erzählung eines Traumas sollte nicht darauf abzielen. Eine widersprüchliche Geschichte erscheint unglaubwürdig, wenn nicht gar erlogen. Und es reicht nicht einmal, wenn das Opfer einer Gewalttat sich minuziös an alles erinnert und eine völlig stringente Geschichte erzählt. Um glaubwürdig zu sein, muss die Person sich in ihrem Leben vor und nach der Gewalterfahrung auf die erwünschte Art und

Weise verhalten, nämlich tugendhaft. Sie darf auf keinen Fall zu dem Verbrecher zurückkehren.

Das Gedächtnis enthüllt das Trauma. Wenn es kein Trauma gäbe, gäbe es kein vergessenes Archiv. Es gäbe eine Erinnerung, an die man mühelos zurückdenken kann, oder ein Vergessen, das keine Bedeutung hat.

6

Autobiografische Erinnerungen sind keine genauen Reflexionen der Wirklichkeit. Eine Erinnerung ist fragil, jedes Mal, wenn man daran zurückdenkt. Jedes Mal, wenn jemand eine Erinnerung in sein Bewusstsein bringt, verändert sie sich und wird als mehr oder weniger veränderte Version neu abgespeichert. Eine Erinnerung bleibt nur dann unverändert, wenn man sich nicht an sie erinnert. Mein Gedächtnisverlust konserviert die Erinnerungen also heil und klar.

Avery F. Gordon schreibt in seinem Buch *Ghostly Matters*, dass in den Schreckensjahren der argentinischen Militärdiktatur 1976 bis 1983 Menschen, die verschleppt worden waren, sich im Hinblick auf ihre Isolation und Folter vor allem an Räume erinnerten und wie man sich darin bewegte. Sie erinnerten sich an die *soziale Architektur* des Ortes, und sie erinnerten sich mit ihrem Körper, denn sie waren dort mit verbundenen Augen umhergeführt worden.

Als ich das las, musste ich an eine Tanzaufführung denken, in der eine Frau mit einer Plastiktüte über dem Kopf auf dem Boden lag. Dieser Anblick löste in mir ein Grauen aus und sorgte dafür, dass ich mich in der Vergangenheit wiederfand, obwohl ich mich nicht daran erinnern kann, dass jemand mir etwas über den Kopf gezogen oder mir auch nur die Augen verbunden hätte. Dennoch versetzte mich dieser Anblick – die Frau atmet die verbliebene Luft in der Plastiktüte, die Tüte wird abwechselnd in ihren Mund gesogen und hebt sich dann beim Ausatmen wieder – in meinem Körper in ein Zimmer, in dem ich erniedrigt werde.

Trotz allem werde ich mich vielleicht nie daran erinnern, ob auch ich eine Tüte über dem Kopf hatte, ob ich sie mir selbst übergezogen habe, oder vielleicht hat auch etwas ganz anderes an dem Anblick auf mich gewirkt, und das hat keine weitere Bedeutung außer der, dass der Widerspruch zwischen meinem fehlenden Erinnerungsvermögen und meinem Körpergedächtnis mich derart zermürbt, dass ich zum ersten Mal denke: *An was würde ich mich erinnern, wenn ich in diese Zimmer zurückkehren würde?*

Kaum etwas aus meinen Erinnerungen lässt sich belegen. Liegt nicht gerade in der Wahrheit der Erinnerung andererseits die Unmöglichkeit, sich zu erinnern? Wenn eine Person in einem dichten Wald die Bruchstücke ihrer Seele zusammensammelt und wirklich nicht weiß, ob sie sich korrekt an etwas erinnert und was sie alles vergessen hat – ist sie dann nicht der Wahrheit am nächsten, gibt sie dann nicht zu, wie sehr sie in die Irre gegangen ist?

7

Als Tarana Burke von ihrem schlechten Gedächtnis erzählte, wurde mir klar, dass die lebenslange Anstrengung, schmerzhafte Ereignisse zu vergessen, auch mir die Kraft raubte. Eine posttraumatische Belastungsstörung bringt nicht nur das Erinnerungsvermögen an die Vergangenheit durcheinander. Studien zeigen, dass sie auch das so genannte deklarative Gedächtnis schwächen kann, also den Teil des Gedächtnisses, der aus den Daten und Ereignissen besteht, die eine Person sich bewusst in Erinnerung rufen kann. Pierre Janet vermutete außerdem, dass die Anstrengung, eine traumatische Erinnerung abzuspalten, dazu führen kann, dass jemand sich neue Dinge schlechter merken kann.

Ich denke über meine eigenen Schwächen nach. Dass ich mir wie eine Schauspielerin genau zurechtlege, was ich sagen will, weil ich Angst davor habe, was ansonsten aus meinem Mund kommen könnte. Dass ich im Geiste bestimmte Sätze ständig wiederhole, die ich mir merken muss. Ich rechne fast damit, dass mir die Zunge im Mund explodiert. Wieder und wieder kontrolliere ich Kalender, Nachrichten und E-Mails und vergesse den Termin trotzdem. Innerhalb weniger Tage vergesse ich Bücher, die ich gelesen, Filme, die ich gesehen habe. Die Wiederholung ist die einzige Methode, mich zu erinnern, und gleichzeitig zerstört sie mein Gedächtnis.

Aber was, wenn ich übertreibe und meine Zerstreutheit ganz normal ist? Alle Menschen vergessen doch Dinge und müssen sich immer wieder absichern, vor allem gestresste Workaholics. Für wie viele Probleme kann ich das Trauma eigentlich verantwortlich machen?

Vielleicht dafür, dass ich versuche, die Vergangenheit zu kontrollieren. Dass ich mir zwanghaft verschiedene Versionen davon vorstelle, wie ich dem Schaden und der Reue hätte entgehen können, wie ich etwas hätte ablehnen oder was ich hätte anders machen können. Ich stelle es mir wieder und wieder vor.

Aber Gegenstand meiner Überlegungen ist nicht die Gewalt und wie ich ihr hätte entgehen können. Meine Reue bezieht sich auf die missglückten Versuche, mich begehrenswerter zu machen, auf meine Neigung, Kleidungsstücke und Gegenstände zu verlieren oder kaputtzumachen, auf mein loses Mundwerk, meinen schlaffen Körper, Dinge, die ich berühren kann.

Ich habe mir nie vorgestellt, dass ich die Gewalt hätte verhindern können. Das ist unmöglich. Ich sehe das kleine Mädchen, bevor es zum reinen Körper wurde, weil ich ab und zu seine Freiheit spüre. Dennoch kann ich mir nicht vorstellen, wie ihr Leben verlaufen wäre, wenn sie nicht mit zwölf Jahren diesen Folterern ausgesetzt gewesen wäre. Wäre sie auf andere Weise erniedrigt worden, wäre ihr stattdessen irgendein anderes Unglück widerfahren? Das Ausradieren dieser Ereignisse würde aus mir einen grundlegend anderen Menschen machen. Ich wäre vielleicht in einem ganz anderen Leben.

8

Ich bin 14 Jahre alt. Ich stehe vor einem großen Spiegel. Mein Plan ist es, ganz ruhig in meinem Zimmer zu bleiben und es so zu machen, dass die anderen nichts davon mitbekommen – erst, wenn sie das Ergebnis sehen. Dann wird man mich bemerken. Ich halte eine Stecknadel in der Hand, die ich gleich von unten in meine unauffällige Augenbraue hineinstechen werde, so dass sie oben wieder herauskommt. Ich stelle mir die Bewegung der Nadel deutlich reibungsloser vor, als sie es am Ende ist, obwohl ich nicht denke, dass es einfach wäre, sich selbst ein Piercing beizubringen. Ich steche mir das spitze Metall nicht in die Haut, weil ich auf Schmerz aus bin, sondern weil ich zeigen will, wie furchtlos ich bin.

Als Kind hatte ich Angst vor Nadeln. Bestimmt habe ich beim Arzt um Hilfe gerufen. Danach habe ich meinen Körper immer auf die Probe stellen wollen. Ich verweigere noch heute Medikamente zur Schmerzlinderung und Betäubungen, ich nehme nur eine halbe Schmerztablette, ich lasse die verschriebenen Antibiotika liegen. Ich sage der Masseurin nicht, dass sie mich am Hals würgt. Eher bin ich eine Stunde lang kurz vor dem Ersticken, als dass ich sage, dass mir etwas wehtut. Häufig lüge ich, wenn jemand bei einer Behandlung fragt, ob es schmerzt.

Doch das Durchstechen der Augenbraue mit der Nadel tut weh. Der Schmerz hört auf, als das Gewebe über dem Auge zu einer Kugel anschwillt, nachdem ich lange mit der Nadel darin herumgestochert habe. Die Nadel geht nicht durch die Haut wie durch Stoff, sondern sie bleibt im Gewebe hängen, in der Masse unter der Haut, und weigert sich, oben wieder herauszukommen. Mehrmals bin ich kurz davor aufzugeben. Ich weine immer wieder, aber ich bin hartnäckig. Ich zwinge mich dazu, diesen Schmerz zu erleben, damit ich der Welt berichten kann, zu was ich fähig bin. Als ich meinem Gesicht bis zur Gefühllosigkeit Gewalt angetan habe, gelingt es schließlich. Ich stecke einen dünnen goldenen Ring in den Durchlass, den ich geschaffen habe, und bewundere das Ergebnis durch die Schwellung hindurch.

Einige Monate später muss ich mich von dem Schmuck verabschieden, denn das Piercing, das ich mir gestochen habe, ist zu oberflächlich, und ich fürchte, das der Ring, der nur an einem kleinen Hautfetzen hängt, ausreißt. Das Piercing hinterlässt eine Narbe, die sich mit dem Alterungsprozess meines Gesichts verändert. Jetzt liegen die beiden Löcher fast nebeneinander, sind fast eins. Sie sind hell, und man könnte sie für Windpockennarben halten. Die Narben erzählen davon, dass ich einfach nur verhindern wollte, ganz zu verschwinden.

9

Als ich an der Universität studierte, bewarb ich mich für einen Auslandsaufenthalt in Belgien und wurde angenommen. Meine alleinerziehende Mutter hatte nie Geld für Reisen gehabt, und so war ich in meinem zwanzigjährigen Leben erst einmal im Ausland gewesen. Ich war wirklich keine Weltreisende und auch keine extrovertierte Quasselstrippe, aber ich träumte von einem Leben im Ausland. Ich wollte Diplomatin werden, weit fort von dem Ort, aus dem ich kam.

Ich packe also meinen Koffer und verabschiede mich von meinem Freund. Bereits am selben Nachmittag komme ich in der richtigen Stadt an. Ich umklammere den selbst ausgedruckten Stadtplan, auf dem ich mit einem roten Stift das Ziel eingekreist habe. Mit den Augen auf dem Stadtplan gehe ich vom Bahnhof zum Studentenwohnheim. Ich entdecke den Hausmeister, bekomme den Schlüssel und finde die Tür zu meinem Zimmer. Ich gehe durch die Tür.

Das Zimmer ist klein und schmucklos. Mehr als ein Bett, ein kleiner Kleiderschrank und ein Schreibtisch passt nicht hinein. Das Fenster geht zum Innenhof.

Ich setze mich kurz aufs Bett und weiß nicht, was ich als Nächstes tun soll. Das Zimmer gefällt mir nicht sonderlich, also mache ich mich auf die Suche nach der Gemeinschaftsküche und dem Bad. Es sind nur wenige andere Studierende da, denn ich bin schon ein oder zwei Wochen vor Semesterbeginn angereist, um mich in Ruhe mit der Stadt vertraut zu machen.

Dann, ziemlich schnell – vielleicht nur Minuten, nachdem ich auf dem Korridor den ersten Atemzug der Innenluft in meine Lunge aufgenommen habe –, fängt das Gebäude an sich zu verändern, oder es verändert mich. Meine Schritte auf dem Korridor führen mich an einen Ort, an dem mein Gemütszustand und das Bedrohliche des Hauses aufeinandertreffen. Das Gebäude wird zum Haus des Schreckens. Die Farben verschwinden, überall riecht es muffig. Ich habe das Gefühl, ich gehöre nicht hierher. Ich kann es hier nicht aushalten. Ich gehe zurück ins Zimmer und weiß nicht, was tun.

Ich blicke aus dem Fenster und sehe einen grün belaubten Baum. Ich blicke auf die Wand, den Schrank, den Koffer, den ich noch nicht geöffnet habe. Dann geht es los.

Mein Atem geht immer schwerer. Die Wand, die Holzverschalung, das Dunkel, der Geruch, wo bin ich? Ich bin hier, ich bekomme keine Luft, was soll ich tun? Ich sehe Küchenschaben oder irgendwelche kleinen Wesen in den Ecken. Ich sehe Leere. Ich sehe das Ende. Ich sehe Bewegungen an den Wänden, Lichter, die verschwinden. Die Tür des kleinen Kleiderschranks ist einen Spalt geöffnet, darin Dunkelheit. Ich bin in Gefahr und paranoid. Ich habe nur einen Gedanken, und der lautet: weg hier. Ich kann mir für meine Zukunft nur die Flucht oder den Tod vorstellen. Das hier ist nicht die Flucht, die ich mir vorgestellt habe.

Ich versuche, nach draußen zu gehen. Ich kann nichts machen. Ich weiß nicht, wo ich hin soll, wie ich mich ablenken kann. Ich gehe wieder ins Zimmer und setze mich aufs Bett. Ich versuche, ein Buch zu lesen. Und weil ich ein Sonderling bin, wirklich, ist es *Der Prozess* von Kafka, und das macht meinen Zustand nicht besser. Wie könnte es auch sein, im Buch ist ein Mann namens Josef K. eines Verbrechens angeklagt, das nicht genannt wird. Ich kann nicht weiterlesen, ich stecke das Buch wieder zu den anderen Sachen in den Koffer. Ich verschwinde tiefer in meiner Verzweiflung. Das Zeitgefühl kommt mir abhanden, und ich weiß nicht, ob inzwischen schon eine oder mehrere Nächte vergangen sind. Habe ich etwas gegessen, geschlafen? Ich rufe meinen Freund und dann meine Mutter an. Ich sage, dass ich hier weg will. Sie versichern mir: *Beruhige dich. Du gewöhnst dich schon dran. Mach dir keine Sorgen. Warte, bis die Kurse anfangen. Du bist ja bisher nicht mal an der Uni gewesen.*

Draußen die Stadt, die Sonne, Skulpturen und Baguettes, und hier ich, in einer unbegreiflichen Panik. Ich rufe in der Uni an, denn obwohl es nicht gut läuft, bin ich nicht mehr zwölf, sondern zwanzig. Die Person, die für die Austauschstudierenden zuständig ist, sagt zu mir, es habe keinen Sinn zu leiden. Sie empfiehlt mir, nach Hause zu fahren.

Ich zögere nicht. Ich suche mir ein Reisebüro, kaufe ein teures Rückflugticket und fliege am folgenden Tag nach Hause. Ich habe vielleicht zwei oder drei Tage in Belgien verbracht.

Die Rückkehr beschämt mich. Ich versuche zu verstehen, was dort geschehen ist, aber es gibt keine Erklärung. Ich komme nicht auf die Idee, dass ich in dem belgischen Wohnheim vielleicht versucht habe, ein altes Problem zu lösen, oder einfach aufgehört habe zu vergessen. Ich traue mich nicht, jemandem davon zu erzählen, ich traue mich nicht, an die Uni zurückzugehen. Ich schließe meine Kurse mit Hausarbeiten oder Klausuren ab. Ich transferiere die Geschichte dieser Frau in das Archiv, in dem auch die anderen Schuldigen sitzen. Sie ist eine Niete, die ein paar Tage im Studentenaustausch war, ohne mit jemandem zu reden und ohne einmal die Uni besucht zu haben. Meine Niederlage ist monumental. Wieder so etwas Unmögliches, das nur mir passieren kann.

Rosi Braidotti schreibt, das Gedächtnis würde umherstreifen: Sich zu erinnern sei gleichbedeutend mit Schleifen und Wiederholungen, aber nicht nur aus der Black Box der Psyche, sondern aus der ganzen körperlichen und erfahrungsmäßigen Dichte des Ich. Um sich zu erinnern, braucht man sich nicht zu erinnern. Das Gedächtnis lebt im ganzen Körper, und es ist eine unkontrollierbare Kraft, die man nicht zähmen kann.

10

Da ich dann doch keine Diplomatin wurde und auch ehrlich gesagt sonst nirgendwo Arbeit bekam, beschloss ich, eine Doktorarbeit zu schreiben. Damit würde ich meine Tüchtigkeit letztgültig und eindeutig unter Beweis stellen. Anders als ich dachte, war die Uni, dieser Ort des zwanghaften Reüssierens, die perfekte Umgebung, um die Angst vor dem Auffliegen und das Gefühl des Ungenügens zu nähren. Dabei half es auch nicht, dass mein Gedächtnis ein Problem war.

Mein Wettrennen zum Doktortitel war eine einzige Hysterie. Das begriff ich erst viel später, als eine Freundin zu mir sagte, *aber trotzdem hast du deinen Doktor gemacht*, und ich fand überhaupt nicht, dass das zutraf. Der Doktor ist nicht trotzdem. Er ist genau deshalb. Am schlimmsten war, dass ich diese Arbeit so stark mit meinem Wert als Mensch verknüpfte, dass ich keine andere Art des Daseins mehr kannte. Ich bewegte mich von einer Traumabühne auf die nächste. Ich kämpfte Jahr um Jahr in den muffigen Räumen der Universität um mein Überleben.

Nach meiner Dissertation fing ich an, über den Tschetschenienkrieg zu forschen. Natürlich musste es bei meiner Forschung um Leiden gehen, und ich entschied mich für einen der grausamsten Kriege der Geschichte. Ich schrieb darüber ein Buch und schickte es an einen Verlag, der das Manuskript an vier Gutachter weiterleitete.

Dann bekomme ich die Reviews.

Ich lese sie an einem Sonntagabend, als ich schon Zähne geputzt habe und im Bett liege. In dem 12-seitigen Gutachten wird mein Manuskript als pathetisch, egozentrisch und selbstgerecht beschrieben. Die Worte, die ich anhand meiner Lebensgeschichte deute, reißen eine Wunde in mir auf, die von der Unterlippe zur Scham reicht. Ich könnte versuchen, *nam myoho renge kyo* zu rezitieren, ich könnte den Buddha-Körper erzeugen, aber ich liege unter zu viel Scheiße begraben und kann es nicht mehr.

Wir wohnen zwischenzeitlich in einer kleinen Mietwohnung in der Nähe einer Haftanstalt. Ich wache an einem Montag auf, der endlos erscheint. Ich kann mich nicht rühren. Ich will nicht kochen oder mit den Kindern zusammensein. Der Mann erledigt alles. Ich liege und warte, den Blick zur Zimmerdecke gerichtet. Der Arzt schreibt mich für zwei Monate krank, und vielleicht zum ersten Mal lasse ich mich darauf ein. Bestimmt trägt schon die Tatsache, dass ich krank sein darf, zu den ersten Schritten der Genesung bei.

Jetzt denke ich, dass diese Ouvertüre nötig war: Ablehnung, Missbilligung, die Infragestellung meiner Forschungsethik. *Nun schäm dich.* Mein Körper bewegte sich ein wenig, vielleicht warf ich mich gegen die Gitterstäbe, aber immerhin fühlte ich etwas. Die Depression als Grund für meine Krankschreibung – auch wenn es die falsche Diagnose war – rüttelte mich auf. Es war immerhin eine psychiatrische Diagnose, die meine Zerstörung offenbar machte. Auch ich konnte sie sehen, ihren harten Griff fühlen, und ich weinte fast vor Freude, als ich wieder und wieder Arbeitsaufträge ablehnen konnte.

Aber das pathetische und selbstgerechte Buch über die Tschetschenienkriege – jetzt wo ich die Dinge von weiter weg und klarer sehe – war ein erster Versuch, Hysterie in den Text zu bringen. Es war eine Vorübung für mein Antidokument, der Versuch einer anderen Form der Archivierung, die Anordnung einer Bedeutungsfülle, die man selbst unmöglich noch unter Kontrolle haben kann.

Am Ende wurde das Buch doch veröffentlicht. Das wollte ich in einer kleinen Kneipe feiern. Ohne dass ich vorher davon wusste, tauchte dort ein Tschetschene mit einem anderen, jüngeren Mann auf. Sie sagten, sie wollten bei meiner Feier auftreten. Ich war sprachlos und versuchte, mir zu überlegen, an welcher Stelle ihre Aufführung stattfinden könnte. Ich beschloss, dass sie den krönenden Abschluss bilden sollten.

Dann spielte der junge Mann Akustikgitarre, und der ältere Mann sang auf Tschetschenisch. Man hörte seine Stimme gar nicht, da er kein Mikrofon benutzen wollte.

Eigentlich kümmerte es sie nicht, ob man sie hörte. Das, was sie taten, geschah trotz allem.

11

Mein Vater steht in seinem Marlboro-Hoodie in der Küche und sieht beim Sprechen aus dem Fenster. Er ist allmählich müde. Wir reden schon seit zwei Stunden. *Man durfte da nicht hingehen, um seine eigenen Probleme zu lösen*, sagte er, während er Papiere und Fotos aus seiner Aktentasche nahm.

Gab es denn trotzdem Leute, die das taten?, fragte ich.

Ein Mann war als Koch da. Das war, bevor ich zu dem Vorposten kam. Er hatte gar keine Waffe mehr, weil kurz darauf sein Rückflug nach Finnland ging. Er nahm sich die Waffe von irgendjemand anderem, ging nach draußen und erschoss sich. Einfach so.

Ich kann nichts dagegen tun, dass ich jedes Mal, wenn ich dem Archiv der Gewalt etwas Neues hinzufügen will, an meinen Vater gerate. Vielleicht liegt es daran, dass er ein Rätsel ist, dessen Lösung vielleicht erklären könnte, warum ich wie ein abgestorbener Baum bin. Er ist die Leere, die mich füllt, er dreht sich mit mir im Kreis, umstellt den dunklen Brunnen, dringt in meine Geschichte ein, und ich lasse es geschehen.

Oder vielleicht belastet es mich auch einfach, wie einsam mein Vater gestorben ist. Oder dass er genau zu dem Zeitpunkt starb, als er zum ersten Mal richtig mit mir gesprochen hatte, als ich gerade mit meiner Ermittlung angefangen hatte, in der er hätte als Zeuge auftreten oder gestehen können.

Mein Vater wurde mit 62 Jahren sterbend aufgefunden. Ich meine nicht Selbstmord, aber es war seltsam, dass er nicht um Hilfe gebeten hatte. Es hat etwas Seltsames, wenn jemand nicht um Hilfe bittet. Oder er tat es doch, ein oder zwei Wochen vorher hatte er den Krankenwagen gerufen, aber man brachte ihn nicht ins Krankenhaus. Danach versuchte er es offenbar nicht noch einmal.

Zufällig komme ich an genau diesem Tag in der Stadt an. Ich bekomme einen Anruf von meinem Bruder, als ich gerade an der Supermarktkasse stehe. Das ist natürlich kein Zufall. Ich bewege mich im Takt der Kräfte, die das Leben bestimmen, und an diesem Tag muss ich in der Stadt sein, die mir Übelkeit verursacht. Ich nehme das Gespräch an, obwohl ich gerade dabei bin, meine Einkäufe in die Tasche zu stopfen, denn mein Bruder ruft mich sonst nie an. *Vater ist tot.*

Ich gehe zum gelben Haus meiner Freunde. Ich weiß nicht, was ich fühlen soll. Mein Vater ist tot, aber wer ist da eigentlich für mich gestorben? Ich rufe in der Pathologie an, Vaters Geburtsdatum auf einem Zettel, damit ich beweisen kann, dass ich eine Angehörige bin. Ich schreibe in meinen Kalender, was die Ärztin sagt: *kritischer Zustand, Leber, Nieren, Blutdruck niedrig, Dienstag um 10.11 Uhr.* Meine Schrift ist schön, schöner als in meinen Notizbüchern, in denen ich präzise und wohlüberlegte Eintragungen vornehme. Ich habe langsam mitgeschrieben und während des Gesprächs mit der Ärztin die Federn des Vogels auf der Rückseite des Kalenders ausgemalt.

Man sagt mir, ich könne kommen und mir den Leichnam ansehen. Ich schreibe in den Kalender: *außen herum, hinter dem Haupteingang, am Krankenhaus vorbei, zweite Kreuzung rechts, Personalparkplatz, Übergabe des Verstorbenen, Angehörige.* Ich weiß nicht einmal, ob ich eine Angehörige bin, denn ich wurde nicht benachrichtigt, als mein Vater im Sterben lag, und auch nicht, als er gestorben war.

12

Auf dem Plattenspieler dreht sich eine Vinylscheibe. Sie dreht sich, und ich trete auf der Stelle. Ich will mich an das erinnern, was mir geschehen ist. Ich will mich nicht an das erinnern, was mir geschehen ist.

Die Platte dreht sich, meine Gedanken ruhen. *If you want to leave, don't breathe*, singe ich mit Nick Cave, und ich denke an seinen 15-jährigen Sohn, der starb, kurz bevor das Album *Skeleton Tree* fertiggestellt wurde. Cave sagte einmal in einem Interview, dass Menschen sich nicht verändern wollen, sie wollen nur Abwandlungen des Bekannten, aber manchmal geschehen Dinge im Leben, die einen Menschen wirklich verändern, dauerhaft.

Wenn ich gewusst hätte, dass ich gehen kann, wenn ich einfach aufhöre zu atmen, hätte ich es getan?

Mein Mann und ich sitzen fast in der ersten Reihe. Nick Cave tritt solo im Musiikkitalo Helsinki auf, und ich werde ihm bald eine Frage stellen. Ich habe den Entschluss bereits zuhause gefasst, aber die Frage fällt mir erst ein, als wir auf unseren Plätzen sitzen. Endlich nickt der Moderator mir zu, als Zeichen, dass ich als Nächste mit meiner Frage dran bin. Mir laufen kalte Schauer über den Körper, und meine Achselhöhlen werden klebrig.

Dann dreht Nick Cave sich um und sieht mich an. Genau mich. Ich bin nervös und habe zu viel Speichel im Mund. Ich sehe ihn an und sage: *Ich bin Buddhistin, und ich schreibe Songs, aber anders als ihr glaube ich nicht, dass man einen äußeren Gott braucht, um bedeutsame Musik zu schreiben.* Ich weiß nicht mehr, was Nick Cave auf diesen merkwürdigen Wortschwall geantwortet hat oder ob ich überhaupt eine Pause gemacht habe, in der er etwas hätte sagen können. Dann frage ich: *Kannst du etwas zum Song »Girl in Amber« sagen, denn er bringt mich immer zum Weinen, aber ich weiß gar nicht, wovon das Lied handelt. Diese Stellen berühren mich besonders,* und ich singe: *The phone, the phone, the phone, it rings, the phone, it rings no more; If you want to leave, don't breathe; don't touch me.*

Dann antwortet er mir, der Mann im schwarzen Anzug: *»Girl in Amber« ist eines der improvisierten Stücke auf der Platte. Weil es ein Bewusstseinsstrom ist, verstehe ich es selbst nicht ganz. Aber der Text berührt mich auch. Er ist das Ergebnis eines langen Prozesses, obwohl er aus dem Moment entstanden ist.*

So wie mein Gedächtnis.

Amber bedeutet Bernstein, hundert Millionen Jahre altes, ausgehärtetes Harz von Nadelbäumen, meist von goldbrauner Farbe. Es gibt auch blauen Bernstein, aber er ist sehr selten. Er wird vom Meeresgrund an die Küste gespült.

Nick Cave sagt noch mehr: *Anfangs erzählte »Girl in Amber« von einem Mädchen, das in der Zeit gefangen ist, blockiert. Aber nach dem Tod meines Sohnes war es meine Frau Susie, die in der Trauer feststeckte.* Nick Cave sprach mit mir. Mir, die ich auch in der Zeit gefangen bin. Dann sage ich zögernd: *Bestimmt willst du es nicht singen, aber mir würde es nichts ausmachen, wenn du es singen würdest ...* Und er erwidert: *Ich kann es singen, aber ich bin nicht sicher, wie es mit dem Klavier passt.*

Das macht nichts, ich weine trotzdem, sage ich noch.

Nick Cave ist für mich so wichtig, dass er mich im Traum entführt. Er berührt fortwährend irgendetwas, aber ich erinnere mich nicht, was, vielleicht sich selbst, vielleicht Gegenstände, aber nicht mich. Sein Haus im Traum ist riesig, und er hat auf der Terrasse ein Fernrohr aufgebaut, mit dem man weit sehen kann. Er kontrolliert durch das Fernrohr, dass niemand kommt, und mir wird klar, dass er vor etwas auf der Flucht ist.

13

Ich kann mich nicht an die Übergänge erinnern. Als sei ich nie ans Ufer, zum Haus, an Orte, ins Innere gegangen. Jedenfalls habe ich keine Spuren hinterlassen. Ich bin einfach dort gelandet, wo ich nicht hätte hingehen sollen. Ich kann mich an keinen einzigen Schritt erinnern, den ich gemacht hätte. Ich kann mich nicht erinnern, auf ein Fahrrad gestiegen zu sein. Man hätte eigentlich auch keinen Grund, sich an solche alltäglichen Dinge zu erinnern, wenn diese Übergänge nicht Reisen in andere Welten gewesen wären. Hatte ich auf dem Heimweg Angst aufzufliegen? Hatte ich Schmerzen? Konnte ich meinen Po auf einen Fahrradsattel betten? Bin ich leichten oder schweren Schrittes gegangen? Habe ich an das Geschehene gedacht oder habe ich es vergessen, um nicht zu straucheln?

Wie konnte ich wissen, zu welcher Zeit ich an welchem Ort sein sollte, oder hat man mich in die Zimmer gebracht? Hat man mich irgendwo abgeholt und gefragt, ob ich mitkommen will? Habe ich gezögert? Habe ich gedacht, dass sie mich diesmal vielleicht mögen würden?

14

1275 überreichte Nichiren seinem Schüler Yui einen seiner wichtigsten Texte. Darin schrieb er, dass man zuallererst die Zeit verstehen lernen müsse. Er meinte damit die Zeit, die keinen Anfang und kein Ende kennt, und große historische Zeiträume.

Als ich anfing, das buddhistische Sutra zu rezitieren, fiel es mir nicht schwer, an die mystische Seite des Lebens zu glauben, denn mit dieser Kraft hatte ich bereits mein Leben lang gerungen. In der verehrten Schriftrolle mit ihren Strichen und Zeichen sah ich den Anfang, der in jedem Augenblick wiederkehrt. Manche Dinge sind allerdings so stark verwurzelt, dass sie nicht in einem Augenblick verändert werden können, nicht einmal in Jahren.

Meine Zeit ist eine zerschlissene Zeit, in der es statt Anfängen Wiederholungen gibt. Daher ist es überraschend, dass mir plötzlich die Hängematte und die Musik einfallen. Ich bin mir nicht sicher, ob es in den 1990er Jahren in dem kleinen Dorf Hängematten gab, aber ich erinnere mich daran, dass ich darin liege, und es geht mir gut. Ich wünsche mir etwas. Ich wünsche mir Liebe, Aufmerksamkeit, vielleicht eine Berührung? Ich habe mich wieder einmal aus eigenem Antrieb in die Hände des Gewalttäters begeben.

Wie die Kommissarin Stella Gibson immer wieder sagt, steckt der Teufel im Detail. Der Teufel steckt in der Hängematte und in dem Song, dessen Name mir nicht einfallen will. Die Musik klingt von weither und kommt näher. Ich höre sie klarer. Ich suche nach Namen von Bands aus den 1990ern, bis es mir einfällt, The Offspring, das Stück setzt in meinem Kopf sofort ein, »Pretty Fly (For a White Guy)«, und es schüttelt mich. Ich gerate in Aufregung, die Musik in meinen Ohren wird immer lauter, ich dresche auf die Tastatur ein, der Gitarrenriff zerrt an meinen Ohren. Aber das Stück ist von 1998. Es kann also nicht der Song sein. Das Album *Smash* von The Offspring ist von 1994. Das passt zusammen. Ich höre es mir an. »Come Out and Play«. Ich bin mir nicht mehr sicher. Der Beweis ist schwach und meine Erinnerung schwankend.

Meine Zeit schreitet voran wie im Traum. Nick Cave wacht mit seinem Fernrohr darüber, dass niemand in sein Haus kommt. Ich wache darüber, dass sich nichts verändert.

15

Als 1999 der zweite Tschetschenienkrieg begann und im Namen einer Antiterroroperation bis ins Jahr 2009 fortdauerte, wurden in Tschetschenien systematische Entführungen zu einem Kriegsverbrechen. Tausende Menschen verschwanden. Vor allem junge Männer wurden von russischen Soldaten gekidnappt und als »Terroristen« hingestellt, und dann erpresste man von ihren Familien Geld für die Rückgabe des lebenden oder toten Angehörigen. Für die Familien bedeutete es, dass die Zeit stehenblieb, denn manche erfuhren nie, wo ihre Angehörigen geblieben waren.

Der Krieg hörte auch dann nicht auf, als er für beendet erklärt wurde. Im Film *Barzakh* streicht eine Frau in den Ruinen ihres Hauses eine Zimmerdecke mit einem kleinen Pinsel weiß. Ein Mann erzählt, wie er auf Befehl der Russen die blutbeschmierten Wände seiner Zelle weiß streichen musste. Sie verdeckten die Spuren in den Zimmern, die nicht vergessen, was dort geschah. Die Wände haben ein Gedächtnis, die Zimmerdecke hat ein Gedächtnis.

Die Familien blieben als Folge des Verschwindens in Bernstein zurück, einem Zustand zwischen Leben und Tod, Traum, Erwartung und Stillstand. Wie kann man weiterleben, wenn ein Mensch fortgebracht wird und nie zurückkommt? Man kann nur warten und suchen, aber nichts geht voran.

Während die Zeit stehenbleibt, wiederholt sich die Gewalt. Die Großmutter von Milana Terloeva war Zeugin der stalinistischen Säuberungsaktionen von 1944, als hunderttausende Tschetschenen in Züge gepfercht wurden und tagelang zu Arbeitslagern und in die Zwangsumsiedlungsgebiete in Kasachstan unterwegs waren. Wer sich weigerte mitzukommen, wurde getötet. Die Menschen, die überlebten und dreizehn Jahre später zurückkommen durften, fanden ihre Wohnungen von Fremden bewohnt.

Im August 1999 sitzt Milana mit ihrer Großmutter, ihrem Bruder und dreißig anderen Menschen in einem feuchten Keller, als die Russen Grozny bombardieren. Die russischen Generäle öffnen einen humanitären Korridor für Zivilisten, damit die Leute die eingekesselte Stadt verlassen können, aber Milana und ihre Großmutter gehen nicht fort. Sie wollen auf die Rückkehr von Milanas Mutter aus der Türkei warten, wo sie Kleidung ankauft, die sie später auf dem Markt wieder verkaufen will.

Eines Tages verlässt Milana den Keller mitten im Bombardement, geht zu ihrem Haus und schläft auf ihrem Bett ein. Sie wacht auf, als sie hört, wie ihre Großmutter neben ihr sie immer wieder beim Namen nennt, und sie gehen zusammen zurück in den Keller, wo die Großmutter zur 16-jährigen Milana sagt: *Wir haben so lange überlebt. Unsere Geschichte geht weiter. Wir bauen alles wieder auf, so wie immer. Wir haben kein Recht auf Verzweiflung. Wir sind zur Hoffnung verurteilt.*

16

Will ich leben, oder will ich mich erinnern, und schließen diese beiden Dinge einander aus? Wegen meiner unklaren Erinnerung dachte ich lange, dass die Vergangenheit etwas sei, das man nicht ändern kann, also sei es besser, sie nicht weiter aufzuwühlen. Ich könnte mein Erinnerungsvermögen von Jahr zu Jahr immer mehr ausdünnen lassen, bis es so lasch geworden wäre, dass es mich nicht mehr tangieren würde. Ich dachte auch nicht, dass die Gewalt, die ich erfahren habe, mir wirklich geschadet hätte. Ein paar Panikattacken durch Flashbacks hier und da erforderten keine Selbstbespiegelung oder professionelle Hilfe.

2013 änderte sich meine Ansicht jedoch. Mir dämmerte, dass ich eine Lüge lebte. Der erste Same des Zweifels spross in einem Genfer Café, als ich einer Freundin die Kurzversion der Ereignisse erzählte, die meine Kindheit überschattet hatten, und sie fragte, ob ich mich in Therapie begeben hätte.

Natürlich nicht. Der Gedanke war mir nicht einmal gekommen. Ich brauchte keine Hilfe. Was sollte man an den alten Geschichten denn auch machen können?

Manchmal leiden auch Fachleute, die sich im Rahmen der Forschung zu sexuellem Missbrauch mit traumatischen Szenen beschäftigen müssen, unter einer posttraumatischen Belastungsstörung, aber mich betraf das nicht. Die Gewalt war Vergangenheit. Ich war darüber hinweggekommen.

Dennoch ließ es mir keine Ruhe, dass meine Freundin von dem überrascht war, was sie hörte – sowohl von dem, was mir widerfahren war, als auch davon, dass ich dem kaum Bedeutung beimaß. Meine Erfahrung war für mich selbst so normal, dass ich ihr wahrscheinlich gesagt habe, es sei keine große Sache gewesen. Hätte allerdings die Freundin mir von wiederholter sexueller Gewalt erzählt, hätte ich das niemals für unwichtig gehalten.

Ich negierte die Belastung durch die Gewalt bei mir selbst genauso, wie es eine Gemeinschaft tut, die darin keine Katastrophe sehen will, sondern eine zwar unangenehme, aber nicht unerträgliche Situation. Vielleicht hatte mir dieses Herunterspielen als Erwachsene geholfen, vielleicht hatte es mein Schuldgefühl im Zaum gehalten. Aber jetzt bekam mein Selbstbetrug Risse.

Als ich fünf Jahre lang zu den Tschetschenienkriegen forschte, war ich ständig mit Traumata beschäftigt und wie man sie überwindet, und nicht ein einziges Mal kam mir in den Sinn, dass es mich über Gebühr belasten könnte, mich tage-, wochen- und jahrelang gewalttätigen Bildern und Erzählungen auszusetzen. Ich bekam einfach nicht genug davon und machte auch in den nächsten Projekten noch mit Kriegserfahrungen weiter. Unbemerkt hatte ich mit meiner eigenen Kriminalermittlung begonnen. Nach und nach drangen Theorien und Fallbeispiele zum Thema Gewalt in mein Bewusstsein, und sie handelten auch von mir. *Das traumatische Gedächtnis ist besonders. Die Bruchstückhaftigkeit und Fragmentierung der Erinnerungen sind typisch dafür. Die Erinnerungen sind im Körper gespeichert.*

Ich merkte, wie ich über meine eigene Gewaltgeschichte und ihr fehlendes Archiv nachdachte. Ich ging dem nagenden Gefühl nach, das als Fußnote in jeder Kriegserfahrung auftauchte: dem Trauma. Ich konnte nicht länger die Augen davor verschließen.

17

Pierre Janet stellte im 19. Jahrhundert fest, dass hinter der Hysterie ein Problem verborgen liegt, das mit traumatischen Erinnerungsfragmenten zusammenhängt. Der Horror der eigenen Existenz entstand aus dem ständigen Kampf zwischen Erinnern und Vergessen. Das Gedächtnis der Hysterikerin war fragmentiert. Janet nannte das Dissoziation. Das wurde mir 2019 in Bulgarien bewusst.

Ich bin mit meiner schwarzhaarigen Freundin in Sofia auf einer Konferenz. Wir haben eine Wohnung im Stadtzentrum gemietet. Sie bezieht das Schlafzimmer zur Straße, weil sie weiß, dass ich bei Lärm nicht schlafen kann.

Dann beginnt die Konferenz, und die Beteiligten laufen auf der Suche nach den richtigen Vortragssälen durch die Gänge der Universität. Ich habe mein Referat gerade beendet, bei dem ich das Video mit meinem Vater gezeigt habe. Ich packe meine Sachen zusammen und verlasse den Saal, als ein Kollege auf mich zukommt und mich anspricht. Ich stelle mich vor. Er sieht mich seltsam an und sagt, dass wir uns bereits am Vortag getroffen haben. Ich sage, ich könne mich nicht daran erinnern, und entschuldige mich. Er sieht mich immer noch seltsam an, und ich mache mir plötzlich Sorgen. Wie kann es sein, dass ich mich an diesen Menschen überhaupt nicht erinnere?

Am Abend laufe ich mit meiner Freundin durch die Stadt. Wir gehen essen, sie trinkt ein Bier, ich ein Glas Wein. Wir treffen einen Kollegen, der auch essen und ein Bier trinken will. Ich kenne ihn, er ist ganz sicher nicht darauf aus, eine Frau abzuschleppen. Dennoch erscheint, als wir in der Restaurantzeile unter den Straßenlaternen stehen, an den Grenzen meines Bewusstseins eine Gestalt, die mir ähnelt, und ich bin mir nicht mehr sicher, wer von uns beiden real ist. Ich mutiere zur Beobachterin, obwohl ich weiter spreche. Alles wirkt irgendwie falsch. Mir scheint, ich würde ein paar Schritte rückwärts machen, obwohl ich still dastehe. Ich sehe einen schneebedeckten Berg vor mir. Ich denke an Kirschbäume. Ich höre das Gespräch wie aus großer Entfernung. Ich weiß nicht, ob ich mich daran beteilige.

Am nächsten Tag stehe ich in der Universität auf dem Gang und trinke bitteren Kaffee. Jemand kommt auf mich zu und beginnt ein Gespräch, und ich breche entzwei. Eine Person, die aussieht wie ich, redet, aber sie sagt nicht das, was ich sagen möchte. Ich sehe mich selbst beim Reden von außen, aber es bin nicht ich, die da spricht. Später tausche ich mit meiner rothaarigen Freundin Textnachrichten aus und schreibe ihr, dass ich in Prag sei. Aber ich bin in Sofia, und es geht nicht mehr darum, wo ich bin, sondern wann ich bin.

Nach diesen Erlebnissen erzähle ich meiner schwarzhaarigen Freundin, dass meine Psyche gerade zerbricht und ich nicht verstehe, was mit mir geschieht. Als ich ihr von den Details berichte, scheint sie überrascht. Als ich selbst höre, was ich ausspreche, überrascht es mich selbst. Laut ausgesprochen klingt das alles verrückt.

Von meinem Schlafzimmer gelangt man auf einen kleinen Balkon. Am Abend verbietet mir meine Freundin, dem Geländer zu nahe zu kommen. Nicht, weil sie denkt, ich sei so übergeschnappt, dass ich plötzlich hinunterspringen würde, sondern sie sagt, dass sie immer Angst davor habe, dass jemand anders hinunterfällt. Hier greift dieselbe Art von körperlicher Angst, real und lähmend, wie bei der Bewusstseinsspaltung, die geschieht, um die Einheit des Körpers zu schützen.

Meine Freundin fährt einen Tag früher ab als ich. Ich bleibe allein in der Wohnung. Als sie abreist, falle ich. Meine Persönlichkeit wird aus den Fugen gerissen, es geschieht jetzt, und während es geschieht, wird mir klar, dass es geschieht.

Als ich zu mir komme, liege ich in der Wohnung auf dem Boden. Ich war kurz weggetreten, wie lange, weiß ich nicht. Ich halte die Tränen zurück und blicke nach unten in einen Brunnen, der nach dem Kind in mir ruft. Komm her ins Dunkle, ruft er, komm her! Ich fürchte diesen Ort mehr als alles andere. Dort ist meine Erinnerung lebendig. Ich drücke mich mit dem Rücken gegen die harte Bettkante, um meinen Körper zu spüren. Ich drücke so fest, dass es wehtut. Ich öffne auf meinem Handy einen Browser und schreibe in das Suchfeld »Symptome PTBS«. Hinter dem ersten Link öffnet sich eine Liste mit Symptomen. Dann lese ich auf dem Bildschirm das Wort »Dissoziation«.

Dissoziation ist ein Verteidigungsmechanismus der Psyche, eine Art Anpassung. Ein Teil des Bewusstseins wird abgeschaltet. Ein Mensch, der dissoziiert, verlässt seinen Körper oder wird zum Reisenden durch den eigenen Körper. Diese Reaktion ist als vorübergehender Schutz in einer Situation gedacht, deren Bewältigung zu schwer ist. Doch eine Dissoziation kann auch chronisch werden. In dem Fall erscheint die Dissoziation als ständiger traumartiger Zustand, oder man erlebt sich als unwirklich. Die Person kann Gefühle, Gedanken, Empfindungen und sich selbst nicht miteinander verbinden. Das kann zu Gedächtnisverlust führen, zum Verlust des Bewusstseins von Raum und Zeit, zur Verzerrung der Realität und zur Schwierigkeit, Fantasie und Wirklichkeit voneinander zu unterscheiden.

Der Mechanismus, der mich vor einer echten Bedrohung schützen soll, schützt mich vor einer irrealen Bedrohung. Ich habe plötzlich Angst vor mir selbst. Was, wenn das öfter vorkommt?

Dennoch birgt dieses schlimme Erlebnis auch etwas sehr Gutes. Die Dissoziation beschützt mich. Der dissoziative Zustand bereitet den Körper durch das Freisetzen von körpereigenen Opioiden auf einen Schlag vor, und der Schmerz hört auf. Der dissoziative Gedächtnisverlust lässt dich überleben. Shavasana, die Totenhaltung, wird mir durch das Schlimmste vertraut. Die Augen sind geschlossen, in den Ohren rauscht es, der Atem fließt, meine Gedanken schweigen endlich. In dieser Situation steht die Zeit still, oder sie ist unendlich. Ich begebe mich in das totale Vergessen.

18

Meine Ärztin überweist mich in eine psychiatrische Praxis, aber ich gehe auch zu einer Psychologin. Ich betrete ihren Behandlungsraum hoffnungsfroh. Sie soll meine Zeugin sein.

Ich setze mich in den unbequemen Sessel in einer Ecke des kleinen Raumes, und sie fragt, warum ich hier bin. Ich sage etwas von Burnout. Als ich eine Woche später wiederkomme, nehme ich meinen Mut zusammen und sage, was wirklich mit mir los ist. Ich sage so viel, wie meine Worte es zulassen. Ich benutze jeden Satz und jede Wendung, die mein Mund auszusprechen gestattet.

Wie alt waren die Täter?, fragt die Psychologin vorsichtig.

Ein paar Jahre älter als ich, gebe ich zur Antwort.

Ach, dann war es ja nicht so schlimm.

Sie hat erwartet, dass die Gewalttäter erwachsen waren. Sie hatte sich das Geschehen vorgestellt, hatte vor ihrem inneren Auge gesehen, wie ich von Männern missbraucht wurde, und nun war sie erleichtert, dass ich gar nichts so Schlimmes erlebt hatte.

Es hätte also auch noch schlimmer kommen können. Meine Erfahrung war vielleicht ein bisschen schlimm, aber doch nicht allzu schlimm.

Wir setzten das Gespräch fort. Sie bekam das Wort »Sex« nicht über die Lippen. Es war ihr sichtlich unangenehm. Dennoch denke ich darüber nach, ob sie wirklich gesagt hat, dass es nicht so schlimm war, oder ob ich mir das einbilde?

Man kann der Scham nicht entkommen, denn sie springt von Körper zu Körper und trifft unausweichlich mich. Ich bin eine Reflexionsfläche für die Scham anderer Menschen. Ärztezentrum X, mit dem Fahrstuhl ins Stockwerk Y, die linke Tür, sie öffnet sich direkt auf die Wunde der Hysterikerin. Ich verlasse das Zimmer erschüttert. In meine Erinnerung ist der Same des Zweifels gesät worden. Was, wenn ich selbst die Verdächtige bin?

Im Raum bei der Psychologin sage ich nichts, aber als ich herauskomme, würde ich am liebsten laut schreien. Dann denke ich, dass es bestimmt ein Irrtum war. Sie war nicht vorbereitet. Sie hat es nicht so gemeint.

19

Ich sitze mit meiner rothaarigen Freundin auf den Stufen ihres Hauses. Wir haben in der Sauna über den Gedanken gelacht, dass die Frauen in einem Film ihre Zähne in Maiskolben geschlagen haben. Man kann nie wissen, wann eine Frau mit ihren Zähnen etwas tut, was sie theoretisch damit tun könnte. Die Sommernacht ist hell, und die Wärme des alten Holzhauses tut mir gut.

Ich will die Sache genau so groß machen, wie sie ist, sage ich zu meiner Freundin.

Ich musste es genau umgekehrt machen. Ich musste es verkleinern, um darüber hinwegzukommen, sagt sie.

Ich will eine Diagnose. Selbst wenn es eine Krankheit ist, wenn es etwas ist, was man als wahr bezeichnen kann. Ich will, dass jemand aufschreibt, was mit mir los ist.

Wenn man mich medizinisch untersucht hätte, hätte man an meinem Körper sichtbare Verletzungen gefunden, wenn auch wenige, denn ich bin aus hartem Holz geschnitzt. Wenn ich in die Jahre zwischen 1994 und 1997 zurückreisen würde, würde ich in meiner Krankenakte folgende Notiz machen:

Die Patientin leidet unter einer posttraumatischen Belastungsstörung, ICD-10, F43.1, die in ihrem Falle vor allem einhergeht mit dissoziativen Symptomen (Trennung von Gedanken, Gefühlen und Handlungen), dem Wiedererleben des Geschehens, sprich Flashbacks, sowie Übererregung, Ängsten und Aggressivität. Die Patientin reagiert wütend und hat Probleme, ihre Gefühle zu regulieren. Sie handelt selbstzerstörerisch. Es ist schwierig, mit ihr zu kommunizieren. Mögliche Depersonalisation, denn die Patientin erlebt sich selbst als fremd und unwirklich (Diagnosecode F48.1).

Als ich wegen Burnout zum Arzt gehe, diagnostiziert er bei mir eine mittelschwere Depression und schreibt in seinen Bericht, dass ich keine Panikstörung habe, keine Angst vor sozialen Situationen, keine Angststörung und keine akute posttraumatische Belastungsstörung. In Klammern schreibt er: Die Gewalterfahrungen sind nicht mehr aktiv im Bewusstsein.

Auch später bekomme ich keine PTBS-Diagnose, als ich dem Psychiater gegenübersitze und ohne Ausnahme alle Grausamkeiten auf den Tisch lege. Er notiert das Trauma in meiner Krankenakte, aber ich bin wegen der Genehmigung einer Rehamaßnahme in der Praxis, und die bekommen Depressive leichter. Der Diagnosecode für PTBS wird nie in meiner Akte vermerkt, obwohl die diagnostischen Kriterien ohne Weiteres zutreffen. Vielleicht ist die Diagnose bedeutungslos. Sie garantiert mir auch keine Behandlung.

Die Diagnose PTBS verliert auch für mich selbst an Bedeutung, je mehr der Begriff Trauma von der Alltagssprache gekapert wird. Trauma ist überall, alle sind traumatisiert. Diagnostische Kriterien braucht man nicht zu kennen oder zu erfüllen. Die Rede vom Trauma ist inzwischen derart kommerzialisiert und verbreitet, dass Trauma für jedes mögliche Leiden stehen kann, ganz egal, ob es eine zerstörerische Plastizität nach sich zieht.

Wenn man Trauma gemäß dem Vorschlag von Catherine Malabou als einen Zustand begreifen würde, der unabhängig von der Natur des Traumas auf die für Emotionen zuständigen Areale des Gehirns wirkt, indem es im Gehirn Schädigungen hervorruft – bis hin zur Veränderung der Identität von Grund auf –, könnte es schwieriger werden, der Diagnose PTBS auszuweichen. Die Beweise wären zu schwerwiegend, um sie zu umgehen.

Das Wort Trauma kommt aus dem Griechischen und steht für eine psychische oder körperliche Verletzung. Es kam mir immer richtig vor zu denken, dass das Trauma ein Unglücksfall ist, den jemand oder etwas von außen verursacht hat, denn hier steht meine Unschuld auf dem Spiel. Und dass dieser Unglücksfall so beschaffen ist, dass jeder davon traumatisiert würde, selbst Menschen, die sogar noch mehr aushalten als ich.

Aber vielleicht wird ein Trauma gar nicht immer von etwas oder jemand Äußerem hervorgerufen, vielleicht hält sich das Trauma nicht an Kausalitäten, bei denen zuerst ein Unglücksfall da ist und als dessen Konsequenz Störungen auftreten, auf die man mit dem Finger zeigen kann. Die Sache ist zwangsweise komplizierter. Das Vergangene verändert sich in meiner Wahrnehmung ständig, während ich darüber nachdenke, und ich habe keine Handhabe, es vom Gegenwärtigen zu isolieren. Meine Traumata blähen sich auf und fallen zusammen, sie verändern sich, verschwinden, erscheinen, und ich weiß nicht, warum. Ein Ereignis kann sich Jahre später plötzlich als traumatisch erweisen, wenn etwas geschieht, das die Vergangenheit lebendig werden lässt oder sie in ein neues Licht rückt. Oder ein Trauma kann durch ein Geheimnis entstehen oder in einer Situation, in der man sich nicht mehr verbiegen kann. Die Entstehung oder Nichtentstehung eines Traumas hängt davon ab, ob die erlebende Person sofortige Unterstützung erfährt oder nicht.

Die fehlende Diagnose ist eine Aufgabe, der ich mich verschrieben habe. Ich könnte mich in der Situation, in der ich mich verloren habe, auf eine Krankheit beziehen, auf die Neurosen, die von den endlosen Nachwehen des Traumas ausgelöst sind. Doch ich bin ja nicht krank. Ich bin zerstört, auch wenn ich es überlebt habe, aber ich bin nicht krank. Ich stecke mit meinen Diagnoseträumen in denselben Schwierigkeiten wie bei den Versuchen, die Verbrechen zu benennen. Die Bezeichnungen sind nicht präzise genug, sie sind sogar falsch: Sie erfordern Beweise und verändern sich nicht, anders als mein Körper und mein Gedächtnis.

Die Diagnose und die Traumaselbsthilfekultur bergen die Gefahr, dass das Trauma zu meinem einsamen Klagen wird. Die Gewalt droht zu etwas zu werden, das außer Sichtweite gerät, wenn sie mir geschieht, in meinem Innern, in meinem Kopf, zwischen meinen Beinen, obwohl es mir zum Trotz geschieht, als Folge der Tatenlosigkeit und der Gleichgültigkeit von anderen.

Dennoch ist die posttraumatische Belastungsstörung eine Diagnose, die ich gern gehabt hätte. Diese Bezeichnung will ich vornehmen, denn wenn ich das Trauma nicht als Trauma und die Dissoziation nicht als Dissoziation bezeichnen könnte, wüsste ich nicht, dass mein Körper mir gehört. Ich könnte meinen echten Namen nicht wissen, der da lautet: Hysterie, oder mich selbst trösten, indem ich an die Hysterikerinnen denke, die den Worten von Victoria Mas zufolge *barfuß auf den Gängen tanzen.* Ich würde immer noch glauben, dass ich kaputt bin (gebrochen, verletzt, geschwächt, unperfekt, beschädigt, defekt, isoliert, zertrümmert, erniedrigt, unfähig), und ich würde meine Zerbrochenheit als angeborene Schwäche empfinden, als Erbsünde.

Für manche stellt eine Diagnose ein vom Arzt gefälltes Urteil dar, einen Stempel, der die eigene Menschlichkeit und Zukunft in Frage stellt. Für mich wäre die Diagnose einer PTBS eine Begnadigung von einem undefinierten Wahnsinn. Die geistige Abwesenheit, unter der ich manchmal leide, oder die Gleichgültigkeit, die mein erstes Symptom war – ich habe sie für meine spezifische Coping-Strategie gehalten, um zur Leere des Anfangs zurückzukehren, aber sie sind keine individuellen, einzigartigen Symptome. Zumindest nach Malabou weisen *alle, die Traumata – ob nun biologischer oder politischer Art – überlebt haben, die Zeichen einer solchen Gleichgültigkeit auf.* Heute hilft mir die Diagnose nicht mehr, aber früher hätte sie helfen können. Ich hätte gewusst, dass meine Symptome mich am Leben erhalten. Ich hätte gewusst, dass ich nicht schwach, bemitleidenswert und anstrengend bin, sondern dass ich sie als Folge einer Gewalterfahrung gemäß ICD-10, F43.1 habe.

20

Eines Tages im Zug fängt mein Körper an, über Macht nachzudenken, und er denkt so viel darüber nach, dass meine Beine sich nicht mehr bewegen. Meine Hände lassen los, und alle Sachen fallen zu Boden. Davor habe ich durch ein beklemmendes soziales Netzwerk gescrollt und bin auf den Post eines misogynen Professors gestoßen. In diesem Moment erwachte im Unbewussten meines Körpers etwas, das dort vorher geschlummert hatte.

Ich weiß nicht mehr, was ich darüber dachte, ich glaube, ich habe mich gar nicht näher damit beschäftigt. Aber vielleicht habe ich doch über diesen Mann nachgedacht und dann so lange über mich selbst, dass die Orte und Zeiten durcheinandergerieten, sich überlappten und schließlich aufhörten zu existieren, bis dann Angst und Hysterie sich Bahn brachen. Ich dachte, dass ich es nicht schaffe, mich zu wehren. Niemals.

Mein Körper steigt aus dem Zug und geht am Nationaltheater vorbei. Auf dem Bahnhofsplatz, am Aleksis-Kivi-Denkmal, bleibt er wie angewurzelt stehen.

Zuerst drückt es mir die Brust zusammen, und dann kommt der Gedanke: *Sie* (hier dringt sicherlich Bob in mich ein und macht mit dem Professor ein Highfive) *können tun, was sie wollen, aber ich, ich kann gar nichts tun.* Der Körper erinnert sich an das, was ich immer gewusst habe, und ich kann mit dem Gedanken die Lawine nicht stoppen, die immer schneller auf mich zurollt. Mein gesamter Körper reagiert auf den Reiz, der mich daran erinnert, dass jemand einfach daherkommen und mich auf den Boden drücken kann, und ich ergebe mich. Meine Gliedmaßen gehorchen mir nicht, ich weiß nicht einmal, wohin ich gerade gehen will. Ich bekomme keine Luft und fange an zu keuchen.

In einer Gefahrensituation nimmt der Sympathikus die Zügel in die Hand. Das ist der Teil des Nervensystems, der unabhängig vom Willen agiert und den Körper auf eine blitzartige Bewegung vorbereitet. Der Blutdruck steigt, die Blutgefäße in den Muskeln weiten sich, man schwitzt. Am Aleksis-Kivi-Denkmal versagt die Regulation meines Nervensystems. Wenn ich in Gefahr bin, müsste ich fliehen oder angreifen, aber ich kann nicht fliehen, und wen sollte ich angreifen, Aleksis Kivi? Ich denke, mein Nervensystem kommt nicht damit zurecht, dass ich selbst die Gefahr bin. Mein Körper wird schwer und gefühllos. Als letzte Rettung beruhigt mich der Parasympathikus, oder vielmehr lähmt er mich. Ich überlasse den Körper den Raubtieren und entferne mich. Als ich zurückkomme, nehme ich die Haut, die sie übriggelassen haben, und ziehe sie mir über das Skelett.

21

Das Millennium. Mein Freund und ich machen mit ein paar Freunden eine kleine Party. Wir schießen bei strengem Frost auf dem Eis Raketen in die Luft. Nach ungefähr fünf Gläsern Bowle steigt mir der Schnaps zu Kopf, und meine Geschichte erhebt sich aus ihrem Versteck. Ich suche mir unter den Gästen einen unschuldigen Außenstehenden aus und schreie und heule ihm Dinge ins Gesicht, die ich niemals jemandem erzählen würde. Der Ausbruch erschreckt ihn bis ins Mark, er ist vollkommen unvorbereitet. Am nächsten Morgen empfinde ich Scham und Reue.

In einem Flashback geschieht das Vergangene in der Gegenwart erneut. Das ist keine Wahnvorstellung, sondern der Körper begibt sich in denselben physiologischen Zustand wie zum Zeitpunkt des Ereignisses und wiederholt die erlernten motorischen Muster. Es kann sein, dass durch einen Flashback zum Teil eine neuerliche Zerstörung geschieht, und warum auch nicht, wenn die dämonischen Kräfte wieder und wieder durch den Körper ziehen.

Deborah Levy sagt, sie könne ein Drehbuch schreiben, in dem das Gegenwärtige und das Vergangene miteinander verflochten sind, und das ohne eine einzige Rückblende. Sie kennt die Technik, aber sie verrät sie nicht. Ich kann mir ein solches Drehbuch nicht vorstellen, weil Wiederholungen die einzige Form der Erzählung sind, die ich wiedererkenne.

Andererseits nimmt eine Wiederholung nicht unbedingt eine filmische Form an. Es kann ein Gefühl sein, eine automatische Reaktion oder ein Muskelkrampf. Ein Flashback ist oft eine so amorphe Erfahrung, dass ich dabei nichts sehe oder höre, und dass ich nichts fühle, für das es Worte gäbe. Da sind nur hinkende Vergleiche: ein Würgegriff an der Kehle, ein Kind, das vor ein Auto läuft, der Druck einer Menschenmenge auf den Körper, ein Schwanken in großer Höhe, Stimmen hinter mir auf einem dunklen Waldweg, und dann das Fallen.

Oder die Duschszene in »Psycho«. Der Zuschauer wartet und weiß, die Frau unter der Dusche lacht, die Tür öffnet sich, und auf den Duschvorhang fällt der Schatten einer menschlichen Gestalt. Ein dunkel gekleideter, gesichtsloser Mann hebt ein Messer in die Luft, die fiepende Hintergrundmusik pulsiert, das Messer bewegt sich mechanisch auf und ab, das Duschwasser färbt sich dunkel. Die Frau kreischt, bis die Gestalt sich entfernt, dann sinkt sie leblos auf den Grund der Dusche, ihre Finger greifen nach den Kacheln, als wollten sie sich an der glatten Oberfläche festhalten. So etwas in der Art. Eine diffuse Erwartung, die Angst vor dem Schlimmsten.

Der Flashback von Silvester ist allerdings anders. Es ist eine überraschende Erinnerung. Mir wird bewusst, dass ich etwas Furchtbares über mich weiß. Ich weiß genau, was mir passiert ist. Ich brauche einen Zeugen, bevor ich wieder vergesse. Der Alkohol garantiert, dass ich den Horror mit großer Intensität erlebe, während ich davon erzähle. So etwas geschieht nicht im nüchternen Zustand, denn es ist fast unmöglich, gleichzeitig etwas zu fühlen und sich zu erinnern.

Unter Alkoholeinfluss erinnere ich mich an mehr. Vielleicht könnte ich mich zwingen, mich an etwas zu erinnern, indem ich mich ordentlich betrinke. Ich könnte mir selbst eine Botschaft aufzeichnen. Mir am nächsten Tag die Wahrheit anhören. Aber ich tue es nicht. Betrunken die Kontrolle zu verlieren und in einen Flashback einzutauchen, ist wirklich keine gute Idee. Ich meide den Alkohol, ebenso wie ich den Flashback meide.

Seit dem Millennium sind schon mehr als zwei Jahrzehnte vergangen, und es scheint, als habe sich der Flashback ganzer Tage bemächtigt, als sei er breiter und tiefer geworden, als habe er die Grenze abgeschliffen, hinter der ich meine Erinnerung eingehegt habe. Ich bin niedergedrückt und abwesend, und ich weiß nicht, warum. Ich bin nicht durcheinander, weil ich den lieben langen Tag an Panzertape, Zuschauer oder vor Angst gelähmte Körper auf dem Fußboden denke. Flashbacks sind viel diskreter, und sie sind auch nicht das eigentliche Problem.

Anders als der Arzt dachte, bedeutet PTBS nicht, dass man ständige bewusste Erinnerungen an das Gewaltgeschehen hat. Die Folgen der traumatischen Erlebnisse sind viel komplexer. Die Scham verrichtet ihre Arbeit in meinem Körper. Die Scham, die darauf zurückgeht, was ich tat, um zu überleben, und was ich unterließ, um zu fliehen. Mein ganzer Körper antwortet auf die Frage, auf die ich mir eine Erwiderung erwarte. Die Antwort ist ein Mangel, ein ständiger Mangel an Dingen, die ich nicht einmal haben will. Ich habe Angst, inzwischen süchtig nach Selbstbezichtigungen zu sein, die wie eine schwere, aber warme Decke auf mir lasten. Ohne Trauma weiß ich nicht wohin, und was durch die Tür in mich hineinkommt. Ich kenne mich nur so, und es wäre zu beängstigend, sich zu verändern.

22

Der Wissenschaftler*in Karen Barad zufolge verändert sich der Grundzustand eines Elementarteilchens je nachdem, ob es beobachtet wird oder nicht. Es gibt keine klare Grenze zwischen hier-jetzt und dann-dort.

Meine Geschichte verändert sich unaufhörlich. Ich drehe mich im Kreis, denn jedes Mal, wenn ich das Archiv öffne, verändert es sich. Das Dokument enthält unveröffentlichte Teile, verborgene Szenen, Randnotizen, zehntausende gestrichene Wörter und unendlich viele neu geschriebene Sätze. Meine Vergangenheit verändert sich, wenn meine Beziehung dazu sich verändert, mein Körper vergisst Fähigkeiten und Traumata, die früher einmal wichtig waren. Wenn aus der Vergangenheit neue Informationen offenbar werden, verändern diese mich. Ich habe festgestellt, dass ich mich an neue Dinge erinnern kann, wenn mir eine Frage oder Perspektive einfällt, an die ich vorher nicht gedacht habe.

An einem kalten Märznachmittag wandern meine Gedanken zu der Frage nach Hereinkommen und Hinausdürfen. Wann wurde die Tür geöffnet, wann durfte ich gehen? Ließ man mich gehen, als man genug hatte, oder als man Hunger bekam, oder als die Zeit um war oder man den Eindruck hatte, dass ich es nicht mehr aushalte? Es gibt einen Anfang und ein Ende, aber es ist mir unmöglich, sie mir vorzustellen.

Wann und wo beginnt ein Gewaltverbrechen? Vielleicht würde man zuerst Grenzen austesten. Klapse, Betatschen, die Person gegen die Wand schubsen, als menschliche Mauer die Tür versperren. Oder vielleicht mit verbalen Erniedrigungen. Man redet obszön daher, man redet in einer Sprache, die bestraft. Man redet laut, damit meine Stimme nicht zu hören ist. Man zwingt mich, auf Fragen zu antworten, man wiederholt Worte, die die Haut wundscheuern.

Es ist schwieriger sich vorzustellen, wie es aufhört. Vielleicht habe ich so viel geweint, dass es gestört hat. Oder ich habe mich dermaßen totgestellt, dass jemand sich Sorgen machte und es ihm leidtat. Oder man erschrak vor den Spuren an meinem Körper. Beim nächsten Mal läutete es an der Tür. Danach klingelte das Telefon. Man brauchte eine Zigarettenpause. Vielleicht kamen irgendwann Zweifel oder Reue auf. Irgendeine dieser Vermutungen trifft sicherlich zu.

Barad sagte einmal in einem Interview, dass man die Spuren des Vergangenen nicht tilgen kann. Dennoch ist das Vergangene nicht abgeschlossen. Man kann es ändern und neu zusammensetzen.

23

1927 wurde im Dorf das größte Lungensanatorium Finnlands gegründet. Im Krieg fungierte es als Militärkrankenhaus und wurde auch als Feldlazarett an die Deutschen vermietet, die es 1944 bei ihrem Abzug in die Luft jagten. Das neue Gebäude, errichtet 1951, war das letzte in Finnland gebaute Sanatorium. 1974 wurde daraus eine psychiatrische Klinik. 1994 hatte eine Ergotherapeutin die Idee, in der Klinik ein blaues Zimmer auszuprobieren. Die Idee war ihr im Traum gekommen. Die Patienten kamen sich dort vor wie im Himmel.

Als ich eines Tages in einem Anfall von Nervosität nach verschollenen Fotos suche, marschiere ich fluchend und schimpfend durch die Zimmer und stelle mir vor, wie es wäre, in eine Wohnung zu ziehen, in der endlich alles seine Ordnung hat. Nach stundenlanger Suche beschließe ich, noch in den Küchenschränken nachzusehen, denn es gehört zu meinen Lieblingsbeschäftigungen, Dinge an den unmöglichsten Orten zu deponieren. Weit hinten im höchsten Schrank findet sich eine kleine Schachtel mit den Bildern. Das gesuchte Foto ist nicht dabei, aber mir fällt ein anderes auf, an das ich mich überhaupt nicht erinnern kann.

Am abgestorbenen Rasen kann man erkennen, dass es 1986 heiß und trocken war. Ich muss gegen die Sonne anblinzeln, und das gelbe Mehrfamilienhaus erscheint im hellen Licht noch gelber. Ich stehe vor dem Haus, die Füße breitbeinig und fest auf der Erde, in einer gelben Hose, einem gelben Shirt und gelben Socken. Dank meiner Mutter bin ich auch hier geschmackvoll einfarbig gekleidet. Die Ergotherapeutin, der die Klinik in unserem Dorf das blaue Zimmer zu verdanken hat, plante schon das Nächste: ein gelbes Zimmer für Arbeitslose und Depressive, denn Gelb wirkt aufmunternd.

Durch die Zunahme ambulanter Behandlungen und die Verschreibung von Psychosemedikamenten geht die Zahl der Patienten im Laufe der Jahre von fünfhundert auf unter fünfzig zurück, und die Klinik wird bald darauf in die Stadt verlegt. Ich weiß nicht, ob sich jemand das Dorf ohne dieses Monument und seine Geisterhaftigkeit vorstellen kann. Als ich in Panik vor dem Nationaltheater stehe, bin ich von diesen Phantomen umgeben, die ich stets bei mir trage und von denen ich weiß, dass sie ebenso wie ich hier erstarrt sind. Hier treffen wir uns alle in meinen Nervenbahnen.

Die Phantome der grünen Gebäude, Phantome rund um das Klinikgelände, Phantome im Dorf. Mir fällt kein Grund ein, warum diese Klinik für meine Geschichte bedeutsam wäre, bis mir klar wird, dass die Klinik mich an diesen Ort bindet. Meine Mutter ist dort angestellt, und ohne die

Klinik wären wir vielleicht nie an den Fluss gezogen, an die Stätte der Hysterie. Die Klinik beeinflusst alle in ihrer Nähe.

Auch ich stehe auf dem Hof der Klinik. Ich betrachte all diese Fenster. Ich höre das Wimmern. Ich stelle mir vor, wie ich vor einer brüllenden Frau davonlaufe. Das Reihenhaus liegt in der Nähe, das Mehrfamilienhaus liegt in der Nähe. Nichts, was nicht auch anderswo geschehen würde, aber dennoch besonders. Ich spüre das Besondere in meinen Knochen. Als sei ich Teil eines kranken Rhizoms.

24

Das Herumgeistern von Phantomen kann körperliche Schmerzen hervorrufen und im Nervengewebe des Gehirns sichtbar sein. Die Phantome im Gehirn kennt man, weil etwas Abwesendes Symptome verursacht. Das Verschwundene geistert in den Strukturen des Gehirns herum, und um diesen Sachverhalt aufzuklären, ist Unsichtbarkeit nötig. Man braucht kranke oder geschädigte Gehirne, oder einen Körper, in dem seltsame Dinge geschehen. So geht beispielsweise das Verständnis für die Mechanismen des Erinnerns auf Forschungen zu Gedächtnisstörungen zurück.

Ich habe die Phantome des Gehirns in dem Buch *Phantoms of the Brain* des Neurologen V. S. Ramachandran entdeckt. Er hat in seiner wissenschaftlichen Tätigkeit Phantomschmerzen erforscht und behandelt, also echte Schmerzen in einem Körperteil, das nicht mehr vorhanden ist. Statt des echten Körperglieds gibt es ein Phantomglied, in dem der Schmerz spürbar ist. Der Schmerz ist real, denn in den neuronalen Netzwerken des Gehirns ist die amputierte Hand, der amputierte Fuß, Finger oder Zeh weiterhin repräsentiert. Obwohl das Gehirn keinen visuellen oder taktilen Beweis für das Vorhandensein des Körperteils mehr bekommt, bleibt es als Phantom in den Gehirnstrukturen lebendig.

Ramachandran hatte die Idee, den Phantomschmerz seiner Patienten mithilfe von Spiegeln zu behandeln. Er baute eine virtuelle Box mit einem hochformatigen Spiegel in der Mitte. In der Front der Box waren zwei Löcher, in die der Patient seine vorhandene Hand und die Phantomhand steckte. Dann nahm er eine Position ein, in der er die Spiegelung seiner vorhandenen Hand an der Stelle der Phantomhand sehen konnte. Die Box erzeugte die visuelle Illusion, dass die Phantomhand physisch vorhanden war. So bekam das Gehirn des Patienten die visuelle Bestätigung für die Existenz der Hand.

Ein Mann namens Philip, der 1984 bei einem Motorradunfall seinen linken Arm verloren hatte, hörte von Ramachandrans Spiegelexperimenten und kam mit seinen chronischen Phantomschmerzen zu ihm in die Praxis. Philips Phantomarm war außerdem gelähmt, und er konnte ihn nicht bewegen. In der Spiegelbox konnte er seinen Phantomarm sehen und ihn auch bewegen. Aber wenn er die Augen schloss, war der Arm wieder wie eingefroren.

Philip bekam die Zauberbox mit nach Hause, und nach einer Woche berichtete er Ramachandran, dass er sie zehn Minuten am Tag benutzte. Doch er konnte seinen Phantomarm nur bewegen, wenn er das Spiegelbild sah. Drei Wochen später überbrachte er dem Arzt neue, spannende Nachrichten: Sein Phantomarm war komplett verschwunden. Das Gleiche galt für die Phantomschmerzen. Weil der Spiegel aber nicht bis zu den Fingern reichte, hatte er noch immer Phantomfinger, die nun an seiner Schulter befestigt waren. Der Rest des Arms jedoch war bei der Arbeit mit dem Spiegel verschwunden. Mit der Spiegelbox war es gelungen, den Phantomarm zu amputieren. Die Erklärung war folgende: Philips Gehirn bekam widersprüchliche Informationen. Das Auge meldete, dass der Arm physisch existierte und sich bewegte, dass er vorhanden war, aber seine Muskeln (oder vielmehr ihr Fehlen) übermittelten dem Gehirn, dass der Arm fehlte. Der Arm ist zu sehen, aber nicht zu fühlen, das erzeugt einen Widerspruch. Um diesen aufzulösen, beschloss das Gehirn, *verdammt, was soll's, es gibt keinen Arm.*

Natürlich sind der Phantomarm und die Spiegelbox für mich nur Metaphern, obwohl das Herumgeistern an sich genau wie bei Philip mit Händen zu greifen ist. Ich suche meine fehlende Form, ich versuche, die Phantomarme zu entfernen. Aber wo ist meine Spiegelbox, mit der ich meine Erinnerung aufräumen kann?

25

Mein Körper war also am Aleksis-Kivi-Denkmal eingefroren. Mir schien, als hätte ich lange genug dort gestanden, um darüber nachzudenken, dass Ende des 19. Jahrhunderts an der Stelle des Nationaltheaters das Badhotel Wilhelmsbad gestanden hatte und dass man versucht hatte, Aleksis Kivi im Krankenhaus von Lapinlahti mit Wasseranwendungen von seiner Melancholie und Psychose zu heilen. In Wahrheit stand ich sicher nur einen kurzen Moment da, bevor ich die Kontrolle über meinen Körper zurückgewann.

Mitten in der Panikattacke fallen mir zwei Techniken des Traumatherapeuten Peter Levine ein, mit denen man den Körper beruhigen kann. Eine Hand auf den Bauch, die andere auf die Herzgegend, oder eine Hand auf die Stirn und die andere auf die Lunge. Ich wechsele zwischen den Positionen hin und her. Ich denke nur an meine Hände und meinen Atem. Ich richte alle Aufmerksamkeit auf das, was ich tue, um mich selbst von meinem Flashback abzulenken. Es funktioniert. Ich hebe meine Sachen auf und gehe zu dem Restaurant ganz in der Nähe, in dem meine Freundin auf mich wartet.

Levine hat für Menschen, die sexuelle Gewalt erfahren haben, ein Hörbuch gemacht, in dem er sagt, dass man sich an ein Trauma nicht erinnern müsse, weil die Heilung durch den Körper geschehe. Er leitet dazu an, im Körper Inseln der Sicherheit zu finden, denn gerade der Körper ist die Bühne des Traumas.

Das ist allerdings wahr, aber wahr ist auch, dass diese Gesellschaft und ihre Normen unzulänglicher sind als ich. Wie kann ich angstfrei sein, wenn die Bedrohung real ist? Es macht mich wütend, dass ich mitten auf der Straße merkwürdige Körperübungen machen muss, nur um meinen Körper wieder in Bewegung zu bringen. Ich soll mein Leben durch Yoga, Meditation, Atemübungen, Therapie und positives Denken wieder in den Griff kriegen. Jemand verdient an meiner Hoffnung und der Gesundheit, die ich anstrebe. Während ich Tag für Tag meine psychischen Störungen mit verschiedenen Methoden manage, vergesse ich leicht, wie gewalttätig Orte sind und dass die Räume der Gewalt bleiben, wo sie sind.

Trotzdem mache ich Yoga und Atemübungen und lese Selbsthilferatgeber. Ich bewege mich bewusst ins Innere des Traumas und wieder heraus. Ich lege aus einem Wollfaden einen Kreis, setze mich hinein und gebiete einem gedachten Eindringling Einhalt. Ich klopfe meine Haut ab, drücke meine Oberschenkel und Arme. Ich liege ruhig auf dem Boden, ich breche nach und nach im Liegen zusammen, ich schüttle meinen Körper, rolle über den Boden. Schlaf, der Grenzzustand, psychedelische Medikamente, Meditation, Hypnose. Ahnen, Schamanen, Götter, Geister. Trips, Techniken, Andachten. Natürlich Therapie. Kognitiv, lösungsorientiert, körperzentriert. Verschiedene Kunsttherapien. EMDR. Die TRE-Methode.

Behandlungen gibt es reichlich. Dennoch fehlt etwas.

Ich vermisse eine kollektive Trauer. Ich will, dass eine große weinende Menschenmenge mit mir zusammen heult, ich will Trauerrituale, ätherische Tänze. Ich will, dass die Geister gemeinsam aus dem Zimmer des Körpers vertrieben werden, wie im Roman von Toni Morrison. Denn wie Avery F. Gordon schreibt, kann man das Phantom nicht ins individuelle Trauma zurückverfolgen, sondern in die Verhältnisse, die das Trauma ermöglicht haben. Deshalb will ich, dass sich eine Armee der Körper darum kümmert, eine Armee ohne Feuerwaffen. Das ist meine Vorstellung von Soldaten.

26

Am Ende überwinde ich meine Zweifel und beschließe, mir eine Therapeutin zu suchen. Eigentlich glaube ich nicht, dass eine Therapie mir Heilung bringen kann. Vermutlich habe ich meine Zerstörung akzeptiert, und außerdem bin ich inzwischen durch die vielen Bücher schon fast zur Traumaexpertin geworden, die glaubt, alles zu wissen. Ich will in Therapie, weil ich eine echte Zeugin brauche. Ich will eine Zeugin, die mir zuhört und sagt, dass ich nicht verrückt und auch kein schlechter Mensch bin.

Das Problem ist, dass keine Therapieplätze frei sind und ich anspruchsvoll bin. Ich will zu einer Therapeutin, die auf Trauma spezialisiert ist und körperliche Methoden anwendet. Eine, die versteht, warum ich mir eine Hand auf die Stirn und die andere auf die Herzgegend legen muss. Ich finde eine Therapeutin mit freien Terminen und gehe zur Kennenlernsprechstunde. Das ist ein Fehler. Die Frau wird nervös, als ich das Zimmer betrete und beschließe, sofort alles zu erzählen. Sie unterbricht mich und bittet mich, damit aufzuhören. Sie sagt, beim Kennenlerntermin spreche man noch nicht über solche Sachen. Es gehe hier nur darum, sie und ihre Methoden kennenzulernen. Wieder darf ich mich schämen. Ich habe zur falschen Zeit gesprochen, habe meinen furchtbaren Mund geöffnet, das war ihr zu viel, und deshalb kann sie nicht meine Zeugin sein.

Ich gehe von der Praxis zur Straßenbahnhaltestelle. Am liebsten würde ich aufgeben. Vielleicht ist Therapie nichts für mich, oder ich bin für Therapie nicht geeignet. In der Straßenbahn halte ich mich mit einer Hand an einer Stange fest und schwanke bei jeder Bewegung des Waggons mit, während ich mit der anderen Hand auf dem Handy tippe. Ich versuche es noch ein letztes Mal. Ich gebe die Suchbegriffe »Trauma« und »Therapie« ein. Auf dem Bildschirm erscheinen die Wörter »pferdegestützte Psychotherapie«. Ich zweifele keinen Moment, sondern schreibe sofort eine E-Mail, während ich weiter in der Straßenbahn das Gleichgewicht halte.

27

Ich stelle das Auto an der Weide ab. Die Pferde fressen gierig irgendwelche Pflanzen und würdigen mich keines Blickes, als ich am Gatter nachsehe, ob die Erde nass ist. Ich gehe zurück zum Auto und ziehe die Turnschuhe aus. Ich nehme die türkisfarbenen Gummistiefel aus dem Wagen, die zwei Nummern zu groß sind. Die Farbe war entscheidend. Ich bedauere, dass ich die Wollsocken vergessen habe. Vom Beifahrersitz nehme ich die Kamera mit dem schönen hellen Lederband – ein Geschenk meines Mannes – und hänge sie mir um.

Die Therapeutin kommt auf mich zu und schlägt vor, dass wir uns zuerst die Ziegen ansehen. Ich habe noch nie Ziegen gesehen und starre fasziniert auf die viereckige schwarze Pupille, die ein wenig beängstigend ist. Als nächstes gehen wir zu den Hühnern und dem Hahn, die man aus einer Massentierhaltung gerettet hat, sie alle haben Namen und individuelle Persönlichkeiten. Meine Therapeutin findet ein Ei und steckt es sich in die Tasche, um es mir später mitzugeben. Doch sie wird es dort vergessen.

Dann gehen wir auf die Weide. Ich führe mein angestammtes Ritual durch, ich drücke das Gesicht in das Fell des Pferdes und schnuppere. Ich schnuppere viele Male. Ich will möglichst viel von dem Duft in meine Nase und mein Gedächtnis aufnehmen. Ich drücke die Nase mitten in das weiße Fell und sauge mir die Lunge mit Luft voll. Noch einmal, als die Therapeutin in eine andere Richtung sieht. Der Duft ist so wunderbar. Vielleicht erinnert er mich an etwas, oder vielleicht überschreibe ich damit etwas anderes.

Das Pferd ist ein majestätisches Tier, das Sicherheit ausstrahlt und seine Wärme auf mich überträgt, wenn ich mich an seinen Körper drücke. Aber diesmal bleibt es nicht beim Körperkontakt, denn ich habe darum gebeten, die Pferde fotografieren zu dürfen. Das Licht ist zu grell, aber einige Fotos gelingen. Ich stelle eins davon auf meinem Rechner als Bildschirmhintergrund ein. Ein schwarzes Pferd hat seinen Kopf ins taunasse Gras gesteckt. Die Therapeutin sagt, ich und das schwarze Pferd hätten etwas gemeinsam. Das Pferd ist ein Zwilling. Das ist selten. Aber der Hengst war interessanter, und die Stute wuchs bei einer Schafherde auf, ohne den Schutz der anderen Pferde. Ich fiel Raubtieren zum Opfer. Die schwarze Stute spricht zu mir durch ihren Körper. Sie kommt auf mich zu und berührt mein Gesicht mit dem Maul. Jedes Mal ruft sie meine Verletzlichkeit hervor, und ich spüre Dankbarkeit. Ich blicke dem Pferd in sein großes Auge und kann den Blick nicht abwenden. Wenn ich lange genug hineinsehe, zerbröckelt etwas in mir.

Ich darf auf dem Rücken des Pferdes liegen. Ich kann die Veränderungen im inneren Zustand meines Körpers wahrnehmen, während das Pferd sich langsam vorwärtsbewegt, ich kann vergessen oder mich erinnern. Die Therapeutin ist in der Nähe, falls ich sie brauche. Mit dem Pferd spüre ich Nähe um ihrer selbst willen, keine Nähe, die zu irgendetwas führen oder etwas bedeuten soll. Wenn ich die Verdauungsgeräusche des Pferdes höre, wenn ich meinen Atem mit seinem synchronisiere, wenn ich beobachte, wie es das Gewicht von einem Bein auf das andere verschiebt, dann komme ich aus meinem Kopf heraus und lebe in dem Körper, der ich bin.

Ich gehe mit der Therapeutin noch eine Tasse Tee trinken, bevor unsere Stunde für diesmal vorbei ist. Ich erzähle, wie es mir geht: Ich fühle mich immer noch unfähig und mittelmäßig. Ich habe ein Bedürfnis, das nicht befriedigt wird. Ich vermute, dass mein Gehirn wegen des Traumas falsch verdrahtet ist. Dass ich dumm und langsam bin. Die Therapeutin lacht auf und sagt *so so*. Sie hört es nicht zum ersten Mal. Mühelos nehme ich meine eigene Analyse vor.

Ich lehne mich oft gegen das Pferd. Das ist eine Übung, die wir so oft machen, dass ich es jedes Mal instinktiv tue, wann immer es bei einem Pferd möglich ist. Das Pferd bewegt sich, und ich lehne immer noch. Ich habe ein furchtbar starkes Bedürfnis, mich anzulehnen, aber das begreife ich noch nicht, als ich im Stall bin. Ich begreife es später, als ich mich daran erinnere, wie ich in den Zimmern des Reihenhauses an der Wand gelehnt habe. Wenn ich das tue, werde ich eins mit der Wand. Ein Teil meines Körpers verschwindet in der Wand. Fast kann ich einschlafen, oder wenigstens einen Moment ausruhen.

28

Als wir heiraten, nehme ich seinen Namen an. Ich tausche den Namen meines Vaters gegen den Namen seines Vaters. Ich sehe, wie er seinen Vater ansieht, die trüben Augen, den verwelkten Körper. Das farb- und reizlose Krankenhaus nimmt dem Menschen, der schon Vergangenheit und Zukunft verloren hat, noch den Rest. Vor mir zeigt sich ein echter Gedächtnisverlust: keine Lücken im Bewusstsein, sondern eine grauenhafte Zerstörung, keine Möglichkeit, etwas hinzuzufügen oder zurückzubringen, keine Fähigkeit mehr zu schreiben. Ich habe ihn noch nie sehen oder ihm zuhören wollen, aber jetzt fokussiere ich meinen Blick auf ihn und versuche, seine Worte zu entschlüsseln. *Danke, dass du deine Bücher geschrieben hast,* sage ich zum Vater meines Mannes, obwohl es nur Wortgeklingel ist. Ich habe seine Bücher nicht gelesen.

Die 91-jährige Tante der Schriftstellerin Dani Shapiro sagte einmal, sie habe eine furchtbar schwierige Lebensphase durchlebt, die 24 Jahre andauerte. Ich hatte einmal eine furchtbar schwierige Lebensphase, die 27 Jahre dauerte. Mein Mann kennt nur diese Frau, die eine furchtbar schwierige Lebensphase durchmacht. Er sagt oft, ich sei geistesabwesend, und das stimmt. Es kann sein, dass ich mich für Tage in mir selbst verliere. Dann will ich keine Nähe, keine Zuwendung, keine Aufmerksamkeit, keinerlei Gefühle.

Manchmal schrecke ich vor Berührungen zurück. Das geschieht instinktiv, es ist die Erinnerung meines Körpers, ich kann nichts dafür. Dennoch will er mich. Er ist die ganze Zeit mit mir zusammengeblieben. Er ist mein Zeuge dafür, dass ich liebenswert bin. Er ist der Beweis dafür, dass ich nicht zu Bernstein geworden bin. Er ist der einzige Mensch, der mich erfüllt und meiner Ungezähmtheit Raum gibt.

Ich nehme ihn mit zum Pferdestall. Er reitet im Westernsattel auf einem Quarter Horse. Wir drehen eine kurze Runde im Gelände, und er redet die ganze Zeit mit meiner Therapeutin. Ich reite hinterdrein und weiche den Bäumen aus, von denen spitze Äste abstehen.

Meine Psychotherapeutin kann benennen, was mir widerfahren ist. Schon bei unserem ersten Treffen sagt sie, was ich schon lange hören wollte: Ich habe Gewalt erfahren. Es ist wahr. Ich habe es überlebt, aber ich mache eine schwierige Lebensphase durch, die schon länger dauert als bei der Tante von Dani Shapiro.

»Ich hatte einmal eine schwierige Lebensphase« deutet trotz allem darauf hin, dass sie einmal zu Ende ging. Deshalb bin ich bei der Therapeutin. Um ein Ende der schwierigen Lebensphase zu finden. Überleben reicht nicht, ich habe keine Ahnung, wie das aussehen soll. Heilung ist unmöglich, denn die Gewalt hat mich zerstört. Aber die Schuldgefühle, die die Gleichgültigkeit abgelöst haben, sind kein permanenter Zustand. Wir könnten versuchen, die Schuldgefühle aus mir auszutreiben. Zusammen: ich, die Therapeutin, die Pferde, die Katzen, die Ziegen, die Hühner und alle. Aber die Therapie bietet nicht die eine Richtung an, wie könnte sie auch, einer Reisenden durch die Trauma-Zeit.

Im Januar 2019 liege ich auf dem Rücken eines Pferdes. Die Therapeutin führt es, und ich muss nichts tun. Ich spüre in meinem Körper nichts als Genuss. Dann erfasst mich ein Schreck. Es fühlt sich falsch an, sich über etwas zu freuen, das nur für mich da ist. Wie egoistisch, auf dem Rücken eines Pferdes zu liegen, wie egoistisch, zur Therapie zu gehen, wie egoistisch, sich auf diese Weise als Opfer zu geben. Die tranceartige Abwesenheit ist mir so in Fleisch und Blut übergegangen, dass der Genuss mich auf den Gedanken bringt, ich täte etwas Falsches und Schlechtes. Als sei es mir unmöglich, irgendwie anders zu leben, als mich ständig kleiner zu machen.

Im nächsten Januar bin ich im Pferdestall und denke darüber nach, wie gut es sich anfühlt, eine Enttäuschung zu spüren, meine Hüfte zu spüren. Es ist herrlich, auf dem Finnpferd zu sitzen, obwohl es in meinem Kopf dröhnt und ich die Stimme meines Körpers nicht hören kann. Wenigstens versuche ich, bei mir selbst zu sein, wenigstens versuche ich, dort zu bleiben, wo ich bin, ohne den ständigen Zwang, mich davonzumachen.

Wieder ein Jahr weiter, und es fühlt sich gut an, gefühllos zu sein, keine Emotionen zu spüren.

Therapie ist eine ähnliche Bewegung wie das Leben mit einem traumatischen Gedächtnis. Ich bewege mich mit Verzögerung, ruckelnd. Zuerst habe ich eine bedeutsame Erkenntnis. Dann scheint nichts weiter zu passieren. Ich gehe rückwärts, alles scheint in die falsche Richtung zu laufen.

Die meiste Zeit ist die Therapie alles andere als großes Drama. Ich umarme Pferde, wir füllen Formulare aus, wir schaufeln Mist, wir reden über dies und das. Vielleicht habe ich sichtbarere Ergebnisse erwartet. Ich habe erwartet, dass meine Erinnerung sich öffnet, aber das ist nicht geschehen. Stattdessen sehe ich mitten in meinem Antidokument ein Land, in dem meine Erinnerung liegt. Die Fragen sind meine Erinnerung. Ihre ständige Flut. Warum erinnere ich mich nicht an das Dunkel des Winters? Wer flüstert mir etwas ins Ohr und deckt mich abends zu? Warum warte ich immer noch darauf, dass jemand kommt, wenn ich doch selbst dorthin gehen könnte, wo man auf mich wartet?

DAS LOCH

16. August 2021

Eine Insel kann aus dem Meer aufsteigen oder sich vom Festland entfernen. Ein Gebiet kann vom steigenden Wasser umschlossen werden, so dass das Land, das vorher keine Insel war, nun zur Insel wird. Das Gefängnis von Alcatraz vor San Francisco, die Strafkolonie auf der Teufelsinsel in Französisch-Guayana, die Holzkreuze auf der Insel Seili, wo früher Aussätzige und psychisch Kranke lebten. Eine Insel ist ein gutes Gefängnis. Die Natur stellt sicher, dass eine Flucht unmöglich ist. Aber nur für eine gewisse Zeit.

Am Ende fängt jemand an zu zweifeln. Was früher als angemessen galt, wird abgeschafft. Dieses Gefängnis war gar nicht nötig, der Ort war zu grausam, selbst für Kriminelle und Kranke.

Nichiren schrieb seinem Schüler Myoschin am 16. August einen Brief, vermutlich im Jahr 1278, als er am Fuße des Berges Minobu lebte. In diesem Brief schrieb er einen Satz, den ich im Laufe der Jahre öfter gehört habe: Krankheit weckt die Entschlossenheit, auf den Weg zu gelangen.

1

Ohne Träume habe ich keine Perspektive.

Ich stehe auf einer Brücke, über die ich hinüber muss. Mein Mann sagt: Komm her. An der rechten Seite der Brücke, neben meinen Füßen, ist allerdings ein Loch, das mich einsaugen will. Nein, ich will nicht in das Loch gesaugt werden, hindurchfallen und hinunterstürzen. Unten ist eine Schlucht oder ein Fluss, ganz egal, der sichere Tod. Wenn ich das Loch betrachte, fühle ich, wie ich falle, ich fühle es ganz deutlich, obwohl ich ihm nicht einmal nah bin. Das Loch in der Holzbrücke ist ein Mund, der mich anspricht. Er bittet mich zu kommen. Ich gehe mit raschen Schritten rückwärts und erreiche ein gläsernes Zimmer am Anfang der Brücke. Ich keuche und weiß, dies ist eine Panikattacke. Aber ich kann nicht hierbleiben, mein Mann wartet auf mich und bedeutet mir, zu ihm zu kommen.

Ich schätze ab: Wenn ich schnell über die Brücke renne, erfasst mich die Kraft nicht. Ich versuche, einen Schritt zu machen, aber meine Beine sind schwer, und ich bewege mich wie in Zeitlupe. Meine Gliedmaßen verheddern sich, ich kämpfe um mein Leben. Meine Bewegungen sind zäh, das Loch ruft nach mir, mein Körper verdreht sich, der Magnet zieht mich an – aber ich schaffe es, meinen Körper in der Mitte der Brücke zu halten – und als das Loch hinter mir liegt, renne ich über die Brücke, so schnell ich kann.

In der Nähe meines neuen Zuhauses ist eine Brücke. Wenn ich darübergehe, denke ich darüber nach, dass ich hinunterspringen könnte. Ich stelle mir vor, wie es wäre. Dabei geht es nicht um einen Todestrieb, sondern um das Spüren einer Möglichkeit. So eine Möglichkeit präsentierte sich auch Bob, und nichts hielt ihn ab.

Allein Handlungen sind von Bedeutung. Ich würde nie von der Brücke springen. Auch Gedanken können Handlungen sein, aber im Fall von Gewalt existiert ein riesiger Unterschied zwischen dem Gedanken und seiner Realisierung.

Das heisere Schreien eines Mädchens dringt aus den Tiefen des Kellers. Sie wirft sich blutend auf einem knarrenden Bett herum. Sie will meinen Platz unter den Lebenden einnehmen. Ich habe Angst vor einer Psychose oder davor, dass sich ein Portal öffnet, das zu einer neuen Gleichgültigkeit führt. Das verbannte Mädchen wäre frei, und ich würde feststellen, dass ich die ganze Zeit so getan habe, als sei ich jemand anders.

Jacques Lacan benutzte für Trauma den Begriff *troumatisme*. *Trou* steht für das Loch, das ins Gewebe der Bedeutung gerissen wurde.

Im Archiv klafft ein riesiges Loch. Das ist das Loch in meinem Körper, in das jemand eindringt und aus dem neues Leben herauskommt. Es ist der Vater, der fällt. Die Mutter, die ein Mythos ist und deren Tochter ich bin.

2

Als Kind träumte ich immer wieder davon, dass mein Vater den Rest unserer Familie über steinige Wege und durch Tunnel verfolgte. Er rannte mir hinterher, und die Träume waren wie eine trostlose Fernsehserie, die ich am liebsten nicht weitergesehen hätte. Träume sind keine Erinnerungen, aber sie enthalten Bröckchen von Erinnerungen. In der Verfolgung durch meinen Vater lag etwas Wahres.

Im Traum verändert, wiederholt, kombiniert und ordnet das Gehirn selbst jahrealte Erinnerungen. Unwesentliche Dinge verschwinden, die wichtigen werden aufbewahrt. Das träumende Gehirn kann auch Erinnerungen verknüpfen, die nichts miteinander zu tun haben, und neue Verbindungen zwischen verschiedenen Erfahrungen herstellen. Manchmal kann man einen Traum kontrollieren, aber meistens laufen wir einfach mit. Traum und Gedächtnis sind wie zwei Fangarme, die ineinander verwickelt sind, man kann sie nicht trennen.

Meine Therapeutin schlägt mir vor, meine Träume zu notieren. Nicht, um sie für mich zu deuten, sondern weil mir vielleicht etwas darin auffällt. Bevor ich überhaupt nur einen Traum aufschreiben kann, bemerke ich ein Muster. Ich bin gefangen. Ich versuche zu entkommen. Ich versuche, jemand anderen zu retten. Jemand greift an. Jemand dringt in meine Wohnung ein. Ich greife an. Meine Träume sind eine Reihe von Fluchten und – das ist wichtig – Versuche, deren Ende offen ist.

Eines Nachts sah ich im Traum die Gewalt, die mir angetan wurde, aber auch ihr Ende. Durch den Traum hindurch hörte ich einen Wolkenbruch. Als habe der gewaltige Sturzregen das, was gerade geschah oder geschehen war, fortgespült. Im Traum war mir eine Lösung für die Gewalt eingefallen – das fehlende Puzzleteil meiner Erinnerung –, aber als ich aufwachte, wusste ich nicht mehr, was ich geträumt hatte.

Stella Gibson aus der Serie *The Fall – Tod in Belfast* notiert einen Traum über ihren Vater: *unter Wasser, das Meer, im Auto mit Daddy, er sah jung aus, ich berührte ihn, und er lächelte* – denn jedes Detail kann bedeutsam sein. Während ich schreibe, träume ich besonders oft von meinem Vater. Ich frage mich, ob auch er es sich in mir häuslich eingerichtet hat. Das Unwohlsein wie vieler Männer muss ich in meinem Körper denn noch mit mir herumtragen?

Es gibt keinen Vater, dem es gutgeht, und keinen Vater, der von vorne anfängt. Es gibt keine Krankheit, die Entschlossenheit weckt, es gibt nur eine Krankheit, die zum Tod führt.

3

Vielleicht nahmen wir ein Taxi, oder vielleicht fuhr R. uns, mich und meine rothaarige Freundin, auf den Hügel. Denselben Hügel, von dem ich irgendwann frühmorgens wegrannte, als ein junger Mann mit Schaum vor dem Mund in seiner Wohnung lag.

Die Freundin nimmt mich bei der Hand und sagt, jetzt gehen wir rein und sehen nach deinem Vater. Eine Frau führt eine andere Frau zu einem Leichnam, denn sie weiß, wie man sich im Leben und im Tod verhält. Ihre Mutter ist erst zwei Monate vorher verstorben. Ihre Trauer ist noch so frisch, dass sie vor der Leiche meines Vaters nicht erschrickt.

Ich öffne die Tür zu dem weißen Raum langsam, so dass ich Körperteil für Körperteil hineinsehen kann. Als ich sehe, was in dem Raum ist, schreie ich auf. Ich schreie wie ein Neugeborenes. In riesigen Schlucken trinke ich mir Luft in den Mund, als ich in der Mitte des Raumes einen grauen Leichnam in weißen Laken liegen sehe.

Mein Vater ist jetzt nur noch Körper. Ich sehe ihn, aber er sieht mich nicht. Er atmet nicht, seit 24 Stunden nicht mehr. Der Anblick bringt mich aus der Fassung. Eine Leiche ist so real, der Tod so fleischlich. Als ich zögere, führt die Freundin mich näher heran. Sie sagt, ich könne den toten Körper anfassen, und setzt sich weiter weg auf eine Bank.

Ich stehe rechts vom Leichnam und blicke in das Gesicht meines Vaters. Ich strecke die Hand nach ihm aus. Ich streife den Stoff mit den Fingern und entschuldige mich laut. Ich sage, *ich verzeihe dir alles*. Seine Haare sind grau und dünn. Die Haut ist kalt, als ich ihn endlich berühre. Keine einzige Falte, als habe er nie die Last seines Körpers tragen müssen. Die Augen sind so tief eingesunken, dass die Wimpern nicht zu sehen sind. Der Mund ist geöffnet, im Mundwinkel getrocknetes Blut. Am Ende flüstere ich ganz leise, *komm bald zurück*. Ich sage es laut zu einem toten Mann. Ich sage, *komm zurück mit einem besseren Leben*. Ich spreche diese Worte wirklich aus, als würde ich ein lange geübtes Gedicht aufsagen. Aber ich meine es. Ich will, dass er eine neue Chance bekommt.

Einmal im Herbst machte eine Fotografin Bilder von mir an einem kleinen Fluss. Ich war in ein großes rotglänzendes Stück Stoff gekleidet, und damit ging ich in den Fluss. Als ich ins Wasser trat, sog sich der Stoff vom Saum aufwärts mit Wasser voll. Das Wasser reichte mir bald bis zum Hals, und als ich schließlich mit dem Kopf untertauchte, war der rote Stoff wie ein schweres Zelt über mir, in dem ich nichts mehr sah. Als ich versuchte, die Arme zu heben, drückte der nasse Stoff sie im Wasser nach unten. Er saugte sich an meinem Gesicht fest und klebte an meinen Armen.

Am Leichnam meines Vaters glaube ich zum ersten Mal an die Ewigkeit des Lebens. Ich hätte nicht gedacht, dass ich wirklich das Gefühl habe, dass das Leben weitergeht. In der Pathologie spüre ich eine Verbindung zur Hölle, denn ich war bereits dort, lebendig. Während ich dort stehe, bin ich sicher, dass mein Vater nicht in irgendeiner Hölle ist. Er ist in keinem Raum und in keiner Zeit. Nach der buddhistischen Auffassung ist das Leben eines Menschen wie eine Welle, die sich aus dem Ozean erhebt. Der Tod ist die Rückkehr ins Meer. Er ist wieder ein Teil des Meeres geworden. Ich selbst erhebe mich schwer aus dem Wasser.

Ich setze mich auf den Stuhl neben ihm und rezitiere für ihn *nam myoho renge kyo, nam myoho renge kyo, nam myoho renge kyo*. Während ich spreche, bewegt sich der Stoff, in den er gehüllt ist, im Rhythmus meiner Atmung auf und ab. Es sieht aus, als würde er atmen. Meine rothaarige Freundin, die weiter entfernt sitzt, sieht es auch.

Bevor wir gehen, tritt meine Freundin an meinen Vater heran und bedankt sich. *Danke für diesen Menschen*, sagt sie. Die Frauen sehen die Leichname. Ich bin mit Frauen hierhergekommen. Ich gehe mit Frauen von hier fort.

4

Familie ist eine Insel, von der eine Flucht schwer oder unmöglich ist.

Auf dem weißen Esstisch meiner Freundin steht ein Foto ihrer Mutter. Ich stelle für drei Jahre ein Foto meines Vaters auf. Nicht, um mich daran zu erinnern, dass er einmal gelebt hat, sondern damit ich nicht vergesse, dass er tot ist.

Vater hat nichts für mich getan, und ich habe nichts für ihn getan. Ich habe mir ein Geburtstagsgeschenk gewünscht, es gab keins. Er hat mich um Geld gebeten, ich gab ihm keins. Manche Kinder pflegen ihre Eltern, ich nicht, aber manchmal habe ich das Gefühl, ich hätte es tun können.

Ich schrecke aus einem Traum auf, in dem ich Auto fahre. Ein anderes Auto ist auf meins aufgefahren, und ich suche einen Platz zum Anhalten, damit wir uns die Schäden ansehen können. Aber es findet sich kein Platz, und ich fahre zu weit. Ich wende den Wagen, um zurückzufahren, doch die Landschaft wird zur Wüste. Ich fahre schnell, ich fahre auf Sand, ich fahre auf eine Anhöhe, wo die Straße nicht weitergeht. Aus dem Autofenster sehe ich den Abgrund. Das Auto stürzt in die Schlucht, ich in den sicheren Tod.

Ich erwache erschrocken. Ich bin in die Schlucht gefahren, ich bin ganz sicher in den Tod gefahren. Bevor ich wieder einschlafe, wiederhole ich im Geist, dass ich mit dem Auto in eine Schlucht gefahren bin, damit ich es nicht vergesse.

Sophia Shalmiyev schreibt, dass die Mutter ein Kreis ist – ein vollkommenes, perfektes Loch. *Die Töchter, die in Flashbacks leben, halten ihre Zungen zwischen dem Ursprung und dem Ziel im Zaum. Für sie ist das Vergangene unmittelbarer, dringlicher als jeder neue Tag.*

Die Mutter ist ein Loch und ein Kreis. Ist der Vater eine Schlucht? Der Tod des Vaters ist ein Verlust, den ich bereits erlebt habe. Er ist mir viele Tode gestorben. Er war jahrzehntelang ein lebender Toter. Seine Freunde starben nach und nach, bis er an der Reihe war und wusste, dass seine Zeit abläuft. Er sah die Schlucht, er wartete am Abgrund und bat nicht um Hilfe. Habe ich das auch getan? Erkenne ich daran meinen Vater, an dieser Schwäche? Ist das der Grund, warum ich gern gewusst hätte, ob er zum Scheitern geboren war oder ob ihm etwas widerfahren ist?

5

Tarana Burke stellte bei der Arbeit mit sexuell missbrauchten Mädchen fest, dass diese Elf- und Zwölfjährigen dachten: *Ich bin eben diese Art Mensch. Mädchen wie mir passieren solche Sachen.* Auch ich dachte so. Ich war das Mädchen, bei dem die Lehrerin stehen bleibt, kurz nachdenkt und fragt: *Warum lächelst du nie?*

Ich bin wieder so weit, dass ich Beweise dafür suche, dass ich selbst der Unmensch war, und dass es nur eine Ablenkung war, jemand anderen als Unmensch zu bezeichnen. Immer wieder dasselbe.

Beweise dafür sind nicht leicht zu finden, aber ich nehme das 1981 gedruckte Buch *Die Goldene Zeit der Kindheit* zur Hand, wo auf dem Cover ein blondes Mädchen zwischen Glockenblumen sitzt und die Hände nach einem gelben Schmetterling ausstreckt. In das Buch soll man die Erinnerungen an die ersten Lebensjahre eines Kindes schreiben.

Das Buch zeichnet kein gutes Bild von mir. Mit fünf Jahren sei ich weinerlich und unleidlich gewesen. Ebenso wütend wie meine Mutter. Das Gegenteil von meinem Bruder, der lieb gewesen sei und die Wahrheit gesagt habe, wie in dem Buch steht. Laut den Eintragungen hätte ich Männer nicht gemocht, oder zumindest so getan, als würde ich sie nicht mögen. In die Eintragung ist ein Zweifel eingeflossen: *Oder tut sie nur so?* Ich mache wirklich den Eindruck eines nervigen und trotzigen kleinen Mädchens. So ein Mädchen hätte sich nicht kleinkriegen lassen dürfen.

Die meisten Notizen in dem Babybuch habe ich selbst mit acht Jahren geschrieben, um die Irrtümer meiner Mutter zu korrigieren. Anscheinend hat meine Mutter immer kurz vorher ihre eigenen Beobachtungen aufgeschrieben, denn wir haben denselben pinken Filzstift benutzt. In dieses bescheidene Archiv hat meine Mutter nichts von unseren gemeinsamen Momenten eingetragen. Nichts über ihre eigene Mutterschaft. Auch das Buch ist wieder ein einziges Loch.

Mein Vater machte sich davon, als ich vier war, und seine Anwesenheit findet im Archiv unserer Familie kaum einen Niederschlag. Diese vielen Abwesenheiten führen einen in Versuchung, mit den *Mindhunter*-Agenten zu flirten und zu behaupten, die Schuld läge immer bei den Eltern. Aber das Schuldgefühl lag einzig bei mir. Ich hatte mir den freudschen Begriff des Traumas zu eigen gemacht: Wichtiger als die Gewalterfahrungen selbst war mein innerer Konflikt.

Ich hatte mein Begehren erstickt und schämte mich für mich selbst, schon bevor ich Gewalt erfuhr, aber was spielt das denn für eine Rolle, wenn alle inneren Konflikte von

Grund auf relativ sind. Die Gewalt war schon da und hatte die Dorfbewohner durchdrungen.

Ich krieche auf das erstickte Begehren zu, wie Freud es raten würde. Aber es ist kein dunkler, heimtückischer Ort, sondern ein weises, feuchtes Bewusstsein.

6

Es kann sein, dass die Deutschen 1944 die Kriegsgefangenen in derselben Kiesgrube erschossen, in der ich später als Kind an einem Skilanglaufwettbewerb teilnahm. Vielleicht schwebten die Erinnerungen der toten Kriegsgefangenen über der Grube in der Luft. Der Langlaufwettbewerb erscheint mir jetzt wie ein Relikt aus der Vorzeit, mit wieder neuen Erinnerungen, die sich über dem Blut und den Resten von Schwarzpulver aufgetürmt haben.

Ich stehe als Zweitletzte in der Reihe. In der Schule findet die Preisverleihung für den Wettbewerb statt. Ein Lehrer hat sich eine Methode ausgedacht, Kinder, die langsam gefahren sind, besonders zu erniedrigen. Ich schäme mich. Ich hatte nicht erwartet, beim Wettbewerb zu den Letzten zu gehören. Langlauf war nicht mein Hobby, aber ich dachte, wenn ich etwas wirklich will, wird es mir schon gelingen.

Ich wollte alles, oder wenigstens im Langlaufwettbewerb erfolgreich sein. Je mehr ich über dieses Mädchen nachdenke, die Entschlossenheit, ihre physische Realität zu überwinden, desto stärker spüre ich den Willen in mir. Ich begreife, dass mein eigener Wille das unbekannte Terrain meines Archivs war, noch unbekannter als mein Gedächtnisverlust.

Als ich immer wieder in die Zimmer zurückging, wollte ich anderen gefallen. So hatte sich mein Wille verändert. Vermutlich dachte ich damals, dass ich meinem eigenen

Wunsch nachkomme. Aber wo hatte ich diese Lebensaufgabe erlernt?

Eines Sommertags zog das weiße Pony meine Therapeutin an einem Waldweg entlang mit sich. Ich ging amüsiert mit. Das Pony war gierig und erstaunlich kräftig. Die Therapeutin musste es immer wieder mit beiden Händen von den Zweigen und dem Unterholz fortziehen, damit wir vorankamen. Sie sagte zu mir, dass ein Pony nicht darüber nachdenkt, ob sein Hunger auf Grünes berechtigt ist oder wie es beim Fressen nach außen hin wirkt. Ich fragte mich, warum ich das nicht konnte. Als Kind war ich gierig. Ich war so ein Mädchen, und dieses Mädchen wurde getötet.

7

Ich bin gegen Mitternacht in der Stadt unterwegs. Ich gehe allein über einen Bahnsteig, als sich mir ein Mann nähert. Er geht neben mir her und sieht mich immer wieder an. Er ergreift meine Hand und schüttelt sie und begründet es auch: *Ich musste das tun, weil du so einen schönen Lippenstift hast.*

Einige Jahre vorher stand ich im Haus meiner Mutter und meines Stiefvaters im Flur. Ich trug ein schwarzes Kleid und eine schwarze Strumpfhose. Ich wollte zu einer Ausstellungseröffnung. Meine Mutter sah mich an und sagte, ich sei mutig, weil ich Lippenstift trug. Vielleicht meinte sie auch übermütig.

Einmal, als ich in der Grundschule war, hatte meine Mutter einen wichtigen Abend. Sie schminkte sich und zog sich elegant an. Sie betrachtete sich im Spiegel und war nervös. Ich sah sie an und dachte, wie mutig sie war. Jetzt verstehe ich, warum sie mir ausgerechnet in dem Augenblick nah war. Sie war eine Frau, nicht nur die Mutter, sondern eine Frau.

Am Bahnhof will ich keine Frau sein. Ich will unbemerkt bleiben. Ich will den Mann nicht berühren, mit ihm sprechen oder neben ihm hergehen, aber ich habe keine Wahl. Ich sehe ihn nicht an, ich tue so, als gäbe es ihn nicht. Er folgt mir in das Abteil. Er setzt sich mir gegenüber, und im selben Moment stehen die Frau und der Mann, die dort gesessen haben, auf und gehen in einen anderen Waggon.

Die beiden wissen genau, was sie tun, als sie mich mit dem Mann allein lassen. Sie lesen den Code, der so eindeutig ist, dass man nicht einmal darüber nachdenken muss. Sie riechen den Beutegreifer und das Opfer und wollen mit beiden nichts zu tun haben. Ich sehe die leeren Sitze um mich herum. Die Zeugen sind weg, hier kann alles Mögliche passieren.

Ich musste mich einfach hier hinsetzen, sagt der Mann. Er spricht über persönliche Dinge. Er scheint nüchtern zu sein. Er redet wieder über meinen Lippenstift. Ich antworte einsilbig auf seine übergriffigen Fragen. Sein Bein ist nun ganz nah an meinem Knie. Er hat sich näher herangeschoben. Als endlich meine Station kommt und ich aufstehe, will er mir wieder die Hand schütteln und erwähnt meinen Lippenstift. Ich sehe mich um, als der Zug mit dem Mann darin seine Fahrt fortsetzt. Ich hocke mich hin und stütze die Hände auf die Oberschenkel. Ich atme lang aus. Dann richte ich mich wieder auf und gehe nach Hause.

Zuhause frage ich mich, warum ich das Abteil nicht einfach verlassen habe. Aber natürlich habe ich es nicht getan. Ich wusste genau, was ich tat. Wie ein Kirchenlied. Ich tat, was nötig war, um am Leben zu bleiben. Nur nicht provozieren. So tun, als würde man darauf eingehen, um nicht zu provozieren, aber distanziert wirken, damit er nicht auf Ideen kommt. Er soll glauben, dass ich nicht weiß, wozu er fähig ist. Ich muss mich dumm stellen, aber nicht zu dumm. Ich muss das feine Gleichgewicht erhalten. Ich muss aufmerksam und vorsichtig sein.

8

In einer Fernsehsendung sehe ich, wie ein Mann in einer schmalen Gasse neben einer Kneipe eine Frau gegen die Wand drückt. Er küsst sie und drückt sie ein wenig zu stark. Der Körper der Frau erstarrt, als sie sich von ihm losmachen will. Ich reagiere auf das Sexuelle der Szene, nicht auf die Nötigung. Ich spüre die Erregung des Mannes. Ich spüre seine Bewegungen in meinem Körper. Lange dachte ich, wenn etwas beweist, dass ich krank bin, dann ist es das, aber ich lag falsch, und wieder hatte man mir eine Wahrheit vorenthalten.

Wenn ich das doch immer gewusst hätte: Meine Sexualerziehung lag in den Händen meiner Ausbeuter. Deshalb erinnert sich mein Körper daran, dass Sexualität und Gewalt zusammengehören, obwohl ich weiß, was der Unterschied zwischen Gewalt und Genuss, zwischen Begehren und Nötigung ist.

Ich nehme wieder Maggie Nelsons Buch *Die Argonauten* zur Hand und suche die schwarze Markierung. Sie schreibt: *Wenn man sich als weibliches Kind auf die Suche nach sexuellen Szenen macht und alle, die man findet, sich als Szenen der Vergewaltigung von Kindern und anderen Missbrauchs herausstellen […], dann formt sich die eigene Sexualität um diese Tatsache herum.* Auch ohne Gewalterfahrung kann jemand eine Sexualität ererbt haben, die sich um den Penis-Maiskolben dreht. In gewisser Weise ist es auch das, was ich hier anbiete, denn etwas anderes kenne ich nicht.

Melissa Febos empfiehlt in ihrem Buch *Body Work*, Sex anders zu sehen als eine heterosexuelle Stoßbewegung, als phallisches Erbe. Die Sexualität eines Mädchens erwächst aus ihr selbst, sie kann alles mögliche Erfreuliche und Spannende beinhalten. In meiner Erinnerung gibt es nur das Stoßen. Nichts anderes.

Was ist also zu tun? Vielleicht ist die Vergangenheit ja

tatsächlich offen, obwohl man sie nicht ändern kann. Es gibt eine Form der Gruppentherapie, bei der die Mitglieder vergangene Szenen so nachspielen, dass sie anders verlaufen, als es in Wirklichkeit der Fall war. Offenbar fühlt sich das sehr authentisch an und stellt eine Erleichterung dar. Jemand hört vielleicht eine Entschuldigung, die nie ausgesprochen wurde, oder sagt etwas, das nie geäußert wurde. Ich könnte mir eine andere Sexualerziehung vorstellen. Vielleicht einen Kuss mit einer Person, in die ich verliebt bin. Die Hände in der Hose eines Menschen, der von diesem Moment geträumt hat. Wenn man sich genug vorstellt, kann man anfangen, daran zu glauben?

9

Ich warte, als er in der Armee ist. Er wartet darauf, dass ich komme. Er wartet auf mich, wenn ich Distanz brauche. Er wartet, als ich in Brüssel bin, in Sankt Petersburg. Ich erwarte unser Kind.

Bei der Fahrt auf den Kopfsteinpflasterstraßen im Zentrum von Helsinki hüpft mein Bauch auf und ab, der Bauch, in dessen Unterwasserwelt sich ein Kind befindet. Als Erstgebärende stelle ich mir vor, dass es jederzeit aus mir herauskommen könnte. Ich habe die perfekte Geburt geplant. Der Teil meines Körpers, den man beschädigt hat, ist derselbe, der heute Leben gebiert.

Die finnischen Wörter für Schwangerschaft (*raskaus*) und Vergewaltigung (*raiskaus*) sind nur durch einen Strich voneinander getrennt. Ich bin in meinen Körper zurückgekehrt. Die Schwangerschaft hat alles Vergangene aus mir getilgt. Ich bin nichts als ein perfekter Körper mit einer Gebärmutter.

Ich widme meinen Körper allumfassend dem Kind. Mein Körper hält alles aus. Aber mein Körper lässt mich im Stich, und mein Loch öffnet sich nicht. Nicht mal Scheiße kommt aus mir heraus. Alles ist verkrampft und steht still. Nach einem Tag sagt der Arzt, dass ich nun das tun muss, was sie wollen. Ich habe seit 24 Stunden Wehen, und die Sache kommt mit der von mir gewählten Formel der Verweigerung nicht voran. Ich will keine Intervention. Ich will rein sein und selbst über meinen Körper entscheiden, der dennoch jenseits meiner Entscheidungsgewalt liegt. Ich muss mich ergeben.

Mein Ansinnen, meinen Körper in eine natürliche Geburt zu führen, offenbar in meine eigene Wiedergeburt, verkehrt sich von einem Augenblick zum anderen in einen Überlebenskampf, in die Geburt des Kindes, als der Arzt mich ansieht und meinen Namen ruft. Die Geburt, ein Zimmer, aus dem man nicht entkommen kann; der Moment, an dem ich bersten muss, aber so, dass nichts kaputtgeht, obwohl man auf beides keinen Einfluss hat. Das Ereignis selbst ist unmöglich zu beobachten – geschieht es denn überhaupt wirklich? –, man muss sich so komplett auf die Körperfunktionen konzentrieren, dass einem das Bewusstsein schwindet, die Menschheitsgeschichte schwindet, und die Zukunft eröffnet sich als reine Muskelkontraktion. Das Endergebnis kann alles sein, aber in jedem Fall endgültig; Leben, Tod, Traum, Genuss, Schmerz, das Unbekannte. Der Arzt zieht einen großen, gesunden Jungen aus mir heraus. Er näht den Schnitt zu, und dann ist alles wieder ganz normal.

Wir bekommen im Krankenhaus ein eigenes Zimmer für unsere kleine Familie. Ich habe Blut verloren und muss im Bett liegen bleiben. Die Hebamme setzt sich neben mich und sagt: *Lass uns die Geburt noch einmal durchgehen, damit dir nichts mehr im Kopf herumspukt*. Sie hat sich schon gedacht, dass ich im Geiste eine Liste mit meinen Schnitzern als Gebärende aufgestellt habe. Sie versichert mir, dass mit mir alles in Ordnung und dass alles am Ende richtig gut verlaufen ist. Sie lobt mich: Kurz sehe ich mich zur Kämpferin veredelt, die alles gegeben hat.

Im Krankenhaus trägt das Kind einen türkisfarbenen Strampelanzug aus Frottee und Socken an den Händen. Mein Mann übt das Windelnwechseln, während ich im Bett liege. Wir fahren auf einer anderen Route nach Hause, oder ich bemerke das Kopfsteinpflaster nicht. Zuhause legen wir das Kind aufs Bett. Wir stehen da und betrachten es.

Ich widme meinen Körper noch mehr dem geborenen Kind. Ich füttere es Nacht für Nacht mit meinen Brüsten, der Mann immer geduldig an meiner Seite. Die Gier des Babys ist schön. Ich stille die ganze Zeit, weil wir nicht wissen, was wir sonst mit dem weinenden Baby machen sollen. Ich habe gelesen, dass man ihm keinen Schnuller geben soll, also bekommt es keinen. Das Kind isst und erbricht, saugt und entleert seinen Darm, aber das ist großartig. Es lebt, es ist aus meinem Körper gekommen. Trotz blutender Brustwarzen stille ich gern. Es fühlt sich gut an. Mein Körper gehört mir, und er gehört dem Kind, er funktioniert und existiert. Ich habe den Beweis: die Milch, das Kind, die Wunde, die sich zwischen zwei Löchern schließt.

Das Kind lächelt im Schlaf. Die Nächte sind furchtbar. Ich schreibe ihm ein Gedicht. Meine Mutter hat Kleidung geschickt, darunter einen kleinen roten Strampelanzug, den ich früher getragen habe. Er ist so klein, dass er nur zwei Wochen lang passt. Ich werde zu dem Schoß, der ich vorher nie war.

Dass ich Mutter geworden bin, radiert mein Gedächtnis trotzdem nicht aus. Ich habe einen Fleck, den ich durch die Stoffwindeln, das Babyschwimmen, die Singkreise, das Holzspielzeug, das selbst gekochte Essen und die Schlaflieder hindurch spüre. Die Perfektion ist eine Maske auf meinem Gesicht, der nasse Stoff bedeckt meinen Körper.

10

Die Zeit verdichtet sich, die Jahreszeiten wechseln in schwindelerregendem Tempo. Ein zweites Kind wird geboren. Die Öffnungen und Kontraktionen geben meinem Leben einen neuen Rhythmus. Das Zweitgeborene ist ein Baby, das nachts öfter wach wird. Manchmal stehe ich an seinem Bett und kann nicht glauben, dass die Nacht jemals zu Ende geht. Das ist ein Problem, für das es nur eine Lösung gibt: Zeit. Die Schlaflosigkeit führt dazu, dass die ersten beiden Jahre mit dem zweiten Kind einem schwarzen Loch gleichen.

Direkt nach seiner Geburt sind wir in ein französisches Dorf gezogen, das ganz anders ist als das Dorf meiner Kindheit. Mein romantisches Exil ist perfekt, aber es wird schnell schal. Ich kann weit weggehen, ich kann mich mit schönen Dingen umgeben, ich kann in der Boulangerie frisches Gebäck kaufen, kann mich an der Gebirgskulisse und der schönsten Sprache der Welt erfreuen, aber die somatischen Zeichen meiner Geschichte kommen zuverlässig wieder. Obwohl ich mir alle möglichen Fluchten vorgestellt und sie in meinem Körper simuliert habe, kann ich das alte Dorf nie wirklich verlassen. Wenn ich an einem neuen Ort ankomme, bin ich dennoch immer an den Ort gebunden, von dem ich aufgebrochen bin.

Ich schreibe in mein Tagebuch: *Der Missbrauch und die sexuelle Gewalt aus meiner Jugend haben in mir einen Selbstekel und eine Scham zurückgelassen, die ich immer noch mit mir herumtrage. Jetzt ist es mir klar geworden. Ich hasse nicht diese Typen, sondern mich selbst. Deshalb bin ich immer so kritisch mit mir selbst und fühle mich unzulänglich. Ich schäme mich für mich selbst. Oft schäme ich mich für alles: meine Worte, meine Handlungen, mein Aussehen.*

In meinem Tagebuch zu lesen, schmerzt. Jede Wiederholung ist Gewalt, obwohl ich nicht darüber nachdenken will, dass mein Archiv voller Gewalt ist.

Am nächsten Tag habe ich schon alles vergessen. Denn was kann ein Mensch dagegen tun, dass er sich selbst hasst? Wenigstens sollte er anderen nichts davon sagen. Niemand kann das verstehen.

Als die Kinder klein sind, fülle ich mich mit Mutterliebe. Als würde ich gleichzeitig mich selbst bemuttern. Wenn ich Mutter bin, bin ich angemessen. Ich bin weder überfürsorglich noch gleichgültig. Ich denke, dass ich in dieser Muttersache ganz gut bin. Mein Trauma schlummert, obwohl ich wach bin und die Kinder auf meinem Schoß schaukele, wach bin und sie schaukele.

Jahre später suche ich dieses berauschende Gefühl der Mutterliebe, als die Kinder schon so groß sind, dass sie mich nicht mehr ständig brauchen. Ich versuche, mich an ihre ersten Jahre zu erinnern. Ich suche in Fotos und Videos nach einer Möglichkeit, das Vergangene neu zu erleben, aber es fühlt sich nur nach einem Traum an, der verfliegt, sobald ich die Augen öffne.

Ich erkenne mich selbst nicht auf Fotos. Ich weiß nicht mehr, wie ich war, was ich fühlte und dachte. Ich versuche, mich an meine Kinder zu erinnern. Ich schließe die Augen. Ich strenge mich an. Ich weiß nicht mehr, wie sich ihre Haut angefühlt hat oder wonach sie dufteten. Ich kann mich nicht an ihr Weinen oder an ihr Lachen erinnern. Wie unfair, dass man sich an so viel Gewalt und an so wenig Liebe erinnert.

Ich habe ihre Babybücher bis zum Rand vollgeschrieben. Ich will, dass sie vor Details überquellen. Sie sollen später wissen, wie präzise ich sie wahrgenommen habe.

Ich wusste, dass ich mich an vieles nicht erinnern könnte. Ich wusste von den Löchern in meinem Gedächtnis, den Zeitreisen, die zum Scheitern verurteilt sind.

11

In meinem Heimatdorf hängt in unserem Flur ein Hase, den meine Mutter geschossen hat und dem man ausweichen muss, um in die Wohnung und ins eigene Zimmer zu gelangen. Das Tier muss im Ganzen abgehangen werden, damit das Fleisch zarter wird. Hasen lässt man im Fell hängen, damit das Fleisch nicht austrocknet. Sein Fell wird von den Sprunggelenken aus abgezogen. Man schneidet an der Innenseite der Hinterläufe entlang bis zum Bauch, der ausgenommen ist. Wenn der Hase an den Hinterläufen aufgehängt ist, wird die Haut vorsichtig bis zum Hals abgezogen. Am Ende wird der Kopf entfernt. Oder woher soll ich das wissen? Ich musste es im Internet nachschlagen, ich war noch nie auf der Jagd.

Ich bereite meine Angehörigen auf die Enthüllung meines Geheimnisses vor. Ich erzähle meinem großen Bruder davon. Er fragt, ob wir wirklich in derselben Familie großgeworden sind. Er erkennt die Umgebung nicht, die ich beschreibe. Vielleicht haben wir uns nie gekannt und hatten nicht dieselben Eltern. Als ich mit meiner jüngeren Schwester spreche, sagt sie, dass eben dieses Dorf ihr Zufluchtsort ist, und ich frage mich, ob wir von ein und demselben Ort sprechen. Den Menschen, die mit mir in denselben Umständen gelebt haben, fällt es schwer zu glauben, was mir passiert ist.

Zuerst muss man lernen, die Zeit zu begreifen, schreibt Nichiren. Wir lebten zu verschiedenen Zeiten, also in verschiedenen Familien, in verschiedenen Dörfern, in verschiedenen Beziehungen. Mein Bruder war schon von zuhause ausgezogen, meine kleinen Geschwister waren eben erst geboren. Ich wusste nie, was meine Mutter gerade umtrieb. Auch wir lebten in verschiedenen Familien, in verschiedenen Hysterien. Wir passten nicht zueinander.

Ich denke darüber nach, ob sich meine Mutter jemals Sorgen um mich gemacht hat. Jedenfalls hat sie nichts davon gesagt, oder ich weiß es nicht mehr. Sie war wütend auf mich. Vielleicht ist das dasselbe.

12

Ich kann mich nicht daran erinnern, jemals mit meinem Vater draußen in der Natur gewesen zu sein. Ich kann mich auch nicht daran erinnern, Angst vor ihm gehabt zu haben, auch nicht, wenn er trank. Meine Kinder können sich nicht an meinen Vater erinnern, aber sie erinnern sich an die kleinen Tetrapaks mit Saft und Trinkhalm, die die Mutter meines Vaters ihnen mitbrachte, wenn wir uns auf dem Spielplatz trafen. So ein kurzer gemeinsamer Moment – ist das überhaupt von Bedeutung? – und doch, wir trafen uns auf dem Spielplatz, die Kinder tranken zufrieden ihren Saft, und mein Vater versuchte, mit seinem Handy Fotos zu machen, um sich an uns zu erinnern.

Kinder und Eltern sind enttäuschend. An diesem Trauma bin ich festgewachsen. Ich sehe Arme, die sich aus mir herausstrecken. Es sind nicht meine Arme. Ich sehe eine Gestalt, die mir auf den Fersen ist, es ist nicht mein Schatten. Das Kind kommt aus dem Wasser und taucht hinein, kommt wieder heraus, bis es eines Tages vielleicht enttäuscht von mir ist – oder ich von ihm.

Auch ich war eine Enttäuschung. Ich war eine echte zerstörerische Kraft. Ich legte Feuer. Der junge Jordanier sagte in dem Flüchtlingscamp zu mir: *Diese Kinder sind nicht gemein oder heimtückisch, sondern es gibt immer einen Grund für ihr Verhalten.* An dem Ort, aus dem ich komme, hört man Kindern nicht zu und schenkt ihnen keinen Glauben. Kinder und ihre Gedanken haben keine Bedeutung. Die Gedankenwelt eines Kindes ist unermesslich, und es will sich unbedingt erinnern, und dann denkt man, ein Kind könne nichts wissen. Sich nicht richtig erinnern.

Es ist einfach, einem Kind Gefühle von Schuld und Angst aufzuladen, die mit ihm selbst nichts zu tun haben. Das Kind fügt sich, fügt sich immer mehr – ich kenne diese Macht. Ich verschweige und ersticke, bis die Gefühle irgendwann aus mir hervorbrechen oder mich in eine Art geisteskranken Zustand bringen, denn ich habe bei den Besten gelernt. Und ich wüte niemandem gegenüber so wie bei meinen Kindern. Mutter zu werden, hat mein Ich also noch weiter durcheinandergebracht, obwohl es etwas Zusätzliches war, der Umsturz des Umsturzes meiner äußeren Welt. Ich zittere vor lauter Liebe zu meinen Kindern, aber meine Wut kann ich nicht leugnen.

Wenn eine Frau Mutter wird, sollte sie wohl aufhören, selbst Kind zu sein, oder wenigstens nicht mehr so kratzbürstig sein. Aber wenn ich mein Archiv zusammentrage, kann ich nicht die sorgende Mutter spielen. Ich bin wütend und schreibe tagelang, pausenlos. Manchmal kommt ein Kind und umarmt mich. Mein Mann sagt, nun hör schon auf. Ich halte den Atem an, als würde ich in irgendeiner Klemme sitzen. Bei jedem Satz denke ich darüber nach, ob er wahr und ehrlich ist, und das ist anstrengend. Das Dorf ist ganz nah, in meinem Kopf, überall in mir. Die Außenwelt stürzt ein, genauso wie damals. Ich kann nicht anhalten, ich kann ihnen nicht zuhören.

Ich höre die Stimme, aber ich kann mich nicht auf die Worte konzentrieren. Mein Kind neben mir erklärt mir das Buch, das es gerade gelesen hat, aber ich verstehe einfach nicht, was es sagt.

Mama, hörst du mir überhaupt zu?, fragt es.

Ja, ich habe zugehört.

Und was habe ich gerade gesagt?

Entschuldige, ich habe nicht zugehört, ich habe überhaupt nicht zugehört.

Ich kann es nicht verbrämen. Das Archiv schädigt andere und ist doch für mich unerlässlich.

13

sie sagt,
wenn auch zu spät
oder vielleicht doch zur rechten Zeit

wenn ich das gewusst hätte, hätte ich eine Schrotflinte genommen und sie erschossen

14

Norma, die Mutter von Norman Bates in dem Film *Psycho*, ist tot, aber sie lebt als zweiter Körper in der Psyche ihres Sohnes weiter: als Erinnerung, die in der Form einer grauenerregenden mütterlichen Macht wiederaufersteht. Die Folge sind tote Frauen in Hotelzimmern.

Weil die Mutter die erste fleischliche Berührung mit der Welt ist, haben auch die Jungen, die mir Gewalt angetan haben, Mütter. Dennoch habe ich vorher nicht über sie nachgedacht. Auch sie wurden von Frauen zur Welt gebracht, und wenn es das Einzige war, was diese Frauen getan haben. Ich weiß nicht, wie diese Mütter waren. Hatten sie einen Körper, mit dem sie sich identifizieren konnten, oder Schuldgefühle, die sie nachts wachhielten? Hätten sie mir glauben können? Was würden sie über ihre Söhne denken, wenn sie mir glauben würden?

Ich weiß nicht, was für Menschen die Jungen für andere waren. Wie waren sie zu ihren Müttern? Was waren sie für Freunde? Was für Partner sind sie heute? Welche Art von Vätern sind sie für ihre Töchter?

Menschen sind immer viele, nie nur einer. Dennoch denke ich darüber nach, anhand des Doppellebens des Serienmörders Paul Spector, ob der Gewalttäter auf dieselbe Art und Weise verborgen bleiben kann wie das Opfer der Gewalt? Obwohl Spector sein Leben als Familienvater, Trauertherapeut und Mörder im Griff hat und seinen Frauenhass geheimhält, wird seine Gewalt früher oder später überschwappen.

Dann denke ich an die Zeit und die Geografie. Hätten ihre Mütter die Geschehnisse überhaupt als Gewalt angesehen?

15

Ich wohne in ihrem Haus und gehe in andere Häuser, wo ich missbraucht werde. Zwischen uns sind dicke Wände, durch die meine Stimme nicht dringt. Dann stehen wir auf der Terrasse unseres Hauses und probieren aus, wessen Wut größer ist. Die Mutter gewinnt immer, ganz egal, was sie sagt, oder vor allem, wenn sie schweigt, weil sie die Mutter ist. Dennoch forderte ich sie heraus, maß die Spannung zwischen uns.

Jacqueline Rose schreibt in ihrem Buch *Mothers*, dass man von Müttern vor allem Güte erwartet. Sie tragen die Last der Schuldgefühle, damit die anderen unschuldig sein können. Von Müttern erwartet man die Fähigkeit, die ganze Menschheit, oder wenigstens die eigene Familie, aus der dunklen Vergangenheit in eine neue, bessere Zeit zu transportieren.

Doch eine Mutter hat auch ihre eigene innere Welt, daher sind die Erwartungen unrealistisch hoch. Die Mutter wird unweigerlich einen Fehler machen.

Der Fehler ist, dass die Gewalt in den wichtigsten Momenten unbemerkt bleibt. Oder aber die Augen sehen, doch der Mund bleibt stumm. So verschwinden die Töchter in den Löchern. Und doch gebe ich den Müttern nicht die Schuld, ihre Töchter nicht gesehen zu haben. Die Mutter muss allen zu Diensten sein, sie unermüdlich beschützen und sich kümmern, aber in angemessenem Umfang, sonst engt sie andere ein, *s/mother*. Manche Mütter verfolgen vielleicht ihre eigenen Träume. Wie können sie da ständig aufmerksam sein?

Dennoch hätte ich mir gewünscht, meine Mutter wäre in mein Zimmer gekommen. Immerhin gab es eine Tür. Ich hätte mir gewünscht, dass sie sich neben mich aufs Bett gesetzt und mich gefragt hätte, was mir widerfahren ist. Immerhin hatte sie ja einen Mund. Aus irgendeinem Grund konnte sie es nicht tun. Vielleicht hätte sie es gewollt, ist aber stattdessen erstarrt. Meine Mutter konnte nicht diejenige sein, die die Gewalt verhindert oder sich um die daraus resultierenden Verletzungen kümmert. Sie konnte nicht meine Zeugin sein, denn die Gewalt deckte uns beide zu.

In ihrem Essay *Motherhood and Daughterhood* schreibt Adrienne Rich: *Die Mutter weiß, wenn sie vergewaltigt würde, würde sie sich schuldig* fühlen*; also sagt sie ihrer Tochter, diese* sei *schuldig*. Und weiter: *Sie identifiziert sich stark mit ihrer Tochter, aber über ihre Schwäche, nicht über ihre Stärke.* Als Kind wusste ich, dass niemand mein Verbündeter sein würde, nicht einmal meine Mutter.

Jacqueline Rose zufolge kann *in einer inhumanen Welt eine Mutter nur in dem Maße Mutter sein, wie die Geschichte es erlaubt*. Auch die Mutter ist die Repräsentation einer Beschützerin, aber sie beschützt nicht mit Waffen, selbst wenn sie Waffen hätte, sondern indem sie ihre Wut im Zaum hält, ihr Gesicht verbirgt, ihren Kindern abhandenkommt oder immer da ist, mit warmen, vollkommenen Händen.

Wenn ich versuche, mich an meine Kindheit zu erinnern, erinnere ich mich nur an meine Mutter. Sie steht zwischen mir und meiner Kindheit. Ich kann nicht anders an meine Kindheit denken als durch die Erzählungen meiner Mutter. Ihre Wut, ihre Erschöpfung, die Macht ihrer Sprache.

Ich wüsste gern, woher meine Mutter kommt, denn dann wäre sie nicht die gefährlichste Person im Raum. Andererseits kenne ich ihren Körper, ich kenne ihn, auch wenn ich sie auf Jahre hinaus nicht sehen würde. Ich weiß, was für Hände, Füße, Haare, Zähne und welchen Duft sie hat.

Der Schriftsteller Emerson Whitney schlägt vor, dass das englische Wort für Mutter, *mom* – das fleischlich ist und auf körperliche Bedürfnisse hindeutet –, doch nicht vom Geräusch des Saugens, vom Wollen abgeleitet ist, sondern eine Art Summen darstellt. Was, wenn es möglich wäre, Mutter und Bedürfnis voneinander abzukoppeln? Wäre es möglich, die Frage nach der Mutter zu einem Hintergrundgeräusch zu machen? Manche nennen ihre Mutter ja bei ihrem Vornamen. Ich will meine Mutter nicht vermissen, ich will meine Mutter nicht hassen.

Ich versuche, meine Mutter im Archiv der Gewalt zu einer Leerstelle zu machen, *kū*. Ich betrachte die Tropfen, die aus dem Wasserhahn tröpfeln. Ich möchte nicht sehen, wie sie sich sturzbachartig ergießt.

16

Wenn ich zu meinen Therapiestunden in den Pferdestall gehe, spiegele ich meine Verluste im glänzenden Fell der Pferde. Einmal bin ich allein im Gatter und hocke mich hin, um meine Beine zu entlasten. Das Finnpferd kommt auf mich zu und will mich an den Haaren hochziehen, als sei ich ein Fohlen, das Gefahr läuft zu sterben, wenn es liegen bliebe.

Sophia Shalmiyev hat ihre Mutter verloren, als sie mit ihrem Vater aus Russland in die USA gezogen ist. Sie findet ihre Mutter nicht, *Mother Winter*, auch wenn ich bis zum Schluss glaube, dass ihr die Mutter noch einmal erscheint. Sie nennt das Trauma eine schmutzige Waise, die verlassen und nicht gewollt ist, und diese Metapher für ein Trauma ist gar nicht mal schlecht. Auch ich stelle fest, dass ich Mütter und Großmütter suche, Frauen mit festgebundener Zunge. Als würden sie nicht gefunden werden wollen. Wovor haben sie Angst, warum erscheinen sie mir nicht in meinen Träumen? Warum klafft in meinem Archiv ein so gewaltiges Loch? Wenn eine Mutter ein perfekter, runder Kreis ist, warum geistert sie dann an den Rändern meiner Kindheit herum, so dass wir uns auf diesem gemeinsamen Kreis niemals begegnen?

Ich wüsste gern, was meine Großmütter gesehen und gefühlt, wie sie die Stürme des Lebens überstanden haben und was sie bereuen. Was für eine Geschichte würden sie aufschreiben, an was erinnern sie sich? Hatten sie eine Stimme, war Schweigen ihr Widerstand? Waren sie verrückt, gemein, Opfer, Schuldige? Ich suche nach unserer gemeinsamen Geschichte, unserer gemeinsamen Stimme.

Da ich von meinen Vormüttern keine Antwort bekomme, gehe ich ans Gatter und drücke mein Gesicht an das Maul des schwarzen Pferdes. Dann gehe ich zum weißen Pferd, das einladend dasteht. Ich seufze tief und warte darauf, dass auch das Pferd seufzt. Dann lege ich den Kopf an seinen Bug und rede. Ich sage dem Pferd, auf was ich verzichte: Mama wird mich nicht vom Boden aufheben. Ich verlangsame meinen Atem und höre die Atemgeräusche des Pferdes, während es mit dem Schweif die Fliegen verscheucht. Ich hebe den Kopf und mache ein paar Schritte rückwärts. Weiße Milch, weiße Stute, ich trenne Mutter und Bedürfnis voneinander. Die Erleichterung ist so groß, dass mir die Tränen über die Wangen strömen.

17

Wenn ich Mutter bin, kann ich nicht Opfer sexueller Gewalt sein. Als Mutter kann ich nicht beschädigt sein (gebrochen, verletzt, geschwächt, unperfekt, geschändet, defekt, vereinzelt, zerschmettert, erniedrigt, unfähig). Ich kann eine Frau sein, die es überlebt hat, und in Wahrheit war es gar nicht so schlimm. Dennoch bin ich genau die Frau, deren Schmerz ich beschreibe, und das will ich auch meinen Kindern sagen.

Ich habe eine Pappschachtel mit Karteikarten. Dort habe ich fast alles notiert, was ich noch weiß und worüber ich nachgedacht habe, als ich dieses Archiv schrieb. Vielleicht werden meine Kinder mich eines Tages an diesen Beweisstücken erkennen – kleinen Pappstückchen, auf denen ich meine Erinnerungen und mein Material aufbewahre. Vielleicht werden sie mich für verrückt halten, vielleicht werden sie mich trotzdem lieben. Vielleicht können sie mir nicht folgen und erinnern sich am ehesten daran, wie ich hysterisch am Computer sitze, ohne ihnen zuzuhören. Vielleicht werde ich die Beweisstücke verbrennen, vielleicht interessiert es sie auch nicht. Wenigstens habe ich das Schweigen gebrochen.

Adrienne Rich schreibt: *Eine Frau, die ihren Zorn kreativ nutzt, wird nicht danach streben, den Zorn in ihrer Tochter zu unterdrücken, in der Angst, dass er, einzig und allein, selbstzerstörerisch wirke.* Meine Wut muss da sein, sie muss aus mir heraus. Sie muss archiviert, sie muss gehört werden. Dann kann ich Mutter und Frau sein. Dann ist die Gewalt nicht die Hauptsache.

18

Dennoch muss ich ein Geständnis machen: Die sexuelle Gewalt hat mich nicht meiner Sexualität beraubt. Ich bin eine Frau, die Sex will. Kompromittiert das diese Untersuchung?

Wenn man berücksichtigt, dass eine begehrende Frau sich in Gefahr begibt, ist es für eine Person, die sexuelle Gewalt erfahren hat, nahezu unmöglich, sich als begehrend in der Welt zu positionieren. Es ist schwer, sie sich als sexuell vorzustellen, denn sie muss einen glaubwürdigen moralischen Kompass darstellen. Wollust und Opfer haben keinen Platz in ein und demselben Körper. Genauso, wie ein Asylsuchender arm und bescheiden sein soll, gilt das in sexueller Hinsicht für eine Person, die sexuelle Gewalt erfahren hat. Woher sollen wir sonst wissen, ob etwas schmerzhaft ist und Leid verursacht? Wie sollen wir sonst sexuelle Gewalt als etwas definieren, das außerhalb unserer selbst ist, das jemand anderem passiert? Wie soll man sonst an ein sexuelles Trauma glauben?

Die Wahrheit ist, dass ich sexuell zerrüttet bin oder eben nicht. Das sollte niemanden etwas angehen, aber ich habe den Gedanken verinnerlicht, dass es alle etwas angeht.

Es ist eigentlich unmöglich zu bestimmen, wie das sexuelle Trauma sich auf meine Sexualität ausgewirkt hat, denn ich hatte vor dem sexuellen Trauma kein Sexualleben, bis auf ein paar bescheidene Selbstversuche. Obwohl ich in meiner Sexualität einige Schwierigkeiten und unangenehme Neigungen habe, die auf das sexuelle Trauma zurückgehen können, gibt es doch keine reine, ursprüngliche Sexualität, die ich anstreben oder zu der ich zurückkehren könnte.

Ich berühre die Haut der Erinnerung. Sie ist verhärtet und rissig.

Wie unmöglich es ist, sich die Repräsentation der sexuellen Gewalt vorzustellen, ohne dass ihr Körper ein Ort der Gewalt ist und ihre Berührung von der Gewalt geführt.

Mein drittes Ich spricht: Greif mit dem Fleisch nach den Knochen. Greif zu und lass los. Greif zu und lass gleichzeitig los.

19

Der Phantombildzeichner hat in meinem Unterbewusstsein weitergearbeitet. Ich habe einen Traum, den ich erwartet habe.

Der Schlimme Bob – bekannt von der Insel, aus dem Reihenhaus, dem Mehrfamilienhaus, dem Parkhaus und meinem eigenen Zimmer – ist mit mir in einer Wohnung, in der ich gerade als Diplomatin, wenn auch mit mittelprächtigem Ergebnis, einen Konflikt gelöst habe, der der Kubakrise nahekommt. Die anderen Diplomaten sind gegangen, dafür ist ein Geist aus der Vergangenheit an ihre Stelle getreten.

Bob folgt mir auf Schritt und Tritt, er kommt mir ständig nahe, mit einem Gesichtsausdruck, den ich gar nicht vergessen habe. Als ich ihn sehe, fällt mir wieder ein, wie sicher er wirkte. Auf keinen Fall ein schuldunfähiges Jüngelchen. Er war aggressiv und bedrohlich.

Er verschlang alles. Saugte es aus und spuckte es wieder von sich. Er wurde selbst zum Raum, so dass die anderen keine Möglichkeit hatten, zu existieren. Ich erinnerte mich daran, wie ich mich vor ihm ekelte und ihn gleichzeitig anziehend fand. Ich war an seine Gewalt gefesselt.

Aber im Traum leistete ich Widerstand. Ich schrie ihn an: *Weißt du nicht mehr, was du mir angetan hast? Begreifst du nicht, was das mit mir gemacht hat?*, aber er lachte nur und sagte nichts. Er erinnerte sich nicht. Er wusste nicht, wovon ich sprach.

Er kam näher und packte mich an den Schultern – eine Annäherung, die nicht mehr nur als unkenntlicher Brocken in meinem Körpergedächtnis existiert, sondern ganz klar in meinem Bewusstsein ist. Ich sehe seinen Mund und seine Augen aus der Nähe. Sie sind nass und bleich. Ich strecke die Arme aus und stoße ihn fort. Ich versuche, zu gehen, aber er folgt mir von Zimmer zu Zimmer. Jetzt sehe ich es ganz eindeutig. Bob ist der lebende Tote, nicht ich. Er ist nichts als Körper.

Hélène Cixous sagte 1976 in einem Interview, je mehr jemand auf sein Unterbewusstsein hört, desto mehr träume er. Ich habe einen weiteren Traum, und der ist noch bedeutender.

Eine unbekannte Person hält mich auf dem Schoß. Meine Beine sind gespreizt, die Kamera läuft. Mein Körper ist in eine unnatürliche Position gedreht. Ich strecke den Rücken, jemand greift mir von hinten an das rechte Knie, dann das linke, und drückt sie weiter auseinander. Man hat mich ausgestellt. Ich bin vergrößert, weit oben, die Pobacken auf fremden Oberschenkeln auf einem Podest. Das hat etwas Vertrautes, denke ich im Traum. Auf dem Schoß, in der Position, war ich schon mal. Eine ganze Gruppe von Leuten, die die Komödie aufzeichnen, und ich bin dabei und spiele meine Rolle.

Dann reißt unbemerkt eine andere Welt auf und drängt in die Geschichte. Der Schauspieler erinnert plötzlich an jemand anderen. Bob. Ich sehe ihn nicht, aber ich erkenne den Atem in meinem Nacken. Ich spüre die Körperwärme. Ich habe keine Angst. Die Positionen und die Blicke sind mir vertraut. Alle wissen, was zu tun ist. Es ist vollkommen klar, dass genau ich in dieser Szene dabei bin.

Hier bin ich, ich sitze mit meinen unglaublichen Kräften still an meinem Platz und warte. Das ist kein Albtraum, sondern meine Wirklichkeit.

Ich versuche, meine Pobacken anders zu positionieren.

Darüber hinaus leiste ich keinen Widerstand, warum sollte ich. Wenn ich es mir aussuchen könnte, würde ich trotzdem nicht hier sitzen. Ich wäre woanders. Aber ich komme auch hier ganz gut klar. Ich muss nur warten, dann lässt man mich irgendwann runter.

Im Traum betrachte ich das Mädchen nicht, sondern ich bin es. Ich fühle, was sie fühlt, ich erinnere mich an meinen Mädchenkörper, an meine lautlosen Gedanken. Unser Körper ist ein und derselbe. Ich bin in meine Erinnerung gereist.

Ich halte es aus. Meine Yogalehrerin sagt, wenn man biegsam ist, geht man nicht kaputt. Ich biege mich, biege, biege, biege, aber ich zerbreche nicht.

20

Das Grab liegt da wie ein offenes Maul. Etwas muss beerdigt werden. Wir nehmen den billigsten Sarg, hinein mit dem Vater, und ab in die Grube.

Im Tod meines Vaters begrabe ich eine Horde Jungen und sehe ihre zeitlosen Gesichter. Bei der Beerdigung sagt der Pastor peinliche Banalitäten über einen Mann, zu dem mir nichts eingefallen ist. Der Mann, den niemand für betrauernswert hält, lässt selbst den Pastor verstummen. Wir singen die Kirchenlieder, die ich ausgesucht habe.

Vor der Trauerfeier bringe ich meine halbblinde Oma zum Leichnam meines Vaters. Ich fühle mich als Frau im Kontinuum der Generationen. Niemand sonst kommt, um den Leichnam zu sehen, nur die Tochter und die Mutter. Oma ist aufgelöst, sie hat ihr Kind verloren, aber ich beruhige sie, ich nehme ihre Hand und beschreibe meinen Vater, obwohl sie trotz ihrer Teilblindheit seine eingefallenen Gesichtszüge sehr wohl sieht.

Ich trage den Sarg meines Vaters zusammen mit meinem Bruder, meinem Mann, zwei Cousins und dem Mann meiner Patentante. Männer tragen Särge, aber es sind nicht genug Männer anwesend. Ich bin Manns genug, den Sarg zu tragen. Sobald mein Vater in der kalten Erde liegt, räume ich mit meinem Mann, meinem Bruder und seiner Frau seine Wohnung aus. Der Transporter bringt alles zur Müllkippe.

In der Wohnung ist etwas, das ich brauche. Vaters schwarze Aktentasche. Die, die wir gemeinsam geöffnet und geschlossen haben. Mein Vater hat im Laufe seines Lebens alles Wesentliche entsorgt – so wie die Schmalfilme, auf denen ich vor dem Sommerhaus herumtobe –, außer dieser Aktentasche. Die Tasche riecht so streng, dass ich sie am nächsten Tag direkt wegwerfe. Ich muss die Unterlagen und Fotos in Plastik einwickeln und sie in einer Plastikkiste im Abstellraum verstauen, denn der Geruch ist so durchdringend, dass meine Augen kribbeln und tränen, wenn ich in der Nähe bin.

Um diese Giftigkeit noch zu betonen, enthält die Aktentasche Fotos, die mein Vater aufbewahrt hatte, obwohl er wusste, dass ich die Tasche an mich nehmen würde. Es sind Fotos von einer Party. Ein Mann trägt ein Kopftuch, einige haben schwarz angemalte Gesichter. Ein Mann im BH, auf seinem Bauch steht in roter Schrift USSR. Ein Mann leckt einem anderen die Brustwarze. Auf einem anderen Bild verstreicht ein Mann mit seinem Ellbogen Senf auf dem nackten Hintern eines anderen Mannes. Dazwischen Fotos von mir und meinen Kindern.

Ich nenne die Kiste beim Namen meines Vaters, sie ist das Archiv, das er mir hinterlassen hat. Durch sie betrachtet sieht er sich selbst im Spiegel, er freut sich an seiner Vergangenheit. Ein krankes Gesicht sieht mich an.

21

Normalerweise reiten wir im Schritt, aber an einem Herbsttag fragt mich die Therapeutin, ob ich galoppieren will. Natürlich will ich.

Bist du bereit?, ruft sie vom anderen Ende des Sandwegs, auf dem Rücken des Finnpferdes sitzend, und ich wundere mich kurz, wie sehr sie mir vertraut. *Ja*, rufe ich zurück, *wir können!* Ich trage ungünstige Schuhe, die Steigbügel knallen schmerzhaft gegen meine Knöchel. Das Finnpferd kommt schneller voran, das weiße Pferd hat Mühe, Schritt zu halten.

Das Tempo ist die Droge, auf die ich gewartet habe. Manche Dinge sind wirklich so romantisch, wie die Träume es versprechen. Das weiße Pferd galoppiert so schnell los, dass ich mich vollkommen konzentrieren muss. Ich kann mich nur festhalten, Ästen ausweichen, bemerken, wo der Weg zum Gebüsch wird. Ich bin nicht das aus meiner Erinnerung entstandene Bild, nicht das von Einflüssen geformte Individuum. Ich habe keine Zeit, darüber nachzudenken, wer ich bin, es ist in diesem Moment vollkommen unbedeutend. Bei diesem Tempo kann ich nur dabei sein, mich festhalten und dem Pferd vertrauen. Das Tempo ist so wild, wild wie die Frau, die ich sein will. Diese Schönheit ist nicht zu wild für mich.

Linda Kohanov schreibt, dass in traditionellen Kulturen rund um die Welt das Pferd als Wesen gesehen wurde, das den Reiter oder die Reiterin von der sichtbaren in die unsichtbare Welt tragen konnte. Dem weißen Pferd wurde von einem Hengst Gewalt angetan. Dennoch trägt es mich zwischen den Welten. Vielleicht sieht so Überleben aus.

22

Meine Therapeutin schlug schon bei einem der ersten Treffen vor, wie es wäre, nicht mich selbst, sondern *sie* zu hassen. Jahrzehntelang habe ich ihnen gegenüber nichts gefühlt. Im Wachzustand versuche ich, mir Rache vorzustellen, aber ich spüre immer noch keinen Hass, außer mir selbst gegenüber. Ich fange an, im Schlaf Widerstand zu üben. Ich träume, dass ich von Männern mit Waffen gejagt werde, aber diesmal habe ich auch eine Waffe. Doch ich schaffe es nicht, das Magazin zu wechseln, und tauche ins Wasser ab.

Dass ich mich nicht rächen will, halte ich auf gewisse Weise für eine edle Eigenschaft. Es passt zur Geschichte der aufopferungsvollen Kriegsheldin. Ich bin ein Mensch, der etwas besser ist. Getrieben von meinem gewaltigen Mitgefühl stelle ich mir vor, wie die Jungen ihre Metamorphose erlebt haben, wie sie sich so oft gehäutet haben, dass nichts mehr davon übrig ist. Die Gewalt begann und endete mit mir. Ein bedauerlicher Unfug, aber jetzt ist er vorbei.

Für sie ist es vorbei.

Wenn es doch nur vorbei wäre.

Es vergeht ein Jahr, zwei, drei, und weil das Archiv immer noch nicht fertig ist, bin ich wieder hier, am Anfang.

Ich komme nach Hause, setze mich an den Schreibtisch, öffne das Archiv. Im Archiv ist ein Zimmer, es öffnet sich mir so schnell, dass ich nicht mehr herauskomme, aber diesmal will ich auch nicht hinaus. *Ich hole sie da raus*, denke ich.

Von der Tür aus sehe ich die Tiefkühltruhe und das Bett. Ich gehe hinein, marschiere voran, greife in seine fettigen Haare, zerre ihn zu Boden, ich trete und schlage und schreie, *Arschloch*, und meine Wut ist nicht unterdrückt, sie hängt nicht zwischen Leben und Tod, sie ist nicht leer, sie ist erbitterter Zorn, sie ist Blut, Spucke und Tränen, sie ist ein echtes Gefühl, das ich schon lange fühlen wollte, aber nicht konnte. In dieser Szene liegt kein edles Verzeihen oder das Weiterleben des eigenen Lebens, sondern rohe Emotion und ein Sprung ins Dunkle. Das tue ich sonst nicht, ich denke so noch nicht einmal, bis auf heute, dieses eine Mal. *Kill Bill, ich lade die Schrotflinte*, meine Rache in zwei Zeilen. Ich bin in das Zimmer zurückgekehrt, um die Gewalt zu einem Ende zu bringen, die mein Körper immer weiter wiederholt.

Ich wische mir die Tränen ab, als ich höre, dass sich die Tür zum Kinderzimmer öffnet. Es fühlt sich an, als müsste ich diese überzähligen Worte tilgen, aber ich will es nicht. Denn ich habe das Gefühl, dass ich mir die Kraft der Erotik zu eigen gemacht habe, von der Audre Lorde schreibt, das, was eine Frau gefährlich und stark macht. Ich spüre in dieser Wut meinen eigenen Anfang, ich spüre ihn mit meinem ganzen Körper. Ich empfinde Befriedigung. Als würde ich die Geschichte der Gewalt neu schreiben, nehme ich meine Sexualität und meinen Wert in Besitz, und sehe zu, wie die Jungen zu meinen Füßen auf dem Boden zucken.

DIE SCHWELLE

20. September 2021

Ich fahre allein nach Südfrankreich. Aus meinem Zimmer kann ich das Meer und einen Museumsgarten sehen. Ich habe dreihundert Seiten Papier dabei. Ich sitze auf dem Boden und lese die Seiten laut vor. Nach jeder Seite zerreiße ich das Papier und stecke es in den Mülleimer im Zimmer. Mit jedem Zerreißen komme ich der Fertigstellung meiner Geschichtsschreibung näher.

Ich steige auf eine Anhöhe, wo früher einmal das Schloss von Nizza gestanden hat. Ich bleibe an einem Aussichtspunkt stehen und mache ein paar vorsichtige Schritte auf den Rand zu. Ich fahre mit den Händen durch die Luft, als würde mich das mutiger machen. Wie immer, wenn ich an einem Abgrund stehe, habe ich das Gefühl, eine unsichtbare Kraft könne meinen willenlosen Körper über das Geländer ziehen. Aber wenn ich nicht bis an die Kante gehe, habe ich den anstrengenden Anstieg ganz umsonst gemacht.

Als ich das Meer betrachte, das in den Himmel übergeht, sehe ich zu viel Blau auf einmal. Die Welt wirkt zu groß. Niemand würde bemerken, wenn ich mit dem Schaum davongespült würde. Für wen halte ich mich? Glaube ich wirklich, dass ich durch Schreiben etwas verändern könnte?

Nichiren schrieb 1261 einen Brief mit der Überschrift »Das Schiff, das einen über das Meer des Leidens trägt«. Darin erklärt er, obwohl alle Flüsse ins Meer münden, schiebe das Meer deren Wasser nicht zurück. Das Meer wehre die Flüsse nicht ab, denn ohne die strömenden Flüsse gäbe es das Meer nicht. Auch ich kann den Strom des Leidens nicht abwehren, denn sonst hätte ich nichts zu sagen, und ich wäre keine Frau, die sich traut, ihr Gesicht zu zeigen.

1

Mein Vater war still. Er lag ganz ruhig im Bett und wartete. Ich hörte, dass er vor seinem Tod tagelang Schmerzen gelitten hatte. Im Krankenhaus wurde eine Bauchfellentzündung festgestellt, die man sofort operierte. Doch daran starb er nicht. Nach der Operation kam er an die Dialyse, aber sein Herz blieb stehen, und er wurde nicht wiederbelebt. Die Ärzte interessierten sich für die Wahrheit der inneren Organe und wollten daher eine Obduktion durchführen. Die Ursache der Bauchfellentzündung konnte man nicht herausfinden, ohne den Leichnam zu öffnen. Ich versprach meiner Oma, dass ich anrufen und nach dem Obduktionsbericht fragen würde, aber ich tat es nie. Dann war es zu spät. Auch sie starb.

Vielleicht war der Körper meines Vaters ein Monster. Seine inneren Organe waren zerstört, und er konnte nicht als Körper ohne diese Organe leben, anders als mein Körper ohne Gedächtnis und Stimme.

Auch ich habe den Körper eines Monsters, den ich oft nicht als meinen eigenen erkenne. Manchmal sehe ich im Spiegel nicht mich selbst, ich habe nicht das Gefühl, zu diesem Körper zu gehören. Das ist ein Verlust, den ich nicht verzeihe. Besonders schwer fällt es mir, mein Gesicht zu erkennen. Manchmal stehe ich vor dem Spiegel und versuche, mein Gesicht aus verschiedenen Blickwinkeln zu betrachten. Aus irgendeiner Perspektive wäre es mir vielleicht möglich, mich zu erkennen, also versuche ich es verzweifelt.

Mit gefesselten Händen konnte ich mein Gesicht nicht bedecken, so wie es ein Mensch tut, der sich schämt. Mein Gehirn gab meinen Händen den Befehl dazu, doch sie bewegten sich nicht.

Ich bewache meinen eigenen Körper. Selbst wenn ich allein bin und niemand da ist, der diesen Wahnwitz bezeugen könnte. Ich krampfe und ziehe den Bauch ein. Mein Körper ist eine Bitte um Verzeihung. Ich bin im falschen Körper. Irgendwo existiert ein Körper, der ich hätte sein können.

Mit gefesselten Händen konnte ich meinen Körper nicht schützen, so wie es ein Mensch tut, der angegriffen wird. Mein Gehirn gab meinen Händen den Befehl dazu, doch sie bewegten sich immer noch nicht.

2

In der indischen Mythologie, die den Buddhismus beeinflusst hat, gibt es einen weiblichen Dämon, *Rākshasī*. Sie und ihre zehn Dämonentöchter versprechen, die Wahrheit zu schützen. In einer anderen Version essen sie kleine Kinder. Ein Dämon ist eine übernatürliche Schreckensgestalt, eine Figur oder eine Kraft, die einen unaufhörlich piesackt. Doch Dämonen sind auch extrem einfallsreich, geschickt und fleißig.

Ich bin eine Dämonin, die bereit ist, mit Hysterie Köpfe zu spalten. Ich beschütze die Wahrheit der anderen, indem ich nur teilweise sichtbar, partiell hörbar bin. Meine Zensur ist das Ergebnis eines entschlossenen Eifers, aber jetzt ist seine Zeit vorbei. Ich bereite mich darauf vor, Menschen um mich herum zu verlieren, wenn ich die Wahrheit enthülle.

Doch ich gewinne neue Freunde. Die Wahrheit hat auch eine andere Kraft. Meine iranische Freundin erzählt, dass sie erschöpft ist – auf die Art und Weise, dass alle Möglichkeiten ausgeschöpft sind. Sie ist es müde, eine befreite Frau zu sein, eine Frau, die befreit werden muss, und eine Frau, die noch nicht befreit ist. Ich fühle mich genauso, auch wenn wir an verschiedenen Folgen der Erniedrigung leiden. Sie lehrt mich, wie man das Zwielicht nutzen kann. Sie lehrt mich, dass unsere Möglichkeiten, im Würgegriff einer frauenfeindlichen und gefühlsfeindlichen Kultur zu handeln und sichtbar zu sein, folgende sind: nicht jetzt, noch nicht, nicht hier, irgendwo anders, vielleicht später.

Dennoch existiert die Möglichkeit der Zuwiderhandlung: Vielleicht kann ich trotzdem. Es ist möglich, aus dem Gefängnis der Repräsentation zu entkommen, oder wenigstens habe ich begonnen, mich aufzulehnen. Ich denke inzwischen, dass ein Trauma auch ein Raum sein kann, der ein Potenzial birgt. Vor allem ein Opfer sexueller Gewalt ist so unerquicklich und peinlich, dass diese Unangemessenheit mir wie eine radikale Ressource vorkommt.

Da ich noch nicht ganz verschwunden bin, existiere ich als Möglichkeit. Ich kann ständig zu etwas werden oder auch nicht werden. Ich stelle mich zwangsläufig quer, weil ich es nicht überwinden, vergessen oder mich erinnern will.

Ich bin ein politischer Körper, der seine Sexualität nie allein besessen hat. Aber ich stehe nicht still und kann in der Zeit nicht stillgestellt werden. Wenn ich zum Subjekt werde, höre ich auf, erniedrigt zu sein, und ich werde aggressiv, wütend und bedrohlich. Ich hocke mich auf Händen und Knien auf den Boden und öffne den Mund, ich entlasse einen Schrei. Ich tue es noch einmal. Ein weiteres Mal. In diesem Monster sind das Wunder und der Traum lebendig.

3

Nichiren verkündete entgegen der herrschenden Lehre, dass auch Frauen erleuchtet werden. Eine Frau machte sich zusammen mit ihrer neugeborenen Tochter auf den gefährlichen und strapaziösen Weg von Kamakura zur Insel Sado, auf die Nichiren verbannt war. Er war so beeindruckt vom suchenden Geist seiner Schülerin, dass er ihr einen Brief schrieb, in dem er ihr den Namen Weise Nichimyo gab, die wundersame Sonne.

Ich beobachte andere Frauen. Ich sehe, wie sie sich bewegen, essen, reden, ja sogar schlafen. Sie halten sich, als würden sie wirklich existieren, obwohl ich nicht wissen kann, ob ich sie nur so sehe, weil ich sie beneide. Es ist unwichtig, ob diese Frauen fiktiv oder echt sind, aber sie haben einen Körper, mit dem sie eins zu sein scheinen, und das, obwohl auch ihr Leben bis zu einem gewissen Grad vermurkst ist. Ihnen scheint die Scham über ihre eigene Existenz zu fehlen, ganz egal, wie viel Schlimmes ihnen widerfahren ist. Selbst in ihren verletzlichsten Momenten scheinen sie noch ihre Würde zu bewahren. Sie verkörpern meine unerreichbare Weiblichkeit. Ich will auch so sein. Manchmal habe ich das Gefühl, es zu können. Ich spüre meinen Körper, lebendig und feucht, bis tausende Schichten von Scham mein Begehren ersticken und mich wieder zum Schweigen bringen.

An der Schwelle die Frauen aus meinem Leben. Frauen, die bluten, gebären, nicht gebären. Frauen, die Gewalt erfahren haben. Frauen, in denen Tumore wachsen. Frauen, die sterben, und Frauen, die Tote sehen. Frauen, die erscheinen und mit mir sprechen, so wie die Mutter meines Mannes, die mich kurz nach ihrem Tod mit ihrem Körper vor der Krankheit aufsucht und sagt, ich solle leben.

Ich spreche mit den Frauen in meinem Leben, ich erzähle ihnen alles über die Gewalt. Ohne sie hätte ich nie den Mund aufgemacht. Wenn ich darum bitte, und obwohl es mir schwerfällt, schreien meine Freundinnen zusammen mit mir in die Vergangenheit, und damit beenden wir das, was niemand vor uns beenden konnte. Wir schreien, weil eine Freundin von einem Nachbarsjungen missbraucht wurde und auch nichts gesagt hat. Wir schreien, weil eine andere, eine dritte, eine vierte von uns darauf wartete, dass es vorbei wäre.

Ich sammelte mir aus den Geschichten anderer Frauen die Fetzen meiner Erinnerung zusammen. Zeugnisse, die verloren gegangen sind, fanden sich rund um die Körper dieser Frauen. Ich fand meine Daseinsberechtigung in den Schriften dieser Frauen, und mein eigener Wille wuchs. Ich hätte nie ein Wort geschrieben, wenn nicht andere Frauen vor mir geschrieben hätten. Ich schrieb im Rhythmus der Frauen. Damit ein Text eindringlich ist, muss er schmerzhaft sein, und wir müssen den Schmerz als unseren eigenen spüren, habe ich bei Hélène Cixous gelesen. Und als ich befürchtete, einen fatalen Fehler zu begehen, las ich Audre Lorde: *Mir ist immer wieder klar geworden, dass ich das, was mir am wichtigsten ist, erzählen, verbalisieren und mit anderen teilen muss, auch auf die Gefahr hin, dass es angegriffen oder falsch verstanden wird.* Es ist unabdingbar, das zu teilen, was das Allerwichtigste ist.

4

Die Zeit vergeht, ich werde älter und entferne mich von der Kindheit. Jede Sekunde bin ich weiter von dem Mädchen entfernt, das missbraucht wurde. Aber die Zeit heilt nicht. Die Zeit selbst tut nichts. Ich kann nicht vergessen, wie man mich ausgezogen und wie man mich angefasst hat. Wenn ich das könnte, wäre ich selbst schon vergessen. Ich habe den Glauben an die Art von Heilung verloren, die zur Aufgabe hat, aus mir ein produktives Mitglied der Gesellschaft zu machen. Ich bewege mich langsam, rückwärts, vorwärts, seitwärts, aber ich will mich bewegen. Ich habe den Glauben an meinen Körper nicht verloren.

Von dieser Aufklärungsarbeit muss etwas zurückbleiben. Zuerst dachte ich, ich würde eine Art von Freiheit erlangen, aber ich befürchte stark, dass ich Freiheit und Sorglosigkeit verwechselt habe. Die Probleme und das Leiden verschwinden nirgendwohin. Freiheit ist etwas Gemeinschaftliches. Ich glaube nicht, dass es möglich ist, frei zu sein, ohne sich Gedanken um die Freiheit der anderen zu machen. *Nur momentweise frei*, sagt meine iranische Freundin, und ich sage: *Ich bin hier bei dir.*

5

Ich wollte früh ins Bett gehen, aber ich kann nicht einschlafen. Ich presse die Zähne aufeinander. Das tue ich mindestens seit 1999, und ich habe chronische Schmerzen in den Kaumuskeln. Das zieht allerhand Probleme nach sich. Als die Zahnärztin diese aufzählte, traute ich mich nicht, sie mir alle zu merken. Ich dachte nur, das kann ja wohl nicht wahr sein. Dann sagte sie, dass ich nie damit aufhören werde. Meine Formwandlung ist also in dieser Hinsicht endgültig.

Auch wenn bei meinem Kiefer nichts zu machen ist, probiere ich alles Mögliche aus. Als die Masseurin mit Gummihandschuhen mein Zahnfleisch vibrieren lässt, zittert mein Körper bis zu den Zehen mit. Ich bitte sie, weiterzumachen. Als sie fertig ist, ist meine Stimme verändert. In meinem Kiefer ist viel gespeichert. Am nächsten Tag ist alles wie vorher.

Im spätmittelalterlichen Europa erfand man für Frauen, die schlecht redeten, ein grauenhaftes eisernes Gerät, eine Art Zaumzeug, das um den Kopf und das Gesicht gelegt wurde (*scold's bridle*). Mindestens im Schottland und England des 16. und 17. Jahrhunderts wurden Hexen und Frauen niederer Stände mit diesem Maulkorb bestraft, der mit einem Mundknebel die Zunge nach oben oder unten gedrückt hielt, um das Sprechen unmöglich zu machen. Ihre unmoralischen und gefährlichen Gedanken wurden so zum Schweigen gebracht. In den schlimmsten Versionen hatten die Geräte einen Dorn, der die Zunge durchstach. Eigene Berichte von Frauen zu diesen Maulkörben existieren nicht, aber man weiß von einer Frau namens Dorothy Waugh, die auf dem Marktplatz predigte und daraufhin gezwungen wurde, diese Apparatur insgesamt acht Stunden zu tragen, danach wurde sie ausgepeitscht und aus der Stadt gejagt.

Ich war fügsam. Ich habe mir selbst das Zaumzeug angelegt und es umbehalten.

Am meisten habe ich mein Schweigen bereut, schreibt Audre Lorde. Ich bereue mein Schweigen nicht, denn ich hatte keine Wahl. Ich sagte unzählige Male, *nein, lass los*. Ich sagte es laut, es gab nichts misszuverstehen. Dann schwieg ich. Meine Stimme wurde mir gestohlen. Meine Stimme blieb in der Luft hängen, mir wurde die Zunge herausgeschnitten. Meine Schreie blieben an dem Fett kleben, das sich oben auf den Schränken gesammelt hatte, und wurden unter Staub begraben. Meine Stimme schrumpfte und zog sich in Hals, Zwerchfell und Becken zurück. In meinen Ohren klang die ganze Zeit derselbe Ton. Meine Stimme wurde ängstlich, wütend, gebrochen und verloren.

Jahrzehnte später stelle ich fest, dass meine Stimme über mir schwebt, und schlucke sie zurück in meinen Körper.

6

Das Schweigen ist eine Möglichkeit. Das Schweigen füllt die Räume der Zunge und die kleinen Kuhlen rund um meine Stimmlippen, es ruht auf meiner Zunge und wird zu einer fließenden Bewegung zwischen den Lippen. In dieser schlüpfrigen Umgebung entsteht vorsichtige Reibung.

Als wir in der Schweiz lebten, begann ich mir auszumalen, dass ich meinen Körper verändern könnte. So, dass er meiner Vorstellung einer Frau entsprechen würde. Meine gebrochene, heisere Stimme war eines der vielen Dinge, die ich an mir hasste. Jedes Mal, wenn ich meine Stimme hörte, erschrak ich fast. So fremd klang sie. Das Monster in mir sprach. Und als eine Frau bei einer Weihnachtsfeier eine Gesangslehrerin erwähnte, dachte ich, dass es möglich sein müsste, meine Stimme zu verändern. Ich schrieb ihr eine E-Mail. Ich fragte, ob sie mir helfen könne, mit einer anderen Stimme zu sprechen. Sie erwiderte, das könne sie.

An der Wand eines alten Mehrfamilienhauses sehe ich das Schild: *Music School and Talent Development*. Mir kommen Bilder von Gesangswettbewerben im Fernsehen in den Sinn und aufstrebende junge Menschen, die vom Erfolg träumen. Die Gesangslehrerin bittet mich herein, und wir betreten einen schallisolierten Raum mit einem Klavier, einem Stuhl und einem Mikrofon. Sie setzt sich ans Klavier, drückt auf die Tasten und bittet mich, die Töne nachzusingen. Gelähmt vor Angst versuche ich, meinem Mund Töne zu entlocken. Die Gesangslehrerin erklärt, dass die meisten Menschen singen könnten, nur ganz wenige hätten kein musikalisches Gehör. Wir testen, ob ich zu dieser seltenen Gruppe gehöre. Ich lausche auf das Klavier und versuche zu singen, und die Lehrerin stellt fest: *Gut, du hast ein musikalisches Gehör, wir können also singen*. Bevor ich sagen kann, dass ich eigentlich nicht hier bin, um zu singen, sondern um sprechen zu lernen, will sie noch meine Stimmlage testen. Wir machen verschiedene Stimmübungen, und sie fragt, welche Art von Musik ich gerne singen würde. Einige Monate später stehe ich im Hof eines Restaurants und blicke auf ein ausgedrucktes Blatt Papier mit dem Text des Stückes »Rehab« von Amy Winehouse. Die Gesangslehrerin hat für ihre Schüler ein Konzert organisiert, und ich, die ich meine Stimme immer gehasst habe, habe angefangen zu singen.

Als ich diese Eine-Frau-Musikschule betrat, dachte ich: *Nimm diese schreckliche Stimme von mir und tausche sie gegen eine andere aus.* Dazu war sie nicht bereit. Sie gab mir die Möglichkeit, meine eigene Stimme zu finden, die, die man mir genommen hatte und die doch die ganze Zeit in mir vorhanden gewesen war. Ich hörte ein Lied, und es war mein eigenes, ungeschliffen und roh.

Musik wirkt tief auf das Nervensystem. Oliver Sacks schreibt, auch wenn jemand eine schwere Hirnschädigung oder eine neurologische Erkrankung hat, sei die Musikalität oft der letzte Bereich, der verschwindet. Sacks hat gesehen, wie selbst Menschen mit schwerem Gedächtnisschwund komplexe Musik hervorbringen oder ein Orchester leiten. Würde Sacks noch leben, würde ich ihn fragen wollen, ob in meinem Innern eine tiefe, ungeborene Wahrheit liegt, die nicht vom Trauma vergiftet wurde.

7

An dem Tag, an dem ich die Leiche meines Vaters sehe, habe ich einen Gesangsauftritt. Wir sind im Hinterzimmer eines Restaurants. Die Musiker sind großgewachsene Männer, die sich laut unterhalten. Sie sind vor dem Auftritt nicht aufgeregt, und sie denken nicht an einen Leichnam unter weißen Laken. Ich behalte das Geheimnis für mich, auch dieses, denn was würde es nützen, darüber zu reden. Ich kann es später erzählen, sie werden es schon verstehen. Ich singe vom Krieg und vom Verschwinden und wünsche irgendwann Riitta oder irgendwem alles Gute zum Geburtstag.

Noch in derselben Woche bin ich als Rednerin bei einer TEDx-Veranstaltung. Ich erkläre den Veranstaltern, dass mein Vater gerade gestorben ist, weil ich meine Gefühle nicht mehr maskieren kann. Sie sagen, ich könne die Teilnahme absagen, aber das will ich nicht. Ich habe mich monatelang vorbereitet. Ich habe eine Rede geschrieben, sie Wort für Wort auswendig gelernt, ich habe mich coachen lassen, ich habe ein Kleid und passende Schuhe ausgesucht. Als ich schließlich auf die Bühne gehe, habe ich überhaupt keine Angst. Die Nähe des Todes verdrängt die Angst. Ich betrete die Bühne, den Geist meines Vaters auf den Fersen.

Clarissa Pinkola Estés erzählt eine Geschichte aus der mexikanischen Wüste. La Loba ist eine alte Wolfsfrau, die Knochen sammelt, vor allem Wolfsknochen. Sie bewahrt das, was aus der Welt zu verschwinden droht. Als sie alle Knochen gesammelt hat, setzt sie daraus bis ins kleinste Detail ein Skelett zusammen. Sie singt über den Knochen, bis sie sich verbinden, das Fleisch um sie herum zu wachsen beginnt und das Tier zum Leben erwacht. Mit ihrem Atem bläst sie ihre eigene Wahrheit und ihr eigenes Bedürfnis aus; sie haucht dem, was geschwächt oder kurz vor dem Verschwinden ist, mit ihrem Atem eine Seele ein.

Meine Freundin und ich rechnen aus, dass eine Million *Daimoku* ungefähr 333 Stunden *nam myoho renge kyo* entsprechen. Ich rezitiere das Daimoku schon seit bald 20 Jahren, fast mein halbes Leben. Manchmal rezitiere ich ein oder zwei Stunden am Tag, dann schaffe ich es wieder tagelang gar nicht. Wenn mein Durchschnitt eine halbe Stunde am Tag wäre, hätte ich in meinem Leben schon 3500 Stunden lang rezitiert. Ich habe das Daimoku zehn Millionen Mal gesprochen. Ich halte immer noch an diesem besonderen, uralten Mantra fest, weil ich nichts so sehr gewollt habe wie mit meiner eigenen Stimme zu sprechen und mein eigener Körper zu sein. Zehn Millionen Mal *nam myoho renge kyo*. Ich habe schon viel länger über den Knochen gesungen, als mir bewusst war. Ich habe meine Stimme zurück in meinen Körper geschluckt, meinem Gedächtnis, das kurz vor dem Verschwinden war, eine Seele eingehaucht.

Wenn das Hindurchgehen die einzige Methode ist zu entkommen, stellt die Stimme eine Ressource und Verbündete dar. Die Stimme ist ein Portal, aber auch eine Reise ins Unbekannte. Die Stimme, die aus mir herauskommt, enthält alles, was sich in meinem Körper angesammelt hat. Fleisch, Knochen, Blutkreislauf, Atem, Gefühle, Erfahrungen. Mein Lied ist im Moment. Es löst sich direkt wieder in der Luft auf, aus der es auch gekommen ist.

Ich schöpfe aus dem Verbrechen, was sollte ich auch sonst tun. Ich komponiere ein öffentliches Trauern, in dem ich ständig zum Moment der Gewalt zurückkehre. In der Stimme liegen die Worte, die ich nicht finden kann; die Gewalt, die ich nicht befriedigend benennen kann.

Wenn ich ein Lied schreibe, schreibe ich mich selbst. So machtvoll sind Sprache und Stimme. So machtvoll ist die Wahrheit, wenn man sie endlich aussprechen darf. Meine Stimme ist die letzte Zeugin. Sie ist unfehlbar.

8

Der Hund liegt zu meinen Füßen und wartet auf sein Futter, das Kind hinter mir isst klebrige Nudeln mit Ketchup. Vor mir liegt das Notizbuch, und ich versuche, die Frage zu beantworten, *wer bin ich?* Es ist die schlimmstmögliche Frage, denn ich weiß eher, wer ich nicht bin oder wer ich gern wäre. Ich versuche es trotzdem. Ich schreibe meinen Namen. Ich bin Susanna. Ich kann es aufschreiben, aber es ist mir schon immer schwergefallen, meinen Namen auszusprechen. Ich weiß nicht, warum, aber er klingt wie der Name von jemand anderem.

Ganz zufällig sah ich die Werbung für einen Stimmimprovisationskurs. Oder eigentlich war es kein Zufall. Der Name des Kurses sprach mich an: *Rewilding the Voice*. Die Gruppe trifft sich sieben Monate lang online und versucht, zusammen zu singen, obwohl wir uns in verschiedenen Städten und verschiedenen Ländern befinden. Unsere Lehrerin sagt, die gemeinsame Stimmimprovisation sei wie ein Fluss, der durch Steine hindurch tief in die Grundfesten des Menschseins vordringt, und weil ein wildes Lied eine tiefere Wahrheit hervorbringt, macht es mit seiner Kraft oft Angst. Sie fragt, ob man mir als Kind vorgesungen hat. Ich sage, ich wisse es nicht. Meine Mutter hat gesungen, aber ich weiß nicht, für wen.

Am letzten Tag des Kurses darf jede ein Solo singen, das von zwei anderen Sängerinnen stimmlich unterstützt wird. Die anderen schalten ihre Kameras aus, und die drei Menschen, die auf dem Bildschirm zu sehen sind, stehen auf. Während ich darauf warte, dass ich drankomme, denke ich darüber nach, wer ich bin. *Susana*, höre ich die Lehrerin sagen. Sie versucht, meinen Namen so auszusprechen, wie ich es ihr beigebracht habe.

Ich stehe vom Fußboden auf und platziere meinen Laptop auf dem Bett. Ich habe darüber nachgedacht, ein Risiko einzugehen, etwas Ungeplantes zu tun, aber ich weiß nicht, wie ich mich am besten darauf einlassen kann. Wie geht man Risiken ein? Ich weiß, dass ich nicht denken darf; dass ich bei Null beginnen muss, sonst ist das Lied nicht improvisiert. Aber wie kann ich mich von dem Wunsch lösen, anderen zu gefallen und schön zu klingen?

Ich bin kurz still. Ich öffne den Mund, heraus kommt ein lauter, fremder Ton. Ich singe mit meiner unkontrollierten Stimme weiter. Ich trete aus mir heraus. Doch ich breche nicht in Stücke, sondern weite mich. Ich kenne meine Stimme nicht, sie kommt einfach aus mir heraus. Sie zittert die ganzen drei Minuten über vor Angst, bis ich am Schluss drei lange, leise Töne singe. Ich habe das Gefühl, als habe ich mich ganz entblößt, als sei ich am Rand der Erinnerung gewesen. Meine Stimmen waren die Stimmen meiner Urmütter, und ich habe vor der Schwelle jede einzeln losgelassen.

Wenn ich auf diese Weise singe, bin ich so nah dran. Ich blicke über den Rand, doch ohne etwas zu erkennen. Ich versuche, über die Grenze zu sehen, durch den Fluss, auf die andere Seite der Bahnlinie. Ich versuche, mich auf die Seite der Erinnerung zu schlagen. Ich bin näher dran als jemals. Mir eröffnet sich die Sicht in einen Korridor, doch am Ende ist dort nichts. Ich sehe nur eine verlassene Insel, auf der man die Bäume gefällt hat, so wie die Bäume neben dem Grundstück meiner Oma. Ich sehe alles, aber auf der Insel gibt es nichts mehr zu sehen. Ich habe keine Angst zu springen, doch unten ist nur Wasser, zu viel Blau, nichts, an dem ich mich festhalten kann. Das, was ich gesucht habe, war die ganze Zeit hier. Dieselbe Leere, in der ich geboren werde und mich in etwas Gleichgültiges verwandle. In der Leere ist am Ende nichts. Es gibt keine Erinnerung, die das Puzzle vervollständigt und erklärt, warum ich gequält wurde, warum ich mich gefügt habe und warum es mir vorkommt, als sei das nicht einmal das Schlimmste gewesen.

Ich beende mein Lied. Die Lehrerin wedelt mit der Hand und gibt mir Rückmeldung. Ich höre hin, aber ihre Worte verfliegen.

9

Mein Verlust ist von der Art, dass man ihn nicht genau lokalisieren oder verstehen kann. Etwas ist verloren, und man kann es nicht wiederfinden. Dennoch habe ich gesucht. Ich habe in meinem Körpergedächtnis Beweise gesucht, anstatt mich auf die Leere meines Gedächtnisses einzulassen. Ich habe mich nicht getraut, mich in meinen Erinnerungslücken zu verlaufen.

Mein Gedächtnis ist mein Ich, und deshalb habe ich mich erinnern wollen. Wenn ich mich nicht erinnern kann, wer bin ich dann ohne mein Erinnerungsvermögen? An meinem chaotischen Schreibtisch wird mir klar: Ich bin eine Stimme. Ich habe eine Stimme, und sie ist prachtvoll und nackt. Meine Stimme war verschwunden, aber sie war nicht zerstört, so wie mein Ich. Wenn ich mich auf meine Stimme fokussiere, ist es mir egal, wer ich war oder wer ich zu sein glaube. Es ist mir noch wichtiger, meine Stimme selbst zu hören, als dass andere sie hören sollen. Und mit Stimme meine ich keine Worte, sondern die Töne, die akustische Schwingung. Ich meine die Stimme, die viel mehr ist als die Sprache, mit der die Welt verständlich gemacht wird. Die Stimme ist das wahre Antidokument des Archivs.

Wenn die Stimme die Wahrheit ist, die ich gesucht habe, besteht die Katharsis nicht im Erinnern oder Vergessen. Ich finde mich selbst in beiden. Ich bin ich, weil ich mich erinnere; ich bin ich, weil ich vergessen habe. Ich habe nicht über die Grenze sehen können, ich weiß nicht, in welche Realität ich mich begeben habe, oder ob ich mich überhaupt irgendwohin begeben habe. Vielleicht habe ich mich verlaufen, vielleicht möchte ich dort bleiben. Ich habe kein Ziel erreicht oder begonnen, mein neues Ich zu lieben. Es gibt keinen Grund, der erklären würde, *warum ich*.

Stattdessen stehe ich auf einer Schwelle, die sich so verbreitert, dass ich dort genug Platz habe, um im Schutz der Ungewissheit zu leben. Wenn ich die Schwelle betrete, habe ich Macht. Hinter mir ist etwas, ebenso wie vor mir. Beide Richtungen sind mir unbekannt, aber das ist kein Problem, das gelöst werden muss. Die Risse und das Zerbrechen gehören auf die Schwelle.

Heilung erscheint mir wie eine brüchige Metapher, im Gegensatz zum Wahnsinn, der verständlichen Reaktion auf die Grausamkeit, die mir widerfahren ist. Ich möchte meinen Körper einer Frau, der von Wiederholungen lebt, nicht hinter mir lassen. Ich gehe nicht durch den Tunnel, an dessen Ende die Genesung liegt. Ich bleibe hier, von hier aus kann ich in alle Richtungen sehen. Näher kann ich der Freiheit kaum kommen, denn an der Grenze gehöre ich mir selbst.

Ich glaube, wenn ich die Zeit umkehre, wenn ich mein Frausein nicht in die Vergangenheit projiziere, kann ich das Mädchen sein, dass sich aus der Erde und den Trollblumen, dem Sand und den zarten Tränen erhebt. Ich tanze in gelben Kleidern, mit blauen Haaren, mit durchstochener Augenbraue, mit dem Plüschhund im Arm. Ich tanze in der Zeit und berühre die Haut der Erinnerung, die sich allmählich zu runzeln beginnt. Ich riesele aus allen Kategorien heraus, in die Zwischenräume, in den Lauf des Mondes, in das Fleisch, das um das wiederaufgebaute Skelett herum wächst. Alles ist im Augenblick und gerade daher schön. Vielleicht habe ich mein Gedächtnis gezähmt, es sanftmütiger gemacht.

10

Jahrzehnte sind vergangen. Ich komme ins Stadtzentrum, zu dem Parkhaus aus Beton. Ich bin schon oft daran vorbeigefahren, aber diesmal halte ich an. Lange betrachte ich dieses bemitleidenswerte Gebäude, sein lebloses, farbloses Wesen. Ich bin zu einer Ruine zurückgekehrt. An diesem Ort fühle ich, wie ein Nachruf durch meinen Körper fährt, als ich gegen das Vergessen ankämpfe. Ich sehe mich selbst auf dem kalten Asphalt im Reifenstaub liegen. Ich lasse mich die Angst fühlen. Ich lasse meinen Körper zittern. Ich trauere, erinnere mich und archiviere die Schichten der Zeit. Ich respektiere das Vergangene, das mich entzweireißt.

Zitierte Literatur und Filme:

MAYA ANGELOU, *Ich weiß, warum der gefangene Vogel singt*, deutsch von Harry Oberländer, Berlin: Suhrkamp 2018/ 6. Aufl. 2022

HANNAH ARENDT, *Macht und Gewalt*, deutsch von Gisela Uellenberg, München: Piper 1970

SUSAN BROWNMILLER, *Gegen unseren Willen. Vergewaltigung und Männerherrschaft*, deutsch von Ivonne Carroux, Frankfurt/M.: S. Fischer 1978

AVERY F. GORDON, *Ghostly Matters. Haunting and the Sociological Imagination*, Minneapolis: University of Minnesota Press 1997

DAISAKU IKEDA, *Das Buch vom Glück. Das buddhistische Verständnis von Leben und Tod*, Freiburg: Herder 2014

BESSEL VAN DER KOLK, *Das Trauma in dir*, deutsch von Theo Kierdorf und Hildegard Höhr, Berlin: Ullstein 2023

DEBORAH LEVY, *Was ich nicht wissen will*, deutsch von Barbara Schaden, Berlin: Wagenbach 2015

AUDRE LORDE, *Sister Outsider. Essays*, deutsch von Eva Bonné und Marion Kraft, München: btb 2023

AUDRE LORDE, *Your silence will not protect you. Essays and Poems*, London: Silver Press 2017

ÉDOUARD LOUIS, *Im Herzen der Gewalt*, deutsch von Hinrich Schmidt-Henkel, Frankfurt/M.: S. Fischer 2017

CARMEN MARIA MACHADO, *Das Archiv der Träume*, deutsch von Anna-Nina Kroll, Berlin: Tropen 2021

T Kira Madden, *Long Live the Tribe of Fatherless Girls*, New York: Bloomsbury 2020

Catherine Malabou, *Ontologie des Akzidentiellen*, deutsch von Ronald Vouillé, Berlin: Merve 2011

Catherine Malabou, *Les Nouveaux Blessés. De Freud a la neurologie, penser les traumatismes contemporains*, Paris: Bayard 2007

Maurice Merleau-Ponty, *Primacy of Perception*, englisch von William Cobb, Evanston: Northwest University Press 1964

Maggie Nelson, *Die Argonauten*, deutsch von Jan Wilm, Berlin: Hanser Berlin 2017

Adrienne Rich, *Culture, Politics and the Art of Poetry. Essential Essays*, New York: WW Norton & Co 2019

Jaqueline Rose, *Mothers. An Essay on Love and Cruelty*, London: Faber & Faber 2018

Sophia Shalmiyev, *Mother Winter. A Memoir*, New York: Simon & Schuster 2019

Rebecca Solnit, *Unziemliches Verhalten*, deutsch von Kathrin Razum, Hamburg: Hoffmann & Campe 2020

Ocean Vuong, *Auf Erden sind wir kurz grandios*, deutsch von Anne-Kristin Mittag, München: btb 2021

Lidia Yuknavitch, *In Wasser geschrieben*, deutsch von Claudia Max, München: btb 2024

The Fall – Mord in Belfast, TV-Serie, BBC Two, UK 2013–2016

Mindhunter, TV-Serie, Netflix, US 2017–20